Mehrwert der Selbstverwaltung

Schriften zur Gesundheitspolitik
und zum Gesundheitsrecht
Schriftenreihe des Instituts
für Europäische Gesundheitspolitik und Sozialrecht
an der Johann Wolfgang Goethe-Universität Frankfurt

Herausgegeben von Ingwer Ebsen,
Thomas Gerlinger und Astrid Wallrabenstein

Band 24

Claudia Maria Hofmann /
Indra Spiecker genannt Döhmann /
Astrid Wallrabenstein (Hrsg.)

Mehrwert der Selbstverwaltung

PETER LANG

Bibliografische Information der Deutschen Nationalbibliothek
Die Deutsche Nationalbibliothek verzeichnet diese Publikation in der Deutschen Nationalbibliografie; detaillierte bibliografische Daten sind im Internet über http://dnb.d-nb.de abrufbar.

Gedruckt auf alterungsbeständigem, säurefreiem Papier.
Druck und Bindung: CPI books GmbH, Leck

ISSN 2193-0465
ISBN 978-3-631-81124-5 (Print)
E-ISBN 978-3-631-83451-0 (E-PDF)
E-ISBN 978-3-631-83452-7 (EPUB)
E-ISBN 978-3-631-83453-4 (MOBI)
DOI 10.3726/b17550

Peter Lang – Berlin · Bern · Bruxelles · New York ·
Oxford · Warszawa · Wien

Diese Publikation wurde begutachtet.

www.peterlang.com

Vorwort

Sozialstaatlichkeit ist in Deutschland stark verknüpft mit dem Konzept der Selbstverwaltung,[1] also der „Wahrnehmung öffentlicher Aufgaben durch organisatorisch und rechtlich verselbständigte Verwaltungseinheiten".[2] Als ihr tragendes Organisationsprinzip[3] prägt die Selbstverwaltung – historisch gewachsen – die Strukturen der Sozialversicherung (§ 29 Abs. 1 SGB IV). Dieses Organisationsprinzip bereitet einerseits den Boden für die Austragung unterschiedlicher Interessenkonflikte – inhaltliche Konflikte über sozialpolitische Zielsetzungen und die Verteilung von Ressourcen genauso wie Konflikte über Kompetenzen und Strukturen innerhalb der jeweiligen Sozialversicherungszweige. Andererseits ist es selbst den bei der Ausgestaltung und Umsetzung von Sozialpolitik wirkenden Kräften ausgesetzt.

Selbstverwaltung im Bereich der Sozialversicherung ist als funktionale Selbstverwaltung eingebettet in das Gefüge der Staatsverwaltung.[4] Ausdruck findet diese Einbettung zum einen in der staatlichen Aufsicht (§ 87 Abs. 1 SGB IV), die zwar durch die Selbstverwaltung bedingt wird,[5] die zugleich aber in einem „natürlichen Spannungsverhältnis" zu ihr steht.[6] Zum anderen zeigt sie sich in der Reichweite, in der Aufgabenfelder und Kompetenzen der Selbstverwaltung staatlich reguliert werden. Dies wiederum kann Befürchtungen einer „Abschaffung der sozialen Selbstverwaltung" hervorrufen, wie sie im Bereich der gesetzlichen Krankenversicherung zuletzt zum Beispiel im Zusammenhang mit den Entwürfen des Gesetzes für eine faire Kassenwahl in der gesetzlichen Krankenversicherung (Faire-Kassenwahl-Gesetz)[7] oder des Gesetzes für bessere und

1 *Trampusch*, Der erschöpfte Sozialstaat: Transformation eines Politikfeldes, 2009, S. 156.

2 *Hase*, § 145 in: Isensee/Kirchhof (Hrsg.), *HStR*, Bd. VI, 3. Auflage, 2008, Rn. 1.

3 Vgl. etwa BVerfGE 11, 105 (112); 87, 1 (33).

4 *Kluth*, Funktionale Selbstverwaltung, 1997, S. 189 ff.; *Axer*, Etatisierung der sozialen und gemeinsamen Selbstverwaltung? Zugleich zum Grundsatz der maßvollen Ausübung der Rechtsaufsicht nach dem GKV-Selbstverwaltungsstärkungsgesetz, in: NZS 2017, S. 601 ff. (608).

5 *Schüffner/Franck*, § 36 in: Sodan (Hrsg.), Handbuch des Krankenversicherungsrechts, 3. Auflage, 2018, Rn. 20.

6 Ebd., Rn. 21.

7 GKV Spitzenverband, Stellungnahme des GKV-Spitzenverbandes vom 18.04.2019 zum Referentenentwurf eines Gesetzes für eine faire Kassenwahl in der gesetzlichen Krankenversicherung (Faire-Kassenwahl-Gesetz -GKV-FKG), S. 5, online erhältlich unter

unabhängigere Prüfungen (MDK-Reformgesetz) von manchen Akteuren geäußert wurden.[8]

Vor dem Hintergrund dieser Debatten fragte die wissenschaftliche Jahrestagung des Instituts für Europäische Gesundheitspolitik und Sozialrecht (*ineges*) am 24. September 2019 nach dem „Mehrwert der Selbstverwaltung". Besonderer Fokus lag dabei auf der Selbstverwaltung in der gesetzlichen Krankenversicherung (GKV). Hier sind zunächst die Krankenkassen zu nennen, die als Versicherungsträger „rechtsfähige Körperschaften des öffentlichen Rechts mit Selbstverwaltung" (§ 29 Abs. 1 SGB IV) sind. Dies gilt auch für die Landesverbände der Krankenkassen (§§ 207 ff. SGB V) sowie den Spitzenverband Bund der Krankenkassen (GKV-Spitzenverband, §§ 217a, 217b SGB V). Ausgeübt wird Selbstverwaltung bei den Krankenkassen – mit Ausnahme der Ersatzkassen – paritätisch durch Vertreter der Versicherten einerseits und solche der Arbeitgeber andererseits (§§ 29 Abs. 2, 44 Abs. 1 Nr. 3 SGB IV). Auf der Seite der Leistungserbringer finden sich Selbstverwaltungsstrukturen insbesondere bei den Kassen(zahn)ärztlichen Vereinigungen und Bundesvereinigungen (§ 79 Abs. 1 S. 1 SGB V), in anderen Leistungsbereichen jedoch nicht.[9] Vertreter der Krankenkassen(verbände) und der Kassen(zahn)ärztlichen Vereinigungen sind wiederum in verschiedene Gremien der sog. gemeinsamen Selbstverwaltung eingebunden, etwa in Zulassungs- und Berufungsausschüssen oder in den Landesausschüssen,[10] wo sie zusammen Fragen der Versorgung mit Gesundheitsleistungen und deren Vergütung regeln.[11]

Die Landeskrankenhausgesellschaften und die Deutsche Krankenhausgesellschaft sind hingegen als eingetragene Vereine privatrechtlich organisiert.[12] Dennoch ist diese Gruppe der leistungserbringenden Akteure vertreten im zentralen Lenkungsgremium der gemeinsamen Selbstverwaltung in der GKV, dem

---

https://gkv-spitzenverband.de/media/dokumente/presse/p_stellungnahmen/190418_GKV-SV_Stn_RefE_GKV-FKG_final.pdf.

8 Medizinischer Dienst des Spitzenverbandes Bund der Krankenkassen, Pressestatement vom 17.07.2019, erhältlich unter https://www.mds-ev.de/presse/pressemitteilungen/2019/2019-07-17.html.

9 *Axer*, Fn. 4, S. 601.

10 Vgl. die Übersicht bei *Clemens*, § 18 in: Quaas/Zuck/Clemens (Hrsg.), Medizinrecht, 4. Auflage, 2018, Rn. 14.

11 *Ebsen/Wallrabenstein*, § 15 in: Ruland/Becker/Axer (Hrsg.), Sozialrechtshandbuch, 6. Auflage, 2018, Rn. 16.

12 *Hess*, in: Kasseler Kommentar Sozialversicherungsrecht, 107. EL Dezember 2019, § 108a SGB V, Rn. 3.

Gemeinsamen Bundesausschuss (G-BA). Dieses Gremium trifft insbesondere in Gestalt der Richtlinien für Bedarfsplanung, Versorgung oder Qualitätssicherung (§ 92 SGB V) grundlegende Verteilungsentscheidungen in der GKV. Der G-BA setzt sich zusammen aus Vertretern der Kassen(zahn)ärztlichen Bundesvereinigungen, der Deutschen Krankenhausgesellschaft und des GKV-Spitzenverbandes (§ 91 Abs. 1, 2 SGB V). Im Kontext der generellen Debatten um die demokratische Legitimation des G-BA wurde mit dem GKV-Modernisierungsgesetz im Jahr 2003 ein Mitberatungsrecht für Patientenorganisationen im G-BA eingeführt (§ 140f SGB V). Zwar steht den Patientenvertretern kein Stimmrecht zu; dennoch lassen sich hierin durchaus Elemente einer Betroffenenpartizipation und damit einer politischen Selbstverwaltung erkennen.[13]

Angesichts der abzusichernden Risiken kommt der GKV eine herausragende gesellschaftliche Bedeutung zu. Macht Selbstverwaltung in dieser Hinsicht die „Lösung auch von Aufgaben möglich [...], denen die Staatsgewalt, allein in gleichem Umfange nicht gewachsen sein würde“,[14] da hier eine bestimmte Staatsaufgabe Akteuren zugewiesen wird, die aufgrund einer stärkeren Nähe zur in Rede stehenden Sachmaterie und zu den versicherten Mitgliedern praxistaugliche(re) Entscheidungen treffen? Muss sie demnach gestärkt werden, wie der Name des Reformgesetzes aus der letzten Legislaturperiode nahelegt? Oder sind Einschränkungen notwendig, wie sie in der aktuellen Legislaturperiode diskutiert werden? Antworten hierauf brauchen zunächst eine Vergewisserung darüber, welche Erwartungen an die Selbstverwaltung als Organisationsform bestehen. In dieser Hinsicht war es uns ein Anliegen, im Rahmen unserer wissenschaftlichen Jahrestagung gerade auch die Auseinandersetzung mit kritischen Perspektiven zu suchen, um so in der gemeinsamen Diskussion einen Mehrwert herausarbeiten zu können. Hier bringen die verschiedenen Facetten der sozialen und gemeinsamen Selbstverwaltung in der GKV eine entsprechende Ausdifferenzierung auch der Themenkomplexe mit sich, in denen ein Mehrwert der Selbstverwaltung ausgemacht werden kann. Die hier in diesem Band versammelten Beiträge veranschaulichen dies sehr deutlich. Sie sind die erweiterten und zum Teil auf der Basis der damaligen und fortwährenden Diskussion vertieften Fassungen der

13 Zum Begriff der politischen Selbstverwaltung siehe etwa *Hase*, Fn. 2, Rn. 1; *Schneider-Danwitz*, in: Schlegel/Voelzke (Hrsg.), juris-PK SGB IV, 3. Auflage, 2016, § 29 Rn. 44.

14 Kaiserliche Botschaft vom 17. November 1881, abgedruckt bei *Boeckh et al.* (Hrsg.), Sozialpolitik in Deutschland, 4. Auflage, 2017, S. 39.

Vorträge, die auf der wissenschaftlichen Jahrestagung des *ineges* am 24. September 2019 gehalten und diskutiert wurden.

Einleitend bereiten *Doris Pfeiffer* und *Marcus Grunenberg* das Feld der sozialen wie der gemeinsamen Selbstverwaltung im Gesundheitswesen.[15] Dabei zeigen sie zunächst die Vorteile von Selbstverwaltung zur Gewährleistung gemeinwohlorientierter Entscheidungen auf, um dann näher auf den gesellschaftlichen Mehrwert der Selbstverwaltung in der GKV gegenüber anderen Formen der Steuerung der gesundheitlichen Versorgung einzugehen. Gleichwohl sei in verschiedenen Gesetzgebungsprojekten neuerer Zeit ein Wandel im Verständnis der Rolle und der Aufgaben der Selbstverwaltung zu beobachten. Die darin zum Ausdruck kommende Vorstellung eines „starken Staates" in der Gesundheitspolitik stünde jedoch in Widerspruch zu den Prinzipien der Teilhabe und subsidiärer Entscheidungen auf der Ebene der Betroffenen.

Peter Collin lenkt den Blick auf die Frühzeit der gesetzlichen Krankenversicherung, die in ihren Anfängen im Vergleich zu anderen Sozialversicherungszweigen noch am ehesten dem Modell einer körperschaftlichen Selbstorganisation der Versicherten entsprach.[16] Hier hätten die Zusammenfassung der einzelgewerblichen Ortskrankenkassen in allgemeine Ortskrankenkassen und die Beseitigung der Konkurrenz der freien Kassen und den damit verbundenen Mitgliederbewegungen erst die Basis dafür geschaffen, dass sich Selbstverwaltung entfalten konnte. Der eigentliche Mehrwert sei jedoch in der über die Beteiligung der Gewerkschaften vermittelten Integration der Sozialdemokratie zu sehen.[17] Denn auf diese Weise hätte sich das Selbstverwaltungskonzept selbst gewandelt: vom altliberalen Modell einer auf individuelles bürgerliches Engagement gestützten Selbstverwaltung zur „verbandlichen Selbstverwaltung".

Franz und *Sonja Reimer* beleuchten die Selbstverwaltung in ihrer öffentlich-rechtlichen Organisationsform und stellen die Frage nach einem Mehrwert durch öffentlich-rechtliche Selbstregulierung – in Abgrenzung etwa zu öffentlich-rechtlicher Fremdregulierung (z. B. durch den Gesetzgeber) oder privater Selbstregulierung (beispielsweise in Gestalt von Selbstverpflichtungen privater Akteure).[18] Sofern die Funktionsbedingungen hierfür stimmen, kann öffentlich-rechtliche Selbstregulierung ihrer Ansicht nach sachnahe, interessengerechte und weitgehend akzeptierte Rechtsnormen schaffen. Dabei würde das Wissen

15 In diesem Band, S. 15 ff.
16 In diesem Band, S. 41 ff.
17 Siehe dazu auch *Schroeder*, in diesem Band, S. 105 ff.
18 In diesem Band, S. 57 ff.

der Selbstregulierer und ihre Bereitschaft zu Kommunikation und Interessenausgleich die Chancen gelingender Normsetzung erhöhen.[19]

Peter Axer greift die mit der organisationsrechtlichen Verselbständigung der Sozialversicherungsträger als Körperschaften des öffentliches Rechts verbundene finanzwirtschaftliche Verselbständigung auf, indem er die Parafiskalität in der Sozialversicherung als möglichen Mehrwert der Selbstverwaltung untersucht.[20] Mit der Ausgestaltung als Parafiskus gehe einerseits ein als Mehrwert einzuordnender Schutz der Sozialversicherungsbeiträge als Abgabe für die Sozialversicherung einher. Andererseits seien aufgrund einer zunehmenden Regelungsdichte und einer Ausweitung staatlicher Aufsicht mit der Parafiskalität nur bedingt autonome Entscheidungsmöglichkeiten für die jeweiligen Sozialversicherungsträger verbunden. Hier könnten größere Gestaltungsspielräume den Mehrwert noch erhöhen.

Insbesondere den partizipatorischen Elementen der sozialen Selbstverwaltung in der GKV wendet sich *Wolfang Schroeder* zu.[21] Dabei geht er von der These aus, dass die Sozialversicherungen sowie die Selbstverwaltung gesellschaftliche Konfliktprozesse und Legitimationsmuster abbilden. Dies zeige sich insbesondere an der im Laufe der Zeit zunehmenden Aufnahme immer weiterer sozialer Gruppen in die GKV, was zu einem Wandel von ehemaligen Arbeiterversicherungen zu Versicherungen für fast alle geführt hätte. Mit dieser Ausweitung sei auch das primär auf der Arbeit-Kapital-Logik basierende Prinzip der Selbstverwaltung unter Druck geraten – einhergehend mit Konflikten zwischen den Gruppen und Akteuren, die gleichsam zu den Metamorphosen der Selbstverwaltung beigetragen hätten.

Bernard Braun sucht in seinem Beitrag Antworten auf die Frage, wie die Verfahrens- und damit die spezifischen Kommunikationsformen der sozialen Selbstverwaltung den Prozess der gesellschaftlichen Auseinandersetzung – etwa zwischen Versicherten, Sozialpartnern, Akteuren und Wettbewerbern – über sozialpolitische Fragen prägen.[22] Dazu analysiert er unter Rückgriff auf verschiedene Befragungen Umfang, Defizite und (Ungleich-)Verteilung von Wissen bei Versicherten wie bei Vertretern der Selbstverwaltung in der GKV.[23] In diesem Zusammenhang sei festzustellen, dass über viele Jahre die transparenzfördernde

19 Siehe dazu auch *Braun*, in diesem Band, S. 131 ff.

20 In diesem Band, S. 85 ff.

21 In diesem Band, S. 105 ff.

22 In diesem Band, S. 131 ff.

23 Siehe dazu auch *Kern*, in diesem Band, S. 175 ff.

Kommunikation und Wissensvermittlung über das selbstverwaltete Sozialversicherungssystem für die breite Mehrheit der Versicherten und der Öffentlichkeit blockiert oder erschwert worden sei. Eine Verbesserung erfordere hier gravierende Änderungen vieler struktureller und personaler Bedingungen.

Aus ökonomischer Perspektive betrachtet *Axel Olaf Kern* vor dem Hintergrund des Ergebnisses der Sozialwahlen im Jahr 2017, wie Selbstverwaltung im Ursprung bei den Sozialversicherungsträgern und speziell bei den Krankenkassen ausgestaltet ist.[24] Diesbezüglich diagnostiziert er, dass die Gewerkschaften, die in den Verwaltungsräten der Allgemeinen Ortskrankenkassen und Innungskrankenkassen zu 100 Prozent und in Betriebskrankenkassen zu 71 Prozent die Mandate der Versichertenvertreter besetzen, das Spannungsfeld zwischen umfangreicher und qualitativ hochwertiger Leistungsbereitstellung sowie lohnkostenrelevanten Beitragssätzen schwerlich moderieren können. Zudem würden staatliche Zuschüsse die soziale Selbstverwaltung in ihrer Autonomie sukzessive beschränken, da so Abhängigkeiten von der Makroebene begründet werden. Soziale Selbstverwaltung bedürfe daher größerer Handlungsautonomie, um gesamtgesellschaftlich verantwortlich den Versicherteninteressen entsprechen zu können.

Abschließend nimmt *Franz Knieps* die „Selbstverwaltung 4.0“ im Spannungsfeld von staatlichen Übergriffen und wettbewerblichen Zwangslagen in den Blick.[25] Dazu zeigt er zunächst einige Problemfelder im Bereich der Selbstverwaltung im Gesundheitswesen auf. So sieht er etwa steigende Zweifel der Politik an der Selbstverwaltung, Herausforderungen, die mit einer Zunahme von Wettbewerbselementen im Gesundheitswesen einher gehen, sowie eine zunehmende Spannung zwischen Selbstverwaltung und Aufsicht. Seiner Ansicht nach muss der Gesetzgeber das Verhältnis zwischen Regulierung, Selbstverwaltung und Wettbewerb neu ordnen: Hier bedürfe es jedoch keiner „großen Reform aus einem Guss“; eine Reihe von Einzelmaßnahmen könnten bereits zu einer spürbaren Verbesserung der Steuerungsfähigkeit des deutschen Gesundheitswesens beitragen. Auch *Knieps* formuliert die Forderung an den Gesetzgeber, der Selbstverwaltung substanzielle Entscheidungsspielräume zu lassen bzw. wieder einzuräumen, insbesondere im Bereich der Organisations-, Finanz- und Personalhoheit. Dazu müssen vor allem direkte Eingriffe des Staates und seiner (Aufsichts-) Behörden reduziert werden. Vor allem sollten die (wettbewerblichen) Handlungsspielräume der Selbstverwaltung erweitert und bürokratisches

---

24 In diesem Band, S. 175 ff.

25 In diesem Band, S. 203 ff.

Eingreifen der Aufsicht vermindert werden. Die Veränderung sei jedoch nicht beschränkt auf gesetzgeberische Klarstellungen, sondern verlange einen Mentalitätswandel bei allen Akteuren.

An dieser Stelle möchten wir uns sehr herzlich bei allen Referentinnen und Referenten der Tagung sowie ihren Co-Autorinnen bzw. -Autoren in diesem Band bedanken. Sie sind miteinander und gemeinsam mit dem Tagungspublikum in einen fruchtbaren Dialog getreten, getragen vom sichtbaren Interesse an einer Stärkung und Weiterentwicklung der Selbstverwaltung. Dabei versammeln die vorgelegten Beiträge sowohl die Perspektiven unterschiedlicher Disziplinen (insbesondere der Rechts-, Politik- und Wirtschaftswissenschaft) als auch unterschiedlicher Akteure aus Wissenschaft und Praxis und liefern so vielfältige Anknüpfungspunkte für weitere Diskussionen. Insofern gilt unser herzlicher Dank auch den Verbänden der gesetzlichen Krankenkassen, die mit der Förderung und Unterstützung des *ineges* diesen Austausch ermöglichen.

Besonderen Dank möchten wir schließlich auch unseren Mitarbeiterinnen und Mitarbeitern – insbesondere Katrin Henke, Dana Schneider und Myriam Turath – aussprechen, die uns tatkräftig bei der Organisation und Durchführung der Tagung sowie der Fertigstellung dieses Bandes unterstützt haben.

Frankfurt, im Juni 2020

PD Dr. Claudia Maria Hofmann
Prof. Dr. Indra Spiecker gen. Döhmann
Prof. Dr. Astrid Wallrabenstein

Inhaltsverzeichnis

Doris Pfeiffer und Markus Grunenberg

Selbstverwaltung im Gesundheitswesen: Von Governance zu Government

I. Einleitung

Der bisherige gesellschaftliche Konsens einer Aufgabenteilung zwischen staatlichen Akteuren und der Selbstverwaltung in der gesetzlichen Krankenversicherung wird aktuell im Grundsatz hinterfragt. Von politischer Seite wird zunehmend der Anspruch formuliert, nicht nur die Gestaltung gesundheitspolitischer Rahmenbedingungen, sondern auch deren konkrete Ausgestaltung selbst vornehmen zu wollen und nicht wie bislang der Selbstverwaltung zu überlassen.[1] Bereits in der Gesetzgebung der letzten Legislaturperioden schlägt sich diese veränderte Anspruchshaltung verstärkt nieder. Dieser Trend bedeutet letztlich die Abkehr von einer eigenverantwortlich gestaltenden Selbstverwaltung. Damit stellt sich zwangsläufig die Frage danach, ob auf diese Weise effizientere, effektivere oder gar legitimere Ergebnisse erzielt werden. Letztlich geht es dabei auch darum, welcher gesellschaftliche Wert der Selbstverwaltung im Gesundheitswesen künftig zugeschrieben wird.

Ganz generell bleibt aus politischer und gesellschaftlicher Perspektive von herausgehobener Bedeutung, wie gemeinwohlorientierte Lösungen bestmöglich erreicht werden können. Einfache Antworten auf diese Frage stehen nach wie vor aus. Dies ist vor allem auch auf die Komplexität von gesellschaftlichen Prozessen und Zusammenhängen zurückzuführen. Diese Vielschichtigkeit der jeweiligen Herausforderungen wird insbesondere durch konkurrierende Lösungsoptionen sowie die jeweils betroffenen Akteure und deren Interessenlagen determiniert.

---

1 Die Entwicklungen im Zusammenhang mit der Corona-Pandemie konnten zum Zeitpunkt der Erstellung dieses Beitrages zwar noch nicht abschließend beurteilt werden. Allerdings wird schon bei kursorischer Bewertung offensichtlich, dass auch in einer solchen Krisensituation die untergesetzliche Regulierung durch die Selbstverwaltung neben den Maßnahmen einer ministeriellen Exekutive bedeutsam bleibt. Seit Beginn der Pandemie hat die Selbstverwaltung mit einer Vielzahl von Regelungen auf den kurzfristigen Handlungsbedarf zur Sicherstellung der Versorgung reagiert, z. B. zur Versorgung von Leistungserbringern mit persönlicher Schutzausrüstung, zu Vergütungszuschlägen aufgrund krisenbedingter Mindereinnahmen und zur Erleichterung von Fernbehandlung.

Hilfreich kann vor diesem Hintergrund der Blick in die politikwissenschaftliche Debatte sein, die sich – aufbauend auf institutionenökonomischen Erkenntnissen – bereits seit geraumer Zeit mit der Fragestellung befasst, unter welchen Rahmenbedingungen gemeinwohlorientierte Entscheidungen sichergestellt werden können. Die Untersuchung idealtypischer Modi politischer Steuerung und Koordination (Hierarchie, Verhandlung, Markt) zeigt auf, dass mit diesen grundsätzlich jeweils Vor- und Nachteile verbunden sind. Im Kern wird deutlich, dass vieles dafür spricht, nicht einseitig auf staatliche Vorgaben zu setzen, sondern gesellschaftliche und unter Umständen auch private Akteure in den Entscheidungsprozess einzubeziehen.

Die Analyse politischer Steuerungsmodi erklärt auch den Wandel vom Interventionsstaat zum modernen „kooperativen Staat". Im Zuge dieser Entwicklung hatte sich die Erkenntnis durchgesetzt, dass Grenzen für die staatliche Handlungsfähigkeit bestehen. Im Zuge der Einbindung gesellschaftlicher Akteure in den Steuerungsprozess konzentrierten sich staatliche Akteure unter der Überschrift der „Governance" auf die Koordination und Steuerung im Rahmen horizontal organisierter Regelungsstrukturen – und damit weniger auf eine hierarchische Staatsführung im „Top Down"-Prozess. In der jüngeren Diskussion zeigt sich inzwischen, dass die Leistungsfähigkeit dieser Form von Steuerung differenziert zu bewerten ist. Nicht für alle Regelungsbereiche und Fragestellungen sind die Einigungschancen im Wege der Verhandlung grundsätzlich gegeben.

In der gesetzlichen Krankenversicherung wurde diese Entwicklung ein Stück weit nachgezeichnet. Hier spielt die Steuerung durch korporatistische Verbände der Selbstverwaltung weiterhin eine bedeutsame Rolle. Generell wird davon ausgegangen, dass Selbstverwaltung einen wichtigen Beitrag für gemeinwohlorientierte Lösungen im Gesundheitswesen leistet. Allerdings ist festzustellen, dass der Grad der von staatlicher Seite eingeräumten Handlungsmöglichkeiten von selbstverwalteten Verbänden im Zeitverlauf variiert. Mitte der 1990er Jahre wurde unter dem damaligen Gesundheitsminister Horst Seehofer die Devise der „Vorfahrt für die Selbstverwaltung" ausgerufen. Grundgedanke war vor allem, dass Entscheidungen über die Ausgestaltung der gesundheitlichen Versorgung am besten durch diejenigen getroffen werden sollten, die zum einen aufgrund der Nähe zum Versorgungsgeschehen über besondere Regelungsexpertise verfügen und die zum anderen im Wege der eigenverantwortlichen Verhandlung gefundenen Lösungen in hohem Maße akzeptieren würden. Nach diesem Modell greift der Gesetzgeber nur dann in die Zusammenarbeit der betroffenen Akteure ein, wenn Verhandlungen ergebnislos bleiben.

Während dieser Wert der Selbstverwaltung in der gesetzlichen Krankenversicherung zunächst lange Zeit zum gesellschaftlichen und politischen Konsens gehörte, sieht sich die Selbstverwaltung aktuell mit einem zunehmenden Trend von Kompetenzeinschränkungen durch die Gesetzgebung konfrontiert. Die Veränderungen reichen von engen gesetzlichen Vorgaben für Entscheidungen der Selbstverwaltung bis hin zum Entzug von Gestaltungsmöglichkeiten und einer gesetzgeberischen Neuorganisation von Entscheidungsstrukturen auf Ebene der sozialen und gemeinsamen Selbstverwaltung. Damit geht eine Abkehr vom kooperativen Staat einher, die letztlich einen fortschreitenden Bedeutungsverlust der Selbstverwaltung impliziert. Allerdings werden dadurch die Vorteile der bisherigen Steuerungsmodi aufgegeben.

In diesem Beitrag werden vor diesem Hintergrund zunächst die grundlegenden Vorteile von Selbstverwaltung zur Gewährleistung gemeinwohlorientierter Entscheidungen dargestellt. Anschließend wird konkret aufgezeigt, wie Selbstverwaltung in der gesetzlichen Krankenversicherung diesen gesellschaftlichen Mehrwert gegenüber anderen Formen der Steuerung der gesundheitlichen Versorgung ausfüllt. Darüber hinaus wird der Trend zur Abkehr von selbstverwalteten Entscheidungen anhand jüngerer gesetzlicher Änderungen skizziert. Zuletzt sollen die Perspektiven für ein Verhältnis von Staat und Selbstverwaltung dargestellt werden. Dabei sollte die Zielsetzung sein, möglichst gemeinwohlorientierte Entscheidungsstrukturen bei der Gestaltung der gesundheitlichen Versorgung sicherzustellen.

II. Gemeinwohlorientierung im kooperativen Staat

Aus wissenschaftlicher Perspektive kann sich der Frage einer Wohlfahrtsmaximierung von verschiedenen Seiten genähert werden. Die Institutionenökonomie ist vergleichsweise früh zu der Erkenntnis gekommen, dass für die Organisation von Unternehmen neben dem Markt und der hierarchischen Handlungskoordination auch die Alternative der Steuerung über Netzwerke besteht und die Entscheidung über den Steuerungsmodus kontextabhängig entlang der zu erwartenden Transaktionskosten zu treffen ist.[2]

Hieran anschließend wurde für politische Entscheidungsprozesse argumentiert, dass hinsichtlich der Regelung von gesellschaftlichen Problemen durch staatliche Institutionen grundsätzlich zwischen den Steuerungsmodi Hierarchie,

2 *Williamson*, in: Journal of Law and Economics 1979, Nr. 22 (2), S. 233 ff.; *Mayntz*, in: Schuppert/Zürn (Hrsg.), Governance in einer sich wandelnden Welt, PVS 2008, S. 45.

Verhandlung und Wettbewerb unterschieden werden kann. Die weitere Debatte fokussierte sich stark auf die beiden ersten Modi, da wettbewerbliche Koordination vor allem im Bereich des politischen Wettbewerbs um Wählerstimmen und des marktlichen Wettbewerbs auf Angebots- und Nachfrageseite identifiziert wurde.[3] Im Folgenden werden daher nur die Wohlfahrtseffekte einer Steuerung durch Hierarchie und Verhandlung sowie der Kombination dieser Steuerungsmodi dargestellt.

1. Staatliche Steuerung zwischen Verhandlung und Hierarchie

Als grundlegender Vorteil von hierarchischen Entscheidungen ist die Verfahrenseffizienz zu identifizieren, da nur wenige Akteure an der Entscheidung beteiligt werden müssen. Im Zweifel können z. B. von staatlichen Akteuren präferierte Ergebnisse gegen die Interessenlagen von gesellschaftlichen Akteuren per Hierarchie durchgesetzt werden. Damit führt Hierarchie noch nicht *per se* zu größeren Wohlfahrtsgewinnen als andere Formen der Handlungskoordination. Für eine am Gemeinwohl orientierte Politik sind hierarchisch getroffenen Entscheidungen einige Grenzen inhärent[4]: Grundsätzlich ist ein Risiko inadäquater Entscheidungen gegeben, da möglicherweise nicht alle für die Entscheidungsfindung notwendigen Informationen an zentraler Stelle vorliegen und auch nicht zusammengeführt werden können. Im Ergebnis drohen ineffiziente Lösungen durch hierarchische Entscheidungen. Dies gilt umso mehr, wenn der Regelungsgegenstand einer großen Dynamik unterworfen ist.[5]

Zugleich ist – trotz aller institutioneller Vorkehrungen im demokratischen Verfassungsstaat – ein Risiko opportunistischer Entscheidungen durch autoritative Maßnahmen nicht vollständig auszuschließen. Grundsätzlich ist die Gefahr nicht zu bannen, dass nicht ausschließlich die Gemeinwohlmaximierung entscheidungsleitend ist, sondern auch kurzfristige politische Gewinne eine Rolle spielen könnten. Daher sind hierarchische Entscheidungen besonders begründungsbedürftig, wenn mit diesen die Entscheidungsfreiheit anderer

---

3 *Dose*, in: Lauth et al. (Hrsg.), Handbuch Vergleichende Politikwissenschaft, 2016, S. 161.

4 *Scharpf*, in: Héritier (Hrsg.), Policy Analyse, Kritik und Neuorientierung, 1993, S. 62 ff.

5 Siehe die „neue Unübersichtlichkeit" (Habermas), die sich z. B. im Bereich der Digitalisierung mit den neuen technologischen Möglichkeiten, global agierenden Internet-Unternehmen, neuen Wertschöpfungspotentialen und den aktuellen gesellschaftspolitischen Fragestellungen im Zusammenhang mit der Datensicherheit und dem Datenschutz ergibt.

gesellschaftlicher Akteure erheblich eingeschränkt wird, die nicht am Entscheidungsprozess beteiligt waren.[6]

Um Entscheidungen zulasten einzelner gesellschaftlicher Gruppen auszuschließen, bieten sich freiwillige Verhandlungen zwischen den von Entscheidungen unmittelbar betroffenen Akteuren an.[7] Durch eine kooperative Entscheidungsfindung können gemeinsam getragene Lösungen gefunden werden. Allerdings bestehen auch bei Verhandlungen einige Hürden für wohlfahrtsmaximierende Lösungen. Verhandlungen setzen eine grundlegende Einigungsbereitschaft der beteiligten Akteure voraus. Nicht unterschätzt werden sollte, dass zwar eine gemeinsame Problemlösung mit dem Ziel der Nutzenmaximierung für alle Seiten im Vordergrund steht, aber zugleich ein Fokus auf der Durchsetzung der jeweiligen individuellen Interessen liegt.[8] Hinzu kommt, dass Entscheidungsblockaden nicht auszuschließen sind, wenn die Interessenlagen im Rahmen der Verhandlung stark divergieren. Freiwillige Vereinbarungen sind vor allem in Konstellationen wahrscheinlich, in denen keine konfliktiven Interessen der beteiligten Akteure vorliegen.[9]

Die politikwissenschaftliche Schlussfolgerung aus der Untersuchung von hierarchischer Steuerung sowie von Verhandlungen lautet, dass deren Hürden und Dilemmata durch eine „Selbstkoordination durch Verhandlungen im Schatten der Hierarchie“ überwunden bzw. gelöst werden können.[10] Mit dem Ziel der Maximierung von Wohlfahrtseffekten gerade bei konfliktbehafteten und komplexen Fragestellungen sorgen Verhandlungen unter staatlicher Aufsicht dafür, dass die von den Entscheidungen unmittelbar betroffenen Akteure grundsätzlich selbstregulierend zu Lösungen kommen können. Sollte eine einvernehmliche Einigung allerdings ausbleiben, kann eine Lösung durch staatliche Intervention herbeigeführt werden.[11] Der Schatten der Hierarchie verhindert damit einseitige Abschlüsse zulasten einzelner Beteiligter und erhöht zugleich die Konsensbereitschaft der Verhandlungsparteien.

---

6 *Börzel*, in: Schuppert/Zürn (Hrsg.), Governance in einer sich wandelnden Welt, PVS 2008, S. 121.

7 *Scharpf*, Interaktionsformen, Akteurszentrierter Institutionalismus in der Politikforschung, 2000, S. 248.

8 *Börzel*, Fn. 5, S. 120.

9 *Scharpf*, Fn. 6, S. 230 f.

10 *Scharpf*, Fn. 3, S. 79.

11 *Mayntz/Scharpf*, in: dies. (Hrsg.), Gesellschaftliche Selbstregelung und politische Steuerung, 1995, S. 29.

Die Vorteile, den Steuerungsmechanismus der Verhandlungen verbandlicher Akteure mit der grundsätzlichen Möglichkeit staatlicher Intervention zu verbinden, wurden bereits in der Korporatismusdiskussion erkannt. Ein zentrales Argument bleibt die wechselseitige „Entlastung zwischen Staat und Verbänden".[12] Korporatismus zeichnet sich zugleich durch eine hohe Handlungsfähigkeit von staatlichen und gesellschaftlichen Akteuren aus. Die Verhandlungsparteien kommen eigenverantwortlich zu Ergebnissen. Der Staat kann mit der Gestaltung der institutionellen Rahmenbedingungen indirekt Einfluss auf die Verhandlungslösungen nehmen.[13] Bereits aus wohlfahrtstheoretischer Perspektive gibt es vor diesem Hintergrund gute Gründe, warum eine in staatliche Institutionen eingebettete Selbstverwaltung einen gesellschaftlichen Wert aufweist.

2. Von Government zu Governance

Dass es sich bei den vorstehenden Überlegungen nicht um allein theoretische Gedankenexperimente handelt, zeigt der Wandel des staatlichen Rollenverständnisses hin zur Kontextsteuerung, die mit dem Begriff der „Governance" beschrieben wird. Im Gegensatz zum „Government" eines hierarchisch agierenden Staates meint dieses Rollenverständnis, dass staatliche Akteure mit zivilgesellschaftlichen und privaten Akteuren kooperativ an der Lösung gesellschaftlicher Probleme und Herausforderungen mitwirken.[14] Im staatlichen Instrumentenkasten tritt damit die Hierarchie in den Hintergrund, während insbesondere Verhandlungen unter staatlicher Aufsicht eine größere Bedeutung einnehmen.

Anlass für die Neubestimmung des staatlichen Selbstverständnisses bildete insbesondere die wirtschaftspolitische Krisenphase Mitte der 1970er Jahre. Nach der vorhergehenden „Planungseuphorie" setzte sich zunehmend die Erkenntnis durch, dass in hierarchischem Wege vorgegebene Lösungen auf soziale und ökonomische Probleme häufig nicht (mehr) die erwünschten Effekte erzielten. Im Zusammenhang mit dem Übergang zum kooperativen Staat standen auch veränderte gesellschaftliche Ansprüche auf selbstbestimmte Entscheidungen

12 *Lütz*, in: Mayntz/Scharpf (Hrsg.), Gesellschaftliche Selbstregelung und politische Steuerung, 1995, S. 189.

13 *Scharpf*, Fn. 6, S. 329.

14 *Benz*, in: ders. (Hrsg.), Governance, Regieren in komplexen Regelsystemen, 2004, S. 25; *Offe* in: Schuppert/Zürn (Hrsg.), Governance in einer sich wandelnden Welt, PVS 2008, S. 65.

und eine zunehmende Ablehnung einseitiger staatlicher Vorgaben und Regulierung.[15]

Mit dem Wandel vom Interventionsstaat zum kooperativen Staat einher ging eine zunehmende Mehrebenenverflechtung von staatlichen Strukturen, z. B. mit der Europäischen Integration oder dem Bedeutungszuwachs von internationalen Organisationen und Institutionen. Nationalstaatliche Akteure sind in diesen Regelungskontexten gerade nicht in der Lage, einseitige hierarchische Entscheidungen zu treffen, die dem Ziel der Gemeinwohlmaximierung gerecht werden. Kooperation wird insofern zur Notwendigkeit für effektives Regierungshandeln.

Unmittelbar damit verbunden ist die Frage, ob gesellschaftliche Herausforderungen uneingeschränkt durch Governance gelöst werden können. Die Grenzen von Kooperation werden insbesondere bei Verteilungskonflikten manifest, mit denen ein Eingriff in bestehende Rechte bzw. eine Belastung von einzelnen gesellschaftlichen Akteuren verbunden ist.[16] Je höher die Betroffenheit von einer derartigen Umverteilung ist, desto wahrscheinlicher wird gesellschaftlicher Widerstand gegen Veränderungen. Die Steuerungsformen der Koordination und Verhandlung erweisen sich als besonders anfällig bei aktuellen gesellschaftlichen Schlüsselproblemen, wie z. B. dem Klimawandel und der Staatsverschuldung. Daher kann die Notwendigkeit einer hierarchischen Entscheidung nicht von vorherein ausgeschlossen werden.[17]

Der in der Steuerungsdiskussion vorgeschlagene Modus der Verhandlung im Schatten der Hierarchie liefert die Antwort für diese Problematik. Bei scheiternden Verhandlungen bedarf es eines handlungsfähigen Staates, der im Zweifel selbst eine Lösung herbeiführen kann. Deshalb muss die Problematik von Verteilungskonflikten nicht zwangsläufig bedeuten, dass eine generelle Rückkehr von der Governance zum Government erforderlich ist. Vielmehr muss der Schatten der Hierarchie „lang genug sein", damit auch im Wege der Verhandlung bei Verteilungsfragen realistische Einigungschancen gegeben sind.[18] Aufbauend

---

15 *Mayntz*, in: Benz (Hrsg.), Governance, Regieren in komplexen Regelsystemen, 2004, S. 67 f.

16 *Dose*, in: Schuppert/Zürn (Hrsg.), Governance in einer sich wandelnden Welt, PVS 2008, S. 89.

17 *Grande*, in: PVS 2012, Nr. 53 (4), S. 585 f.

18 *Börzel*, in: Schuppert/Zürn (Hrsg.), Governance in einer sich wandelnden Welt, PVS 2008, S. 126 f.; verschiedentlich wird argumentiert, dass staatliche Steuerungsfähigkeit auch deshalb ausgebaut werden sollte, um verloren gegangenes Vertrauen in die Handlungsfähigkeit des Staates in Zeiten der Globalisierung wiederherzustellen (vorgeschlagen werden auch identitätspolitische Maßnahmen zur Stärkung eines „bürgerlichen Kompromisses", vgl. *Lochocki*, Die Vertrauensformel, 2018, S. 238 ff.). Hier ergibt sich

auf dieser theoretischen Darstellung von Steuerungsmodi und anhand des Wandels zum kooperativen Staat lassen sich die Entwicklungen in der Selbstverwaltung in der gesetzlichen Krankenversicherung einordnen.

III. Selbstverwaltung im Gesundheitswesen

Die Selbstverwaltung in der gesetzlichen Krankenversicherung wird häufig geradezu prototypisch als Beispiel für die gesellschaftliche Selbstregelung angeführt.[19] Die jeweils betroffenen Akteure handeln in staatlichem Auftrag und tragen durch die Umsetzung von gesetzlichen Aufgaben zur Staatsentlastung bei. Ein wesentlicher Faktor, der eine Aufgabenübertragung an die Selbstverwaltung begründet, ist die aufgebaute Expertise der beteiligten Akteure. Diese wird in besonderem Maße erforderlich aufgrund der Regelungstiefe im Sozialrecht, das mit Blick auf die zunehmende Komplexität der Gesundheitsversorgung regelmäßigen gesetzlichen Detailanpassungen unterworfen ist.

Selbstverwaltung bedeutet aber auch gelebte Demokratie und die Teilhabe an gesellschaftlichen Gestaltungsaufgaben. Sie stärkt die Selbstbestimmung und Eigenverantwortung der beteiligten Akteure. Selbstverwaltung gewährleistet zudem, dass Entscheidungen unabhängig von politischen Mehrheiten und nach objektiven Maßstäben, wie z. B. den Grundsätzen der evidenzbasierten Medizin, getroffen werden. Handlungsleitend ist dabei das Engagement für eine gesundheitliche und pflegerische Versorgung, bei der eine hohe Qualität und die Bezahlbarkeit im Einklang stehen.

Insofern kommt der Selbstverwaltung eine wichtige gesellschaftliche Bedeutung zu. Die Einbindung von Betroffenen in die mittelbare Erfüllung staatlicher Aufgaben erhöht insbesondere die Akzeptanz für die jeweils gefundenen Lösungen. Hier gelten also die bereits identifizierten Vorteile der Entscheidung im Verhandlungswege. Dass diese auf der Grundlage eines gesetzlich vorgegebenen Rahmens und unter ministerieller bzw. behördlicher Aufsicht erfolgen, erhöht die Einigungschancen wesentlich.[20]

---

aber die Frage, ob eine Lösung von supranationalen Mehrebenenproblemen überhaupt im nationalstaatlichen Alleingang erreicht werden kann. Sollte dies nicht der Fall sein, hätte dies die wahrscheinliche Folge, dass ein Vertrauensverlust noch verstärkt würde.

19 *Mayntz*, in: Benz (Hrsg.), Governance, Regieren in komplexen Regelsystemen, 2004, S. 70.

20 Das Beispiel der freiwilligen Selbstkontrolle in der Arzneimittelindustrie zeigt, dass eine freiwillige Selbstregelung bei konfliktbehafteten Fragestellungen häufig tatsächlich erst unter großem politischen Druck und mit langem zeitlichen Vorlauf stattfindet; vgl. *Töller*, European Policy Analysis 2017, Nr. 3 (1), S. 73 ff.

Bei der Ausübung der Aufsicht ist die Unterscheidung zwischen Rechts- und Fachaufsicht entscheidend. Im Rahmen einer Rechtsaufsicht wird lediglich die Einhaltung der gesetzlichen Vorgaben bei der Auftragserfüllung durch die Selbstverwaltung und eben nicht die inhaltlich-fachliche Umsetzung geprüft. In der gesetzlichen Krankenversicherung gilt derzeit überwiegend das Prinzip der Rechtsaufsicht.

Dagegen nimmt die Fachaufsicht eine fachliche Prüfung vor, z. B. dahingehend, welche Studien bei einer Entscheidung der Selbstverwaltung berücksichtigt worden sind. Das Instrument der Fachaufsicht impliziert, dass Entscheidungen der Selbstverwaltung immer auch einer normativen Überprüfung unterzogen werden und bedeutet letztlich, dass stets eine Korrektur durch die Aufsicht auch in Hinblick auf die Zweckmäßigkeit der Entscheidung erfolgen kann.

Hieraus ergibt sich eine Doppelung der Entscheidungsstrukturen und damit die Frage, inwiefern effiziente Lösungen unter diesen Bedingungen möglich sind. Über die horizontale Abstimmung zwischen den Verhandlungsparteien auf Ebene der Selbstverwaltung hinaus wird dann eine vertikale Abstimmung mit der Fachaufsicht im Vorfeld der Entscheidungsfindung erforderlich. Implizit könnte die Aufsicht im Zuge dessen einen normativen Verhandlungsrahmen setzen, der unter Umständen ausschließlich an politischen Faktoren und nicht an Versorgungsaspekten ausgerichtet ist. In einer solchen Situation wäre prinzipiell zu hinterfragen, welche Rolle und Aufgaben die Selbstverwaltung dann noch hätte.

Grundsätzlich steht dem Gesetzgeber bei ausbleibenden oder nicht ausreichenden Entscheidungen auf der Ebene der Selbstverwaltung die Möglichkeit einer eigenständigen hierarchischen Vorgabe offen. Mit Blick auf die in der gesundheitlichen Versorgung oftmals bestehenden Verteilungsfragen besteht eine Rechtfertigung für diesen Weg. Teilweise wirft das Instrument der Ersatzvornahme bereits bei der Formulierung des gesetzlichen Auftrages an die Selbstverwaltung den Schatten der Hierarchie voraus. Diese Rahmenbedingungen führen im Ergebnis zu einer handlungs- und leistungsfähigen Selbstverwaltung.

Während diese Form der Selbstregelung unter staatlicher Aufsicht lange Bestand hatte, zeichnet sich aktuell erkennbar der Trend ab, dass der Gesetzgeber der Selbstverwaltung enge Vorgaben für Entscheidungen setzt, in Einzelfällen Gestaltungsmöglichkeiten entzieht und Entscheidungsstrukturen neu ordnet. Damit einher geht ein grundlegend verändertes Verständnis über die Rolle und den Aufgabenbereich der Selbstverwaltung. Im Folgenden wird nach einer Darstellung der Veränderungen hinsichtlich der Aufgaben sowie der Weiterentwicklung der sozialen und gemeinsamen Selbstverwaltung auf die jüngeren Entwicklungen in der Gesetzgebung mit Bezug zur Selbstverwaltung eingegangen.

1. Bisheriges Verständnis von sozialer und gemeinsamer Selbstverwaltung

Bei der genaueren Betrachtung sollte grundsätzlich zwischen sozialer und gemeinsamer Selbstverwaltung differenziert werden. Hier wirken jeweils unterschiedliche Akteure mit unterschiedlichen Zielsetzungen und auf spezifischen gesetzlichen Grundlagen zusammen. Entsprechend differenziert stellt sich auch die gesetzgeberische Weiterentwicklung der Aufgaben von sozialer und gemeinsamer Selbstverwaltung dar.

a) Soziale Selbstverwaltung als Ausdruck des demokratisch verfassten Sozialstaates

Soziale Selbstverwaltung umfasst die institutionelle Mitbestimmung der Versicherten und Arbeitgeber in den Krankenkassen und ihren Verbänden.[21] Aufgrund der in der Regel gegebenen Stimmenparität in den Verwaltungsräten (§ 44 Abs. 1 SGB IV) besteht ein starker Anreiz zur konsensualen Entscheidungsfindung, da eine Beschlussfassung gegen die jeweils andere Seite nicht möglich ist. Die soziale Selbstverwaltung geht in dieser Form auf die Sozialpartnerschaft zwischen Arbeitgebern und Arbeitnehmern in Deutschland zurück, die ihren Ausdruck in der grundgesetzlich geregelten Tarifautonomie findet. Darauf aufbauend ist das Selbstverwaltungsprinzip in der gesetzlichen Krankenversicherung fester Bestandteil des demokratisch verfassten Sozialstaates. Die Vertreterinnen und Vertreter der Versicherten und der Arbeitgeber sind ehrenamtlich tätig (§ 40 Abs. 1 SGB IV).

Mit dem Gesundheitsstrukturgesetz (GSG) von 1992 wurde letztmalig eine weitreichende Organisationsreform der sozialen Selbstverwaltung vorgenommen[22]: Bei den Orts-, Betriebs- und Innungskrankenkassen sowie den Ersatzkassen wurden ein ehrenamtlicher Verwaltungsrat und ein hauptamtlicher Vorstand gebildet. Diese Organe lösten die bis dahin bestehenden ehrenamtlichen Vertreterversammlungen, den ebenfalls ehrenamtlichen Vorstand und die hauptamtliche Geschäftsführung ab. Zudem wurden die Aufgaben des Verwaltungsrates gegenüber den bisherigen Selbstverwaltungsorganen erweitert. Neben den für

21 In diesem Zusammenhang ist darauf hinzuweisen, dass soziale Selbstverwaltung auch in den anderen Sozialversicherungszweigen der Pflege-, Renten- und Unfallversicherung besteht. Dieser Beitrag konzentriert sich auf den Bereich der gesetzlichen Krankenversicherung.

22 BGBl. 1992, Teil I, Nr. 59, S. 2266 ff.

die Vertreterversammlung bereits bestehenden Aufgaben, wie u. a. die Satzung und sonstiges autonomes Recht zu beschließen und den Haushaltsplan festzustellen, erhielt der Verwaltungsrat auch die Aufgabe, den hauptamtlichen Vorstand zu überwachen und nach § 197 Abs. 1 SGB V Entscheidungen zu treffen, die für die Krankenkasse von grundsätzlicher Bedeutung sind.

Nach der Begründung des GSG bestand die damalige Intention darin, die soziale Selbstverwaltung auf die durch die Einführung des allgemeinen Mitgliederwettbewerbs ab 1996 zwischen den Krankenkassen gestiegenen Anforderungen an Entscheidungsfähigkeit und Flexibilität weiterzuentwickeln. Hierfür wurde eine Trennung der Aufgaben zwischen Haupt- und Ehrenamt vorgenommen: Der Verwaltungsrat entscheidet insbesondere über die strategischen Ziele, die finanziellen Belange, die Wahl des Vorstandes und die Satzung, während der Vorstand auf dieser Grundlage die operativen Aufgaben erfüllt. Damit verbunden ist keine Trennung der Kompetenzen von Vorstand und Verwaltungsrat im Sinne von Exekutive und Legislative, denn auch der Verwaltungsrat ist Teil der Exekutive und verfügt über entsprechende Kompetenzen.

Seit dem GSG verfolgte der Gesetzgeber das Ziel einer stärkeren wettbewerblichen Ausrichtung der GKV. Im Zuge der Einführung marktwirtschaftlicher Bedingungen im Rahmen des Wettbewerbs der Krankenkassen untereinander erhielt die soziale Selbstverwaltung eine Reihe von Aufgaben.[23] Gestaltungsspielräume haben sich aus beitrags- und leistungsrechtlichen Veränderungen im Rahmen verschiedener Gesetze ergeben: Diese umfassen die gesetzlichen Regelungen u. a. zu Satzungsleistungen nach § 11 SGB V, zu Leistungen zur primären Prävention und Gesundheitsförderung nach § 20 SGB V, zur Gesundheitsförderung und Prävention in Lebenswelten nach § 20a SGB V, zur betrieblichen Gesundheitsförderung nach § 20b SGB V, zur Kostenerstattung nach § 13 SGB V, zu Wahltarifen nach § 53 SGB V und zum Bonus für gesundheitsbewusstes Verhalten nach § 65a SGB V.

Für die soziale Selbstverwaltung sind auch die mit der wettbewerblichen Ausrichtung erweiterten vertraglichen Gestaltungsmöglichkeiten von Bedeutung. Handlungsfreiräume ergeben sich insbesondere mit den Regelungen zu Modellvorhaben zur Weiterentwicklung der Versorgung nach §§ 63 ff. SGB V, zur hausarztzentrierten Versorgung nach § 73b SGB V, zu strukturierten Behandlungsprogrammen bei chronischen Krankheiten nach § 137f SGB V und zur besonderen Versorgung nach § 140a SGB V.

---

23 *Grunenberg*, in: Gesundheits- und Sozialpolitik 2010, Nr. 5, S. 50 ff.

Insgesamt betrachtet bleibt festzustellen, dass die Selbstverwaltung mit dem Wettbewerb zunächst neue Aufgaben erhalten hat. Diese umfassen Gestaltungsmöglichkeiten zur Differenzierung im Wettbewerb durch unterschiedliche Leistungen und besondere selektive Versorgungsangebote der Krankenkassen, wenn auch hier noch erhebliches Potential für einen Ausbau des Qualitätswettbewerbs besteht.[24] Lange Zeit relativ unverändert geblieben sind dagegen die Strukturen sowie die „Kernaufgaben" des Verwaltungsrates nach § 197 SGB V. Angesichts der Erweiterung der Aufgaben der Krankenkassen im Wettbewerb sollte geprüft werden, wie auch eine dahingehend ausgerichtete Stärkung der Kompetenzen der sozialen Selbstverwaltung vorgenommen werden kann.

b) Gemeinsame Selbstverwaltung als Teil der mittelbaren Staatsverwaltung

Gemeinsame Selbstverwaltung umschreibt das Zusammenwirken von Krankenkassen und Leistungserbringern zur Konkretisierung von gesetzlich vorgegebenen Aufgaben. Dabei wirken die Kostenträger und Leistungserbringer in unterschiedlichen Konstellationen und mit verschiedenen Aufgabenstellungen bei der konkreten Gestaltung der gesundheitlichen Versorgung zusammen. Die Mitentscheidung der betroffenen Akteure, an der konkretisierenden Ausgestaltung von gesetzlichen Aufträgen sorgt zum einen für praxisnahe und sachgerechte Lösungen aufgrund des vorhandenen Fachwissens und der Nähe zum Versorgungsgeschehen. Zum anderen schafft die Beteiligung eine größere Akzeptanz der Entscheidungen und erleichtert damit deren Umsetzung.

Das oberste Beschlussgremium der gemeinsamen Selbstverwaltung bildet der Gemeinsame Bundesausschuss (G-BA) nach § 91 SGB V. Die Beschlüsse des G-BA stellen untergesetzliche Normen dar und sind damit verbindlich für die gesetzlichen Krankenkassen, die Versicherten und die Leistungserbringer. Ausdrücklich mit der Zielsetzung einer Straffung und Vereinfachung der Entscheidungsabläufe in der gemeinsamen Selbstverwaltung wurde der G-BA auf Grundlage des Gesundheitsmodernisierungsgesetzes im Jahr 2004 errichtet.[25]

Die Zusammensetzung des Gremiums aus einem unparteiischen Vorsitzenden, zwei unparteiischen Mitgliedern sowie jeweils einer paritätischen Besetzung durch Vertreter der Leistungserbringer und der gesetzlichen Krankenkassen – und einem Mitberatungs- und Antragsrecht der Patientenvertretung – bedingte auch angesichts der verteilungspolitischen Fragenstellungen,

---

24 *Pfeiffer*, in: Sozialer Fortschritt 2019, Nr. 68 (6–7), S. 578 ff.

25 BGBl. 2003, Teil I, Nr. 55, S. 2190 ff.

dass Entscheidungen grundsätzlich per Mehrheitsbeschluss möglich sein sollen. In der Realität werden die Beschlüsse des G-BA nichtsdestotrotz weit überwiegend im Konsens getroffen. Diese Konsensorientierung ergibt sich auch aus der Notwendigkeit, eine große Zahl von gesetzlichen Aufträgen innerhalb kurzer Fristen umzusetzen.[26]

Der G-BA übernahm mit seiner Gründung die Aufgaben der damaligen Bundesausschüsse der Ärzte/Zahnärzte und Krankenkassen, des Ausschusses Krankenhaus bzw. des Koordinierungsausschusses. Der Regelungsbereich des G-BA umfasst inzwischen u. a. Vorgaben zur Bedarfsplanung und zur Qualitätssicherung, Richtlinien zur Versorgung mit Psychotherapie, zur Heil- und Hilfsmittelversorgung sowie Vorgaben zur Früherkennung von Krankheiten. Zu den wichtigen, nach der Gründung zugewiesenen Aufgaben gehören insbesondere die Nutzenbewertung von Arzneimitteln mit neuen Wirkstoffen nach § 35a SGB V, die Richtlinie zur ambulanten spezialfachärztlichen Versorgung nach § 116b SGB V und die Qualitätssicherung nach § 137 SGB V.

Darüber hinaus werden Entscheidungen der gemeinsamen Selbstverwaltung mit Wirkung für den kollektiven Versorgungsrahmen auch außerhalb des G-BA getroffen. Dies ist auf Bundes- und auf Landesebene wie auch zwischen Krankenkassen und einzelnen oder Gruppen von Leistungserbringern der Fall. Hier wird eine Reihe von Vereinbarungen zwischen Kostenträgern und Leistungserbringern verschiedener Versorgungsbereiche in Form von mehrseitigen Regelungen geschlossen. Diese konzentrieren sich vor allem auf Aufgabenstellungen mit unmittelbarem Vergütungsbezug, wie z. B. die Vereinbarung der Vergütungshöhe und die Ausgestaltung der Vergütungssysteme im stationären und ambulanten Bereich. Sollte eine Einigung ausbleiben, ist gesetzlich häufig eine Mehrheitsentscheidung im Schlichtungsverfahren geregelt. Diese Schiedsregelungen sind als Teil eines Entscheidungsprozesses der gemeinsamen Selbstverwaltung zu verstehen, da die betroffenen Akteure in diesen Verfahren ebenfalls beteiligt sind.

In Bezug auf die gemeinsame Selbstverwaltung ist in der Gesamtbetrachtung ein Kompetenzzuwachs zu verzeichnen, der aufgrund der gestiegenen Komplexität in der Versorgung folgerichtig erscheint. Ein wesentlicher Grund für diese

26 Der G-BA hat im Zeitraum vom 01.04.2019 bis zum 31.03.2020 insgesamt 97,8 Prozent der 918 Verfahren und Beratungsgegenstände fristgerecht abgeschlossen; Gemeinsamer Bundesausschuss, Bericht des unparteiischen Vorsitzenden gemäß § 91 Abs. 11 i. V. m. § 91 Abs. 2 S. 13 SGB V über die Einhaltung der Fristen bei Beratungsverfahren des G-BA an den Ausschuss für Gesundheit des Deutschen Bundestages, 31.03.2020.

Aufgabenübertragung durch den Gesetzgeber dürfte in der Leistungsfähigkeit der Selbstverwaltung liegen.[27] Eine wichtige Voraussetzung für die Leistungsfähigkeit der Selbstverwaltung ist, dass Verhandlungsstrukturen die Grundlage für eine vertrauensvolle Zusammenarbeit sind.[28] Dies schafft die sowohl in der sozialen wie auch der gemeinsamen Selbstverwaltung notwendigen Rahmenbedingungen für Entscheidungen im Konsens sowie eine hohe Kooperationsbereitschaft der beteiligten Akteure.

2. Neue gesundheitspolitische Entwicklung: Von Governance zu Government?

In der jüngeren gesundheitspolitischen Diskussion ist ein Wandel im Verständnis der Rolle und der Aufgaben der Selbstverwaltung festzustellen. Der Gesetzgeber geht dazu über, der Selbstverwaltung engere Vorgaben für die Umsetzung ihrer gesetzlichen Aufgaben zu setzen und damit Einfluss auf die Gestaltungsräume zu nehmen. Darüber hinaus wird auch das Verhältnis zwischen Selbstverwaltung und deren Aufsicht sukzessive neu geordnet. Die bisherige kooperative Rechtsaufsicht wird zunehmend hinterfragt. Ganz wesentlich ist auch, dass die inneren Strukturen und Verfahren der sozialen wie auch der gemeinsamen Selbstverwaltung aktuell auf den Prüfstand gestellt werden und teilweise bereits gesetzgeberisch angepasst worden sind. Insgesamt zeichnet sich ab, dass an die Stelle des kooperativen Staates im Rahmen von Governance mehr und mehr ein hierarchisch geprägtes Verständnis von Government tritt.

a) Eingeschränkte Handlungsmöglichkeiten der Selbstverwaltung

Die für die soziale Selbstverwaltung zentrale Änderung bei einer ihrer Kernaufgaben ist mit dem Dritten Gesetz zur Änderung arzneimittelrechtlicher und anderer Vorschriften im Jahr 2013 erfolgt.[29] Nach der Regelung des § 35a Abs. 6a SGB IV bedarf der Abschluss, die Verlängerung oder die Änderung eines Vorstandsdienstvertrags der vorherigen Zustimmung der Aufsichtsbehörde. Die Vergütung der Mitglieder des Vorstandes hat zudem in angemessenem Verhältnis zum Aufgabenbereich, zur Größe und zur Bedeutung der Körperschaft zu stehen, wobei insbesondere die Zahl der Mitglieder der Körperschaft zu berücksichtigen ist.

---

27 Siehe die Zahl fristgerecht erfüllter gesetzlicher Aufträge durch den G-BA;Fn. 25.

28 Möltgen-Sicking/Winter, Governance, Eine Einführung in Grundlagen und Politikfelder, 2019, S. 16 f.

29 BGBl. 2013, Teil I, Nr. 47, S. 3110.

In der Konsequenz darf die Selbstverwaltung nicht mehr autonom über den Abschluss von Dienstverträgen mit Mitgliedern des Vorstandes entscheiden. Die Einführung der präventiven Rechtsaufsicht bedeutet, dass die soziale Selbstverwaltung stärker einer staatlichen Kontrolle unterstellt wurde. Das betrifft jedoch nicht nur die Vertragsgestaltung, sondern impliziert auch eine Einengung bei der Auswahl des Vorstands, da i. d. R. die Vertragskonditionen für die Personalauswahl zumindest mitentscheidend sind. Bei der Regelung handelt es sich um eine der wesentlichen Änderungen des Rechts der sozialen Selbstverwaltung seit dem GSG von 1992. Dass im Vergleich zu den letztmaligen Änderungen nun nicht die eigentlich notwendige Anpassung der Handlungsmöglichkeiten an veränderte Rahmenbedingungen, sondern eine Einschränkung der Gestaltungsräume vorgenommen wurde, ist allein schon ein Hinweis, dass der sozialen Selbstverwaltung seitens des Gesetzgebers eine veränderte Rolle zugeschrieben wird.

Von großer Bedeutung für die soziale Selbstverwaltung ist auch die Finanzautonomie der Krankenkassen, denn sie stellt einen wesentlichen Gestaltungsfaktor im Wettbewerb um Versicherte dar. Ein weiterer Beleg für ein verändertes Rollenverständnis sind die jüngsten gesetzlichen Vorgaben nach § 260 SGB V zum Abbau von Finanzreserven bei den Krankenkassen u. a. im Rahmen des GKV-Versichertenentlastungsgesetzes vom 11.12.2018.[30] Diese Regelungen schränken den Entscheidungsraum der sozialen Selbstverwaltung über die Finanzreserven sowie zur Festlegung des Zusatzbeitragssatzes ein. Dabei ist zu berücksichtigen, dass Investitionen in neue Versorgungsmodelle stets mit einem gewissen Finanzrisiko behaftet sind. Notwendig für derartige Investitionen der Krankenkassen sind verlässliche Rahmenbedingungen, die aber aufgrund der gesetzgeberischen Veränderungen der Entscheidungsmöglichkeiten in Haushaltsbelangen in Frage gestellt werden.

Eine weitere wesentliche Einschränkung der Gestaltungsmöglichkeiten ist mit dem Terminservice- und Versorgungsgesetz (TSVG) vom 06.05.2019 erfolgt.[31] Mit dem Gesetz wurde eine grundlegende Neuordnung der Gesellschafterstruktur der Gesellschaft für Telematik (gematik) vorgenommen. Die gematik regelt die Rahmenbedingungen u. a. für die Einführung der elektronischen Gesundheitskarte (eGK) und der Telematikinfrastruktur. Anstelle der bis dahin durch die gemeinsame Selbstverwaltung getragenen Gesellschafterstruktur hat das Bundesministerium für Gesundheit (BMG) 51 Prozent der Gesellschafteranteile der gematik übernommen. Hinzu kommt, dass für Entscheidungen nicht

30 BGBl. 2018, Teil I, Nr. 45, S. 2387.
31 BGBl. 2019, Teil I, Nr. 18, S. 646 ff.

wie bisher eine Zweidrittelmehrheit, sondern eine einfache Mehrheit notwendig ist. Damit kann das BMG als Mehrheitsgesellschafter alle Entscheidungen der gematik alleinverantwortlich treffen – im Zweifel auch ohne Abstimmung und gegen die Stimmen der weiteren Gesellschafter.

Aufgrund der Änderungen werden der gemeinsamen Selbstverwaltung wesentliche Entscheidungsmöglichkeiten genommen. Faktisch bedeutet dies, dass die gematik zu einer quasi-staatlichen Behörde umfunktioniert wird. Die Finanzierung der Aufgaben der gematik erfolgt allerdings weiterhin aus Beitragsmitteln der gesetzlichen Krankenversicherung. Begründet wurde die Änderung mit den wiederholten Verzögerungen bei der Einführung der eGK in der Vergangenheit und zuletzt der Telematikinfrastruktur. Einen zielgerichteten Beitrag zur Lösung der Verzögerungen stellen die Änderungen allerdings nicht dar.

Während sich in der Vergangenheit insbesondere die notwendige Zweidrittelmehrheit bei der Entscheidungsfindung als hohe Hürde erwiesen hatte, waren die Verzögerungen in den letzten Jahren insbesondere auf industrieseitige Schwierigkeiten bei der Bereitstellung des sog. Konnektors zur Anbindung der Leistungserbringer an die Telematikinfrastruktur zurückzuführen. Insofern bestehen begründete Zweifel, dass die Neuordnung der Gesellschafterstruktur an der Wurzel der Problematik ansetzt. Das BMG hatte auf Basis der Verordnung über die Testmaßnahmen für die Einführung der eGK von 2005 bis 2015 bereits selbst die Entscheidungshoheit inne. Die in dieser Zeit initiierten Erprobungsmodelle verliefen ergebnislos im Sande. Vor diesem Hintergrund muss offenbleiben, inwieweit die neuerliche Übernahme der Alleinverantwortung durch die Exekutive zur Lösung beiträgt.

b) Stärkung der Aufsicht über die Selbstverwaltung

In der politischen Diskussion hatte die Überlegung zur Einführung einer Fachaufsicht über die Selbstverwaltung in der gesetzlichen Krankenversicherung lange Zeit eine untergeordnete Bedeutung. Dennoch ist aktuell festzustellen, dass diese Überlegung zunehmend in Erwägung gezogen wird.

Mit dem Selbstverwaltungsstärkungsgesetz (SVSG) vom 21.02.2017 standen – anders als es der Gesetzestitel zunächst vermuten lässt – erstmalig eine Ausweitung der Kontroll- und Weisungsrechte der Aufsicht gegenüber den Spitzenorganisationen der Selbstverwaltung auf Bundesebene im Zentrum der jüngeren Gesetzgebung. Den Anlass gaben Vorgänge bei der Kassenärztlichen Bundesvereinigung, allerdings wurden die Regelungen auch für den G-BA, die Kassenzahnärztliche Bundesvereinigung, den GKV-Spitzenverband und den

Medizinischen Dienst vorgenommen.[32] Nach den Regelungen des SVSG wurde nach §§ 78b und 217h SGB V im Falle einer Gefährdung der ordnungsgemäßen Verwaltung die Möglichkeit zur Einsetzung einer „Entsandten Person" für besondere Angelegenheiten durch die Aufsichtsbehörden geschaffen.

Der Referentenentwurf vom 22.06.2016 hatte mit der Möglichkeit für die Aufsichtsbehörde, bei unbestimmten Rechtsbegriffen „Inhaltsbestimmungen" zur Rechtsanwendung und Rechtsauslegung zu erlassen, zudem auch die Etablierung einer mittelbaren Fachaufsicht für den G-BA, die Kassenärztlichen Bundesvereinigungen, den Medizinischen Dienst des Spitzenverbandes Bund der Krankenkassen und den GKV-Spitzenverband vorgesehen. Damit hätte die Aufsicht die Selbstverwaltungsentscheidungen entsprechend ihrer eigenen politischen und fachlichen Vorstellungen nachträglich korrigieren können. Letztlich wurde diese Regelung aber zum Kabinettsbeschluss fallengelassen.

Dass damit allerdings die „Causa Fachaufsicht" noch nicht final abgeschlossen war, zeigt die weitere intensive gesundheitspolitische Debatte beginnend mit dem Gesetzgebungsverfahren zum TSVG. Mit Verweis auf die andauernden Beratungen des G-BA zur Aufnahme der Liposuktion bei Lipödem als Leistung der gesetzlichen Krankenversicherung hatte das BMG am 09.01.2019 den Entwurf eines Änderungsantrages zum TSVG vorgelegt. Dieser sah eine Ermächtigungsgrundlage für eine Rechtsverordnung des BMG vor, nach der das BMG Untersuchungs- und Behandlungsmethoden hätte bestimmen können, die zu Lasten der gesetzlichen Krankenversicherung zu erbringen sind. Zwar hatte der G-BA in Reaktion angekündigt, eine schnelle Regelung zur Kostenübernahme einer Liposuktion für Patientinnen und Patienten mit schwerem Krankheitsverlauf zu treffen, dennoch hielt das BMG zunächst an der geplanten Änderung fest. Nach einhelliger Kritik aus der Selbstverwaltung und auch aus dem politischen Raum wurde der Änderungsantrag jedoch nicht in das TSVG aufgenommen.

Im Rahmen der Beratungen zum Implantateregister-Errichtungsgesetz wurde ein weiterer Anlauf zur Einführung einer Fachaufsicht über den G-BA unternommen. Nach einer am 20.02.2019 an die Ressorts und Verbände versandten Ergänzung zum Referentenentwurf sollte das BMG per Rechtsverordnung darüber entscheiden können, welche Anforderungen bei der Nutzenbewertung einer Methode gelten, die in die kassenärztliche Versorgung oder Krankenhausversorgung aufgenommen werden soll. Auch dieser Vorschlag war hochumstritten.

Als alternative Regelung sah der am 03.04.2019 im Kabinett verabschiedete Gesetzentwurf der Bundesregierung ein Beanstandungsrecht des BMG für

32 *Scholz*, in: KrV 2017, Nr. 6, S. 232 ff.

Entscheidungen des G-BA vor.[33] Nach dem eingefügten § 94 Abs. 1a SGB V hätten Abwägungsentscheidungen des G-BA in Methodenbewertungsverfahren nach § 135 SGB V beanstandet werden können, wenn der G-BA bestimmte inhaltliche Aspekte, wie z. B. fehlende Behandlungsalternativen, nach Auffassung des Ministeriums nicht ausreichend berücksichtigt hat. Aufgrund der breiten Kritik der Sachverständigen an den Plänen im Rahmen der Anhörung des Ausschusses für Gesundheit des Deutschen Bundestages am 24.06.2019 wurden die Pläne aus dem Gesetzentwurf gestrichen.

Allerdings sieht das in Kraft getretene Implantateregister-Errichtungsgesetz weiterhin vor, dass das Ministerium nach § 91b SGB V per Rechtsverordnung das Nähere zum Verfahren regelt, das der G-BA bei der Bewertung von Untersuchungs- und Behandlungsmethoden in der vertragsärztlichen und vertragszahnärztlichen Versorgung nach § 135 Abs. 1 SGB V und bei der Bewertung von Untersuchungs- und Behandlungsmethoden im Rahmen einer Krankenhausbehandlung nach § 137c Abs. 1 SGB V zu beachten hat.[34] Der G-BA hat auf Grundlage dieser Vorgaben seine Verfahrensordnung anzupassen.

Auch unabhängig von der Diskussion über die Einführung einer Fachaufsicht bleibt festzustellen, dass von ministerieller Seite eine Neuordnung der Aufsichtspraxis angestrebt wird. Auf die Regelungen mit dem SVSG wurde bereits eingegangen. Weitergehend regelt das Fairer-Kassenwettbewerb-Gesetz (GKV-FKG), dass der Haushalt des GKV-Spitzenverbandes der Aufsichtsbehörde zur Genehmigung vorzulegen ist.[35] Dies ist zum einen im Grundsatz zu hinterfragen, da es seit der Gründung keinen Anlass für eine Beanstandung des Haushaltes durch die Aufsicht gegeben hat. Zum anderen steht eine Begründung aus, warum eine Sonderregelung allein für den GKV-Spitzenverband getroffen worden ist. Im Ergebnis bleibt der erkennbare Trend, dass die Aufsicht offensichtlich stärker auf die Selbstverwaltung im Gesundheitswesen einwirken will.

c) Strukturveränderungen in der gemeinsamen Selbstverwaltung

Mit dem Versorgungsstrukturgesetz vom 22.12.2011 wurden für den G-BA enge Vorgaben zur Entscheidungsfindung getroffen.[36] Dies schließt einerseits die Regelung ein, dass bei Beschlüssen, die allein einen der Leistungssektoren wesentlich betreffen, nur die Vertreter der betroffenen Sektoren entscheiden

---

33 BT-Drucks. 19/10523, S. 30 f.

34 BGBl. 2019, Teil I, Nr. 48, S. 2506.

35 BGBl. 2020, Teil I, Nr. 15, S. 617 f.

36 BGBl. 2011, Teil I, Nr. 70, S. 2992 f.

sollen. Damit stellen sich die Beteiligten im G-BA nicht mehr sektorenübergreifend der Verantwortung für das Versorgungssystem. Hintergrund für diese Änderung dürfte sein, dass damit ein strategisches Abstimmverhalten auf Seiten der Leistungserbringer ausgeschlossen werden sollte.

Mit dem Gesetz wurde auch festgelegt, dass für den Ausschluss von Leistungen eine Mindestanzahl von Stimmen notwendig ist. So kann der G-BA nach § 91 Abs. 7 SGB V Beschlüsse zum Ausschluss von Leistungen nur noch mit einer Mehrheit von neun Stimmen der insgesamt 13 Plenumsmitglieder fassen. Hierfür sind die Stimmen einer Bank (also der fünf Vertreterinnen und Vertreter der Kostenträger bzw. Leistungserbringer), der beiden unparteiischen Mitglieder und des unparteiischen Vorsitzenden sowie noch mindestens eine Stimme der jeweils anderen Bank notwendig.

Mit dieser Änderung wurden die Gestaltungsmöglichkeiten der Selbstverwaltung beim Leistungskatalog der gesetzlichen Krankenversicherung deutlich eingegrenzt. In der Folge können selbst offensichtlich in der Patientenversorgung nachteilige Leistungen nicht ausgeschlossen werden, wenn die hohe Hürde der Mindeststimmen für einen solchen Beschluss nicht erreicht wird. Seit der Gesetzesänderung wurden Leistungsausschlüsse nur in seltensten Fällen vorgenommen.[37]

Darüber hinaus wurden mit dem Gesetz auch detaillierte Vorgaben zur Benennung des unparteiischen Vorsitzenden und der unparteiischen Mitglieder getroffen. Nach § 91 Abs. 2 SGB V kommen für die Ämter keine Personen mehr in Frage, die im vorangegangenen Jahr bei den Trägerorganisationen des G-BA, deren Mitgliedern, deren Verbänden oder in einem Krankenhaus beschäftigt oder selbst als Vertragsarzt, Vertragszahnarzt oder Vertragspsychotherapeut tätig waren. Den entsprechenden Berufungsvorschlägen kann der Ausschuss für Gesundheit des Deutschen Bundestages mit einer Zweidrittelmehrheit widersprechen, sofern er die Unabhängigkeit oder die Unparteilichkeit als nicht

37 Eines dieser Beispiele ist der Leistungsausschluss der intrakraniellen Stents aus dem Leistungskatalog. Erst nach langwierigen Debatten und langjährigen Beratungen ist es dem G-BA im Jahr 2016 gelungen, die Aufweitung von verengten Gefäßen innerhalb des Schädels mit Hilfe von Stents zur Schlaganfallprophylaxe aus dem Leistungsspektrum der GKV auszuschließen. Zuvor hatten Studienergebnisse ein deutliches Schadenspotenzial für Patientinnen und Patienten gezeigt. Allerdings hatten die Leistungserbringerorganisationen im G-BA das Mindestquorum lange im Sinne eines Vetorechts gegen eine Entscheidung genutzt, sodass eine Entscheidung verzögert wurde.

gewährleistet ansieht. Für den Fall, dass auch ein weiterer Vorschlag abgelehnt wird, erfolgt die Berufung durch das BMG.

Aufgrund der Änderungen bei der Berufung der unparteiischen Mitglieder können auch politische Erwägungen bei der Auswahl des unparteiischen Vorsitzenden und der unparteiischen Mitglieder eine Rolle spielen. Damit wird die Eigenverantwortlichkeit der gemeinsamen Selbstverwaltung geschwächt. Dass es sich bei dem Widerspruchsrecht des Ausschusses für Gesundheit nicht um eine nur theoretische Möglichkeit handelt, zeigt der ablehnende Ausschussbeschluss im Jahr 2017 zu Vorschlägen der gemeinsamen Selbstverwaltung für eine Benennung der unparteiischen Mitglieder. Hier bestätigt sich auch in der Praxis, dass eigenverantwortliche Personalentscheidungen der gemeinsamen Selbstverwaltung faktisch nicht mehr erfolgen können.

d) Strukturelle Eingriffe in die soziale Selbstverwaltung

Ein zentrales Beispiel für eine vergleichsweise tiefgreifende Veränderung der Strukturen der sozialen Selbstverwaltung bildet die noch im Rahmen des Referentenentwurfs des Fairer-Kassenwettbewerb-Gesetzes (GKV-FKG) vom 25.03.2019 geplante Abschaffung der sozialen Selbstverwaltung auf Bundesebene.[38] Hier war vorgesehen, dass der Verwaltungsrat des GKV-Spitzenverbandes mit hauptamtlichen Vorständen der Krankenkassen – und nicht wie bisher mit in Sozialwahlen gewählten ehrenamtlichen Vertreterinnen und Vertretern der sozialen Selbstverwaltung – besetzt werden soll. Das hätte das Ende für die Partizipation und Mitbestimmung der Sozialpartner in der gesetzlichen Krankenversicherung auf Bundesebene bedeutet und eine grundlegende Neuordnung der sozialen Selbstverwaltung zur Folge gehabt.

Angesichts der deutlichen Kritik an den Plänen wurden diese zum Kabinettsbeschluss fallengelassen. Ersetzend sah der Gesetzentwurf nach § 217b Abs. 4 bis 6 SGB V die Einrichtung eines Lenkungs- und Koordinierungsausschusses (LKA) zunächst mit weitreichenden Entscheidungsrechten beim GKV-Spitzenverband vor.[39] Das aus Krankenkassenvorständen besetzte Gremium sollte nach den Plänen bei allen versorgungsbezogenen Entscheidungen des Vorstandes des GKV-Spitzenverbandes über Verträge sowie Richtlinien und Rahmenvorgaben oder vergleichbaren Entscheidungen zustimmen müssen. Der Gesetzentwurf begründete die Regelung mit einer notwendigen stärkeren Einbindung der

38 Im Stadium des Referentenentwurfs trug das Gesetz noch den Titel „Faire-Kassenwahl-Gesetz".

39 BT-Drucks. 19/15662, S. 26.

Vorstände der Mitgliedskassen in das operative Geschäft des GKV-Spitzenverbandes.

Unabhängig davon, dass die Krankenkassen bereits heute u. a. über das Gremium des Fachbeirates sowie eine Vielzahl von Facharbeitsgruppen im GKV-Spitzenverband einbezogen sind, hätte der LKA mit der ihm zunächst zugewiesenen Aufgabe nicht nur massiv in die Kompetenz des Vorstands eingegriffen, sondern wäre auch in Konkurrenz zum Verwaltungsrat aus Mitgliedern der sozialen Selbstverwaltung gestellt worden. Die bereits heute bestehenden Regelungen nach § 217b Abs. 1 SGB V i. V. m. § 197 SGB V legen als Aufgaben des Verwaltungsrates des GKV-Spitzenverbandes fest, den Vorstand zu überwachen und alle Entscheidungen zu treffen, die von grundsätzlicher Bedeutung sind. Indirekt hätte die geplante Übertragung dieser Aufgaben auch an den LKA bedeutet, dass damit der Verwaltungsrat die Grundsatzentscheidungen im GKV-Spitzenverband nicht eigenverantwortlich treffen kann.

Das Zustimmungserfordernis hätte zudem zur Folge gehabt, dass das gesetzliche Organ des Vorstandes des GKV-Spitzenverbandes versorgungsbezogene Entscheidungen nicht mehr alleinverantwortlich treffen darf. Damit wäre der Vorstand wesentlich in seinem originären Aufgabenbereich der Außenvertretung des GKV-Spitzenverbandes eingeschränkt worden. Praktische Folge dieser Kompetenzeinschränkung wäre gewesen, dass der Vorstand Vertragsverhandlungen erst nach erteilter Zustimmung des LKA wirksam abschließen könnte.

In den vergangenen Jahren hat der Gesetzgeber dem GKV-Spitzenverband wiederholt komplexe Aufträge mit knappen Fristen übertragen. Mit dem Zustimmungserfordernis wäre das Risiko entstanden, dass diese Aufgaben nicht innerhalb der gesetzlich vorgegebenen Fristen erfüllt werden können. Mit Fragen der Kompetenzen und Handlungsfähigkeit des Vorstandes hat sich bereits das Bundessozialgericht befasst.[40] Danach würde eine Beschränkung des Vorstandes – in diesem Fall einer Kassenzahnärztlichen Vereinigung – in seinem Vertretungsrecht dazu führen, dass dieser beim Abschluss von Verträgen faktisch kaum handlungsfähig wäre bzw. seiner Eigenschaft als ernsthafter Verhandlungspartner bei dem Zustandekommen der gesetzlich vorgesehenen Verträge beschränkt würde.

Zusammenfassend hätten die geplanten Strukturveränderungen im GKV-Spitzenverband sowohl die soziale als auch die gemeinsame Selbstverwaltung vor größere Schwierigkeiten gestellt, eine effiziente und effektive Erfüllung von gesetzlichen Aufgaben zu gewährleisten. Aus diesem Grund haben die

40 BSG, Urteil vom 30.10.2013, B 6 KA 48/12 R.

Regierungsfraktionen vor Verabschiedung des GKV-FKG wesentliche Änderungen am Gesetzentwurf vorgenommen, um die negativen Folgewirkungen einer Aufgabenkonkurrenz und eines Zustimmungserfordernisses abzuwenden.[41] Danach soll der Vorstand Entscheidungen im Benehmen mit dem LKA treffen und vom LKA abgegebene Empfehlungen beachten. Gemäß § 217b Abs. 5 S. 3 SGB V gilt dies nicht für Entscheidungen des Vorstandes, mit denen Beschlüsse des Verwaltungsrates in dessen Zuständigkeit umgesetzt werden. Mit diesen Änderungen wird sichergestellt, dass die Handlungs- und Entscheidungsfähigkeit des Verwaltungsrates und des Vorstandes weiterhin gewährleistet sind.

Bereits umgesetzt wurden erweiterte Vorgaben an die soziale Selbstverwaltung im Rahmen der Reform des Medizinischen Dienstes der Krankenversicherung (MDK) vom 14.12.2019.[42] Das MDK-Reformgesetz regelt eine Amtszeit- und Ämterbegrenzung für Mitglieder der sozialen Selbstverwaltung. So darf die Mitgliedschaft in einem Verwaltungsrat des Medizinischen Dienstes (neu: MD statt MDK) künftig nicht länger als zwei Amtsperioden dauern. Ausgeschlossen werden soll auch eine Mitgliedschaft in mehr als einem weiteren Selbstverwaltungsorgan eines Versicherungsträgers, eines Verbandes der Versicherungsträger oder eines anderen Medizinischen Dienstes.

Zunächst war im Gesetzentwurf für die soziale Selbstverwaltung die Unvereinbarkeit mit einer Tätigkeit im Verwaltungsrat einer Krankenkasse geplant. Die Argumentation der Bundesregierung lautete, dass damit eine Einflussnahme der Verwaltungsräte des MD ausgeschlossen werden sollte. Da die gesetzlichen Aufgaben der MD-Verwaltungsräte allerdings eine Einwirkung auf die Begutachtung und Beratung zu einzelnen medizinischen Sachverhalten durch die Gutachterinnen und Gutachter des MD bereits heute ausschließen, ist diese Argumentation auch für die letztlich beschlossenen Änderungen nicht sachgerecht. Im Kern werden jedoch höhere Hürden für die Partizipation des Ehrenamtes in der Selbstverwaltung gesetzt.

IV. Fazit: Perspektiven für eine Steuerung durch Selbstverwaltung

Zusammenfassend bleibt zu konstatieren, dass sich die soziale und gemeinsame Selbstverwaltung einer sukzessiven Neuordnung hinsichtlich ihrer Strukturen, ihrer Aufgabenbereiche und in ihrem Verhältnis zu staatlichen Akteuren

---

41 BT-Drucks. 19/17155, S. 46; BGBl. 2020, Teil I, Nr. 15, S. 617.

42 BGBl. 2019, Teil I, Nr. 51, S. 2789 ff.

ausgesetzt sehen. Die Änderungen gehen so weit, dass im Ergebnis die Tendenz weg von einer Governance im kooperativen Staat hin zu einem wesentlich stärker hierarchisch steuernden Staat im Government-Modus zu erkennen ist. Zweifelhaft bleibt allerdings, ob damit eine effizientere und effektivere Steuerung der gesetzlichen Krankenversicherung gewährleistet werden kann, zumal sich eine Selbstregulierung unter staatlicher Aufsicht unter angemessenen gesetzlichen Rahmenbedingungen als leistungsfähig erwiesen hat.

In der Literatur zur Selbstverwaltung wird dann von einer „Abschaffung der Selbstverwaltung" gesprochen, wenn eine starke Einschränkung der Mitwirkungsmöglichkeiten der sozialen Selbstverwaltung vorgenommen und der hauptamtliche Vorstand einer stärkeren staatlichen Kontrolle unterstellt wird.[43] Tatsächlich lassen sich aus den in diesem Beitrag dargestellten Beispielen viele Hinweise darauf ableiten, dass die gesetzlichen Entwicklungen in die Richtung einer Abschaffung der sozialen Selbstverwaltung weisen. Insbesondere die zwischenzeitlich vorgesehenen, aber letztlich nicht beschlossenen Regelungen im GKV-FKG und die bereits in Kraft getretenen Vorgaben des MDK-Reformgesetzes zielen auf eingeschränkte Partizipationsmöglichkeiten.

In der gemeinsamen Selbstverwaltung sind zwei augenscheinlich gegenläufige Entwicklungen bemerkenswert: Zum einen werden kontinuierlich neue gesetzliche Aufgaben an die Selbstverwaltung übertragen. Insbesondere der G-BA hat zuletzt eine Reihe neuer Umsetzungsaufgaben erhalten und ist nach § 91 Abs. 11 SGB V gesetzlich gehalten, dem Gesetzgeber regelmäßig über die Einhaltung der gesetzlichen Fristen zu berichten. Zum anderen sieht sich die Selbstverwaltung einem zunehmend engeren Vorgabengeflecht bei der Umsetzung dieser Aufgaben ausgesetzt. Dies schließt auch Veränderungen an den Rahmenbedingungen für die Entscheidungsfindung sowie an internen Selbstverwaltungsstrukturen ein.

Auch wenn häufig sich ausdifferenzierende Interessenlagen auf der Ebene der Selbstverwaltung im Zuge einer wettbewerblichen Ausrichtung der gesundheitlichen Versorgung als zentrale Faktoren für die Veränderungen der Selbstverwaltung identifiziert werden[44], ist die veränderte Rollenzuweisung ganz maßgeblich auf gesetzgeberische Entscheidungen mit dem Ziel größerer staatlicher Entscheidungsmöglichkeiten zurückzuführen. Im Kern soll die Selbstverwaltung

---

43 *Klenk/Weyrauch/Haarmann/Nullmeier*, in: dies. (Hrsg.), Abkehr vom Korporatismus?, 2012, S. 46.

44 Vgl. u. a. *Schroeder/von Winter*, in: Sozialer Fortschritt 2019, Nr. 68 (6–7), S. 477 ff.; *Gerlinger*, in: Sozialer Fortschritt 2019, Nr. 68 (6–7), S. 519 ff.

politisch identifizierte Handlungsbedarfe durch Entscheidungen innerhalb eines politisch eng gesteckten Rahmens lösen. Die Diagnose einer „Etatisierung der Selbstverwaltung" liegt vor diesem Hintergrund auf der Hand.[45]

Die Zielsetzung eines „starken Staates" in der Gesundheitspolitik mag einem verstärkten staatlichen Einfluss auf die Gestaltung der gesundheitlichen Versorgung dienen, sie zieht jedoch erhebliche Nebenwirkungen nach sich. Die Delegitimierung und Entwertung von partizipativen Arrangements widerspricht den Prinzipien der Teilhabe und subsidiärer Entscheidungen auf der Ebene der Betroffenen. Hinzu kommt, dass bereits die Gesetzgebung vor Beginn der Corona-Pandemie eine expansive Ausgabenpolitik darstellt. Vor dem Hintergrund der aktuell krisenbedingt erforderlichen Mehrausgaben in Verbindung mit der sich eintrübenden Konjunktur ist kritisch zu bewerten, dass dringende Strukturreformen u. a. im Bereich der Krankenhausversorgung in der Vergangenheit nicht angegangen worden sind.[46]

Klammert man politische Prozesse unter hohem Entscheidungsdruck im Krisenmodus aus, muss angesichts der politischen Entscheidungsstrukturen und vor allem des inhärenten Spannungsverhältnisses zwischen der Organisation eines föderalen Staates und der Handlungslogik im Parteienwettbewerb[47] zwangsläufig offenbleiben, inwiefern bei einer Politik unter „Normalbedingungen" überhaupt effiziente und effektive Lösungen durch den Bundesgesetzgeber in bestimmten Themenbereichen erreicht werden können. Dies ist insbesondere der Fall, wenn Interessenkonflikte des Bundes mit den Ländern zu Fragen der regionalen und kommunalen Ausgestaltung der gesundheitlichen Versorgung bestehen. Allein um parteipolitische Konfliktlinien zu vermeiden, erscheint die Aufgabendelegation an die Selbstverwaltung aussichtsreicher, da die Entscheidungen der Selbstverwaltung nach objektiven Maßstäben getroffen werden.

Insofern spricht vieles für die Selbstkoordination unter staatlicher Aufsicht. Dabei konzentriert sich der Gesetzgeber auf die Vorgabe von Zielen und die Schaffung des gesetzlichen Rahmens, innerhalb dessen die Selbstverwaltung eigenverantwortlich agiert. Prinzipiell hat sich das bisherige Modell der Rechtsaufsicht über die Selbstverwaltung als Bestandteil der Aufgabenteilung zwischen Selbstverwaltung und ministerieller bzw. behördlicher Exekutive bewährt. Insbesondere bestehen nach wie vor gute Gründe für die Beibehaltung

---

45 *Klenk/Weyrauch/Haarmann/Nullmeier*, Fn. 42, S. 45.

46 *Bandelow/Hartmann/Hornung*, in: German Politics 2018, S. 13 ff.

47 *Lehmbruch*, Parteienwettbewerb im Bundesstaat, Regelsysteme und Spannungslagen im Institutionengefüge der Bundesrepublik Deutschland, 2000, S. 134 ff.

des Grundsatzes der maßvollen Rechtsaufsicht. Sollte eine Abkehr von diesem Modell hin zu einer Fachaufsicht das Ziel sein, stellt sich sogleich die Frage, inwieweit die Selbstverwaltung noch eigenständig agieren kann oder sie nur einen „verlängerten Arm des Ministeriums und einer Bundesoberbehörde“ darstellt.[48]

Staatliche Aufgaben bleiben nach wie vor die Prioritätensetzung sowie grundlegende politische Richtungsentscheidungen für die Umsetzung durch die Selbstverwaltung. Dies betrifft vor allem Themenbereiche, die ethische Fragen der Gesundheitsversorgung betreffen. Die Diskussion und Entscheidung hierüber sollte aufgrund der notwendigen Legitimation im Rahmen der parlamentarischen Willensbildung erfolgen. Es gibt aber Beispiele dafür, dass auch politische Entscheidungen mit Schwierigkeiten verbunden sind: Vor seinem Beschluss über die Kostenübernahme eines nicht-invasiven Tests zum Vorliegen von Trisomien als mögliche Alternative zu einem invasiven Eingriff hatte der G-BA das Parlament ausdrücklich um eine solche Richtungsentscheidung gebeten, ohne dass auch nach langer Debatte eine Orientierung geschaffen wurde.[49]

Anders als es sich mit der jüngerenGesetzgebung darstellt, muss aber der Trend in der Gesundheitspolitik nicht zwingend einseitig von Governance zu Government verlaufen. Im Koalitionsvertrag für die 19. Legislaturperiode ist ausdrücklich vereinbart, dass die Selbstverwaltung gestärkt und gemeinsam mit den Sozialpartnern modernisiert werden soll.[50] Dies eröffnet die Perspektive, der Selbstverwaltung größere Gestaltungsmöglichkeiten einzuräumen. Eine gewisse Skepsis bleibt jedoch, ob aus dem Programmsatz auch Realität wird. Schließlich waren ähnlich lautende Formulierungen ebenfalls Bestandteil der Koalitionsverträge vorhergehender Legislaturperioden. Gesetzgeberische Konsequenzen hatten diese aber letztlich nicht. In der Corona-Pandemie hat sich das deutsche Gesundheitswesen mit seinen selbstverwalteten Strukturen als äußerst handlungsfähig erwiesen. Dies ist ein weiterer Grund, spätestens jetzt den gesellschaftlichen Mehrwert der Selbstverwaltung wieder in den Fokus zu rücken.

---

48 *Axer*, in: VSSAR 2019, Nr. 2, S. 151.

49 Gemeinsamer Bundesausschuss, Pressemitteilung Nr. 26, 19.09.2019.

50 CDU, CSU und SPD, Koalitionsvertrag 2018, Ein neuer Aufbruch für Europa Eine neue Dynamik für Deutschland Ein neuer Zusammenhalt für unser Land, S. 51.

Peter Collin

Mehrwert der Selbstverwaltung? Erfahrungen aus der Frühzeit der gesetzlichen Krankenversicherung

I. Einleitende Überlegungen

Welcher Mehrwert entsteht dadurch, dass bei der Erfüllung öffentlicher Aufgaben Selbstverwaltungskörperschaften eingesetzt werden? Diese Frage lässt sich nicht einheitlich beantworten. Man muss nicht nur unterscheiden zwischen verschiedenen Sektoren, sondern auch zwischen verschiedenen Perioden. Ebenso wie ein ursprünglicher Mehrwert aufgrund veränderter Umstände verlorengehen konnte, konnte sich anfangs eher dysfunktionale Selbstverwaltung zu einer späteren Zeit als Gewinn erweisen.

Die Krankenversicherung bietet sich für eine Studie, die den Mehrwert von Selbstverwaltung in historischer Perspektive untersucht, in besonderer Weise an. Nicht nur entsprach sie von allen Sozialversicherungszweigen noch am ehesten dem Modell körperschaftlicher Selbstorganisation der Versicherten (während die Unfallversicherung als Unternehmensselbstverwaltung und die Rentenversicherung anstaltlich, wenn auch mit Selbstverwaltungselementen versehen, organisiert waren).[1] Sie gründete sich zumindest partiell auch auf eine weiter zurückreichende Tradition genossenschaftlicher Selbsthilfe[2] und war mit einem

1 Auch wenn das für das hier verfolgte Untersuchungsinteresse nur von geringem Belang ist, ist der Vollständigkeit halber hinzuzufügen, dass die Krankenkassen ihre Selbstverwaltung recht bald weiter armierten und sich in weitere Selbstverwaltungsmechanismen integrierten. Ersteres geschah vor allem durch die Organisation auf überörtlicher Ebene, insbesondere durch den 1894 gegründeten Hauptverband deutscher Ortskrankenkassen. Vor allem aber wurden durch das Berliner Abkommen von 1913 die Anfänge der gemeinsamen Selbstverwaltung von Ärzten und Krankenkassen geschaffen; siehe dazu jetzt *Collin*, Das Berliner Abkommen von 1913 im Spannungsfeld rechtshistorischer Entwicklungstendenzen, Vierteljahresschrift für Sozialrecht 32 (2014), S. 173–194; *Käsbauer*, Die Neuordnung der Rechtsbeziehungen zwischen Ärzten und Krankenkassen durch das Berliner Abkommen vom 23.12.1913, Baden-Baden 2015.

2 *Tennstedt*, Die Hilfs- und Unterstützungskassen in Preußen. Selbstregulierung der sozialen Vorsorge für den Krankheitsfall, in: *Collin et al.* (Hrsg.), Selbstregulierung

beachtlichen Legitimationspolster ausgestattet – der Begriff „Selbstverwaltung“ war im 19. Jahrhundert fast uneingeschränkt positiv konnotiert.

Die Urteile über die Bewährung dieser Selbstverwaltung in der Praxis fallen allerdings eher durchwachsen aus. Dies gilt auch für die Frühphase der Krankenversicherung. Stolleis konstatiert, dass die Hoffnungen, gemessen an den idealistischen Erwartungen, enttäuscht wurden. Die Arbeiter seien nur in geringem Maß bereit gewesen, sich in die Selbstverwaltung einzubringen. Allerdings habe das Engagement der SPD in den Selbstverwaltungsgremien zur Stabilisierung beigetragen.[3] Andererseits muss man feststellen, dass die Krankenkassen zu mächtigen Akteuren des Gesundheitssystems erstarkten und sich das kassenbasierte Versicherungs- und Versorgungssystem im Großen und Ganzen bewährt hat.

Fragt man danach, welche Rolle Selbstverwaltung als Organisations- und Verfahrensmodus dabei gespielt hat, reicht nicht nur die Analyse der maßgeblichen Rechtsvorschriften. Vielmehr ist auch ein Blick in die Praxis erforderlich. Dass dieser in der jüngeren Zeit wesentlich leichter fällt, ist in erster Linie zurückzuführen auf die „Quellensammlung zur Geschichte der deutschen Sozialpolitik“, in der nicht nur die Entstehung der Sozialversicherungsgesetzgebung dokumentiert ist, sondern auch die Implementation der einzelnen Gesetze bis 1914.[4] Vor allem zurückgreifend auf die dort edierten Materialien, soll im Folgenden untersucht werden, wie sich Selbstverwaltung in der Zeit von 1883 bis Anfang des 20. Jahrhunderts entfaltete, mit welchen Schwierigkeiten sie zu kämpfen hatte und wie sich dies auf die Entwicklung des Kassenwesens auswirkte.

II. Ein Fallbeispiel: die Mannheimer Metallarbeiterkasse

Die gesetzliche Krankenversicherung von 1883 entstand nicht als bürokratischer Kollos, sondern baute zunächst auf kleinen, lokal angesiedelten Organisationsformen auf, die eher dem Leitbild des privatrechtlichen Vereins als der heutigen Vorstellung von einer öffentlich-rechtlichen Körperschaft entsprachen.

---

im 19. Jahrhundert – zwischen Autonomie und staatlichen Steuerungsansprüchen, Frankfurt a.M. 2011, S. 275–291.

3 *Stolleis*, Geschichte des Sozialrechts in Deutschland, Stuttgart 2003, S. 73 f.

4 Quellensammlung zur Geschichte der deutschen Sozialpolitik 1867–1914, 38 Bde, 1982–2016. Zur Würdigung dieses in der Sozialrechtsgeschichtsschreibung auch international herausstechenden Projekts *Ritter*, Sozialpolitik im Zeitalter Bismarcks. Ein Bericht über neue Quelleneditionen und Literatur, HZ 265 (1997), S. 683–720, insb. 706 ff.

Selbstverwaltung musste sich also unter ganz spezifischen organisatorischen Bedingungen entwickeln. Um dies zu veranschaulichen, soll am Anfang eine Schilderung aus dem Alltag der ersten gesetzlichen Krankenkassen stehen, wie er uns über die genannte Quellenedition übermittelt ist.

Am 26. November 1884 fand von 9 bis 11 Uhr abends die erste Vorstandssitzung der Ortskrankenkasse der Metallarbeiter von Mannheim statt. Anwesend waren die Herren Baumüller, Denzel, Forshag und Berg. Baumüller war Schlosser, Denzel Schmied, Forshag Kupferschmied; von Berg ist kein Beruf überliefert. Sitzungsort war das Wirtshaus „Roter Löwe". Man beschloss, gemeinsam mit vier anderen Ortskrankenkassen ein gemeinsames Lokal zu mieten; der Mietzins sollte 240 Mark pro Jahr betragen. Beschlossen wurde weiterhin die Anstellung eines Rechnungs- und Kassenführers, eines Herrn Rindenschwender, zu einem Jahresgehalt von 600 Mark.[5] In weiteren Sitzungen[6] beriet man unter anderem über die Anschaffung von Büromöbeln und die Ernennung eines Kassenarztes. Man beschloss Apothekenwahlfreiheit und plante die Anmietung eines größeren Büroraums. Etwas aus dem Rahmen fällt das letzte in der Quellensammlung überlieferte Protokoll, das der 8. Sitzung vom 2. Dezember 1885. Immer noch bestand der Vorstand aus Baumüller, Denzel, Forshag und Berg. Haupttagesordnungspunkt war das Verhalten des Kassenführers, des bereits erwähnten Herrn Rindenschwender. Er hatte Geld aus der Kasse genommen – nur zeitweilig, wie er sagte. Man begnügte sich mit einem Verweis und der Androhung der sofortigen Kündigung, sollte sich so etwas wiederholen.[7]

Soweit der mehr oder weniger unspektakuläre Alltag der Selbstverwaltung einer frühen Ortskrankenkasse. Allerdings handelte es sich dabei weitgehend nur um die Tagesgeschäfte. Große Entscheidungen wie die Abnahme der Jahresrechnung, Statutenänderungen sowie alle Angelegenheiten, die das Gesetz nicht ausdrücklich dem Vorstand zugewiesen hatte, standen gem. § 36

5 Protokoll der ersten Vorstandssitzung der Ortskrankenkasse der Metallarbeiter in Mannheim. 26. November 1884, in: Quellensammlung zur Geschichte der deutschen Sozialpolitik 1867–1914, Abt. II Bd. 5, Mainz 2009 – im Folgenden: GDS Abt. II Bd. 5, Nr. 70.

6 Protokoll der zweiten Vorstandssitzung der Ortskrankenkasse der Metallarbeiter in Mannheim. 29. November 1884, GDS Abt. II Bd. 5, Nr. 71; Protokoll der fünften Vorstandssitzung der Ortskrankenkasse der Metallarbeiter in Mannheim. 23. März 1885, GDS Abt. II Bd. 5, Nr. 78; Protokoll der sechsten Vorstandssitzung der Ortskrankenkasse der Metallarbeiter in Mannheim. 12. April 1885, GDS Abt. II Bd. 5, Nr. 79.

7 Protokoll der achten Vorstandssitzung der Ortskrankenkasse der Metallarbeiter in Mannheim. 2. Dezember 1885, GDS Abt. II Bd. 5, Nr. 92.

Krankenversicherungsgesetz 1883[8] der Generalversammlung zu. In der Quellensammlung finden wir ein Protokoll der Generalversammlung der Mannheimer Metallarbeiterkasse vom 30. Dezember 1885. Tagungslokal war der „Badener Hof". Anwesend waren die Vorstandsmitglieder sowie der Kassenarzt Dr. Joseph Wagner und der offensichtlich nicht wieder auffällig gewordene Kassenwart Rindenschwender. Auf der Tagungsordnung standen die Berichterstattung über den Stand der Kasse, die Ergänzungswahl des Vorstands und die Wahl der Rechnungsrevisoren. Als Sitzungsbeginn war 8 Uhr abends verzeichnet. Darüber hinaus enthält das Protokoll nur einen weiteren Satz: „Als bis 9 Uhr nur ein Mitglied erschienen war, so konnte nicht zur Erledigung der Tagesordnung geschritten werden, und so wurde die Sitzung geschlossen."[9] Auf der nächsten Generalversammlung (für die kein Teilnehmerverzeichnis abgedruckt ist) wurde – nach Feststellung des Scheiterns des ergebnislosen Ablaufs der vorherigen – die Übergabe der Kassenverwaltung an die Kommission für Krankenversicherung beschlossen.[10] Hierbei handelte es sich um ein städtisches Gremium, bestehend aus dem Bürgermeister, dessen Stellvertreter und fünf weiteren Mitgliedern.[11]

Das Protokoll der nächsten Generalversammlung, dass wir in der Quellenedition finden, stammt vom Juni 1888. Die Ortskrankenkasse der Metallarbeiter existierte damals allerdings nicht mehr. Gemeinsam mit den Ortskrankenkassen der Bauhandwerker, der Holzarbeiter, des Bekleidungsgewerbes, des Druckereigewerbes und des Nahrungsgewerbes war sie im Januar 1887 zur Ortskrankenkasse I Mannheim vereinigt worden. Aber auch hier hatte man wieder mit dem Problem mangelnder Beteiligung zu kämpfen. Die Geschäfte führte noch immer die städtische Kommission für Krankenversicherung. Und weil die Mitglieder von der Möglichkeit zur Wahl der Vertreter in der Generalversammlung nicht hinreichend Gebrauch gemacht hatten, waren Letztere von der Aufsichtsbehörde ernannt worden.[12] Der Vorsitzende beendete die Versammlung mit dem

8 Gesetz, betreffend die Krankenversicherung der Arbeiter, vom 15. Juni 1883 (RGBl. S. 73) – im Folgenden: KVG 1883.

9 Protokoll der Generalversammlung der Ortskrankenkasse der Metallarbeiter in Mannheim. 30. Dezember 1885, GDS Abt. II Bd. 5, Nr. 96.

10 Protokoll der Generalversammlung der Ortskrankenkasse der Metallarbeiter in Mannheim. 2. März 1886, GDS Abt. II Bd. 5, Nr. 103.

11 GDS Abt. II Bd. 5, Nr. 63, Fn. 8.

12 § 39 KVG 1883 sah diese Maßnahme im Fall der „Verweigerung" der Wahl durch die Wahlberechtigten vor.

Wunsch, dass in Zukunft „die Arbeiter zu erkennen geben mögen, dass ihnen das Blühen und Gedeihen ihrer Kasse auch wirklich am Herzen liege".[13]

Machen wir nun einen Zeitsprung in das Jahr 1904.[14] Die Mannheimer Ortskrankenkasse besitzt einen gewählten Vorstand, mit einem Eisendreher als Vorsitzenden, sowie Unternehmern und Arbeitern als weiteren Mitgliedern.[15] Auf der Generalversammlung sind 70 Arbeitnehmerdelegierte und vier Delegierte der Arbeitgeber präsent. Ansässig ist die Kasse nun in einem 1901 für sie errichteten Neubau.[16] Auf der Versammlung werden erstmalig „Funktionsgehälter"[17] für die Vorstandsmitglieder bewilligt, für den Vorsitzenden immerhin 600 Mark pro Jahr[18] – bei einem seinerzeitigen durchschnittlichen Arbeiterlohn von 900 Mark keine unerhebliche Summe für eine ehrenamtliche Tätigkeit. Einen festen Kassenarzt gibt es nicht mehr. Es gilt das Prinzip der freien Arztwahl.[19]

III. Die Ausgangslage für die Selbstverwaltung in der Krankenversicherung: Optionen und Rahmenbedingungen

Was war in der Zwischenzeit passiert, was nicht aus den Protokollen erschließbar ist, und was hat das mit dem Mehrwert von Selbstverwaltung zu tun? Wenn man nach dem Mehrwert einer bestimmten organisatorischen Lösung, wie eben

---

13 Protokoll der Generalversammlung der Ortskrankenkasse I in Mannheim. 16. Juni 1888, GDS Abt. II Bd. 5, Nr. 129 (Zitat S. 622).

14 Protokoll der Generalversammlung der Ortskrankenkasse I in Mannheim. 7. Dezember 1904, in: Quellensammlung zur Geschichte der deutschen Sozialpolitik 1867–1914, Abt. III. Bd. 5, Mainz 2012 – im Folgenden: GDS Abt. III Bd. 5 –, Nr. 141; Protokoll der Vorstandssitzung der Ortskrankenkasse I in Mannheim. 30. Dezember 1904, a. a. O., Nr. 142.

15 GDS Abt. III Bd. 5, Nr. 141, Fn. 2–5.

16 GDS Abt. III Bd. 5, Nr. 141, Fn. 9.

17 Diese Bezeichnung war von der Rechtsaufsicht, dem Großherzoglichen Bezirksamt, beanstandet worden, weil hiermit der Eindruck eines ordentlichen Beschäftigungsverhältnisses hervorgerufen werde; vielmehr müsste die Vergütung als „Entschädigung" bezeichnet werden. Gegen die Höhe selbst war kein Einwand erhoben worden. Protokoll der Vorstandssitzung der Ortskrankenkasse I in Mannheim. 30. Dezember 1904, GDS Abt. III Bd. 5, Nr. 142.

18 Protokoll der Generalversammlung der Ortskrankenkasse I in Mannheim. 7. Dezember 1904, GDS Abt. III Bd. 5, Nr. 141 (S. 671).

19 Protokoll der Generalversammlung der Ortskrankenkasse I in Mannheim. 7. Dezember 1904, GDS Abt. III Bd. 5, Nr. 141 (S. 672).

der Selbstverwaltung, fragt, kann sich dieser Mehrwert eigentlich nur aus dem Vergleich mit anderen, alternativen organisatorischen Lösungen ermitteln lassen. Dies ist aus verschiedenen Gründen schwierig. Zum einen ist zu fragen, was überhaupt als Alternative zur Verfügung stand bzw. als solche praktiziert wurde. Was stand in den Reformdiskussionen bis zu den 1880er Jahren überhaupt zur Debatte?

Eine private Krankenversicherung bei kommerziellen privaten Anbietern kam von vornherein nicht in Frage, jedenfalls nicht als allgemeine Lösung. Sie wäre damals – angesichts noch weitverbreiteter Epidemien[20] – auch mit großen unternehmerischen Risiken verbunden gewesen.[21] Gewissermaßen auf dem anderen Ende der Skala anzusiedeln gewesen, wäre eine staatlich organisierte steuerfinanzierte Versorgung. Anders als bei der Alters- und Invalidenversicherung[22] und – schwächer ausgeprägt – auch bei der Unfallversicherung[23] spielte auch dies in der Diskussion kaum eine Rolle.

Dazwischen standen als Vorbildmodelle mannigfaltige Kassentypen zur Verfügung: Fabrikkassen[24], Gemeindekassen[25], Gesellenkas-

20 Siehe nur *Evans*, Tod in Hamburg. Stadt, Gesellschaft und Politik in den Cholera-Jahre 1830–1910, Reinbek bei Hamburg 1991.

21 Stellungnahme *Maurer*, in Diskussion zu: Alfred Maurer, Bedingungen für die Entstehung und Entwicklung von Sozialversicherung: Zusammenhänge mit der Entwicklung der Privatversicherung, in: *Zacher* (Hrsg.), Bedingungen für die Entstehung und Entwicklung von Sozialversicherung, Berlin 1979, S. 355–371, 379.

22 Siehe hierzu nur *Haerendel*, Regierung, Reichstag und Rentenversicherung. Der Gesetzgebungsprozess zwischen 1887 und 1889, in: *Fisch/Haerendel* (Hrsg.), Geschichte und Gegenwart der Rentenversicherung in Deutschland, Berlin 2000, S. 49–69, 54.

23 Zur Diskussion über die Unfallversicherung siehe neben den entsprechenden Bänden der Quellensammlung (Abt. I, Bd. 2; Abt. II, Bd. 2) vor allem die aufschlussreichen Beiträge von *Tennstedt/Winter*, „Der Staat hat wenig Liebe – activ wie passiv". Die Anfänge des Sozialstaats im Deutschen Reich von 1871. Ergebnisse archivalischer Forschungen zur Entstehung der gesetzlichen Unfallversicherung, Teil 1, Zeitschrift für Sozialreform 39 (1993), S. 362–392; *dies.*, „Jeder Tag hat seine eigenen Sorgen, und es ist nicht weise, die Sorgen der Zukunft freiwillig auf die Gegenwart zu übernehmen." (Bismarck). Die Anfänge des Sozialstaats im Deutschen Reich 1871, Teil 2, Zeitschrift für Sozialreform 41 (1995), S. 671–706.

24 *Schulz*, Betriebliche Sozialpolitik in Deutschland seit 1850, in: *Pohl* (Hrsg.), Staatliche, städtische, betriebliche und kirchliche Sozialpolitik vom Mittelalter bis zur Gegenwart, Stuttgart 1991, S. 137–176, 142 ff.

25 Die Gemeindekassen waren eine süddeutsche Einrichtung. In Bayern waren die Gemeinden berechtigt, von den ortsansässigen Arbeitnehmern Beiträge zu erheben. Diese erwarben hierdurch Anspruch auf ärztliche Behandlung, Arznei und finanzielle

sen[26], ortsstatutarische Kassen[27], Gewerkschaftskassen[28]. Allerdings war dort das Selbstverwaltungselement durchaus unterschiedlich ausgeprägt, auch innerhalb des jeweiligen Kassentyps[29]: Fabrikkassen standen letztlich unter der Leitung des Arbeitgebers, konsultative oder mitbestimmende arbeiterschaftliche Mitwirkung war - wenn überhaupt vorhanden - nur ein ergänzendes Element. Gemeindekassen lagen in der Hand der kommunalen Obrigkeit. Gesellenkassen waren relativ frei und selbstverwaltet, standen aber oft unter Magistratsaufsicht. Ortsstatutarische Kassen wurden von einem von der Gemeinde ernannten Kommissarius beaufsichtigt. Staatsfrei waren am ehesten noch Gewerkschaftskassen, jedoch war auch dort die Betroffenenselbstverwaltung durch die Versicherten oft defizitär, denn Leitungskompetenzen lagen nicht selten bei übergeordneten Gewerkschaftsgremien.

1876 erfolgte eine gewisse Vereinheitlichung dahingehend, dass das Hilfskassengesetz[30] gemeinsame organisatorische Leitlinien vorgab: Generalversammlung der versicherten Arbeitnehmer[31], von der Generalversammlung zu wählender Vorstand[32], Beteiligung der Arbeitgeber nach Maßgabe ihrer Beiträge[33], Staatsaufsicht weitgehend in den Grenzen der Rechtsaufsicht.[34] Dies

---

Unterstützung in den ersten 90 Tagen; siehe hierzu das Schreiben des bayerischen Außenministers Adolf von Pfretschner an den Reichskanzler Otto Fürst von Bismarck vom 21. September 1874, in: Quellensammlung zur Geschichte der deutschen Sozialpolitik 1867–1914, Abt. I Bd. 5, Mainz 1999, Nr. 110 (insb. S. 304 f.). Das süddeutsche Modell wurde dann auch als Auffanglösung in die Gesetzgebung von 1883 aufgenommen.

26 *Tennstedt*, Die Hilfs- und Unterstützungskassen in Preußen, in: *Collin et al.*, Selbstregulierung im 19. Jahrhundert – zwischen Autonomie und staatlichen Steuerungsansprüchen, Frankfurt a.M. 2011, S. 275–291, 277 ff.

27 Umfassende Übersicht bei [*Lohmann*], Die unter staatlicher Aufsicht stehenden gewerblichen Hülfskassen für Arbeitnehmer (mit Ausschluss der sog. Knappschaftskassen) und die Versicherung gewerblicher Arbeitnehmer gegen Unfälle im preussischen Staate, Berlin 1876.

28 *Stollberg*, Die gewerkschaftsnahen zentralisierten Hilfskassen im Deutschen Kaiserreich, Zeitschrift für Sozialreform 29 (1983), S. 339–369.

29 Hierzu *Collin*, Optionen und Kontinuitäten regulierter Selbstregulierung in der frühen Kranken- und Altersversicherung, Rechtsgeschichte 18 (2011), S. 186–212, 188 ff.

30 Gesetz über die eingeschriebenen Hilfskassen vom 7. April 1876 (RGBl. S. 125) – im Folgenden: Hilfskassengesetz 1876.

31 § 20 f. Hilfskassengesetz 1876.

32 § 16 Hilfskassengesetz 1876.

33 § 21 Abs. 3 Hilfskassengesetz 1876.

34 § 33 Hilfskassengesetz 1876.

war auch jenes Modell, an dem sich die Krankenkasse nach dem Krankenversicherungsgesetz von 1883 orientierte – man muss sagen, ohnehin orientieren musste, weil die Kaiserliche Botschaft von 1881, die den Gesetzgebungsarbeiten die Richtung wies, „korporative Genossenschaften“ als Organisationsmodell vorgab.[35]

Allerdings kannte das Gesetz von 1883 kein Einheitsmodell. Neben der Ortskrankenkasse gab es weiter die – nicht selbstverwalteten – Gemeindekassen[36], die subsidiär einzutreten hatten, die Innungskassen[37], die Fabrikkassen[38], die weitgehend unbedeutend gebliebenen Baukrankenkassen[39] und vor allem die freien Kassen der Arbeiterorganisationen, deren Mitglieder dann von der gesetzlichen Krankenversicherung befreit blieben, wenn ihre freien Kassen ein bestimmtes Leistungsniveau boten.[40]

IV. Krankenkassen und Selbstverwaltungskonzepte

Dies war 1883 die Ausgangslage. In der Folgezeit wurde die Ortskrankenkasse zum dominierenden Kassentyp.[41] Aber welche Rolle spielte dabei der Aspekt der Selbstverwaltung? Diese Frage lässt sich nicht pauschal beantworten. Zunächst ist zu klären, was überhaupt unter „Selbstverwaltung“ verstanden werden kann. Ist ein zeitgenössischer oder ein moderner Selbstverwaltungsbegriff zugrunde zu legen? Ende des 19. Jahrhunderts lässt sich noch eine gewisse Konkurrenz zweier Selbstverwaltungskonzeptionen ausmachen, für die sich wenig später die Bezeichnungen „politisches“ Selbstverwaltungsverständnis und „juristisches“

35 Kaiserliche Botschaft vom 17. November 1881: „(...) Der engere Anschluß an die realen Kräfte dieses Volkslebens und das Zusammenfassen der letzteren in der Form korporativer Genossenschaften unter staatlichem Schutz und staatlicher Förderung werden, wie Wir hoffen, die Lösung auch von Aufgaben möglich machen, denen die Staatsgewalt allein in gleichem Umfange nicht gewachsen sein würde. Immerhin aber wird auch auf diesem Wege das Ziel nicht ohne die Aufwendung erheblicher Mittel zu erreichen sein. [...]“ (http://www.reichstagsprotokolle.de/Blatt3_k5_bsb00018436_00052.html).

36 §§ 4 ff. KVG 1883.

37 § 73 KVG 1883.

38 §§ 59 ff. KVG 1883.

39 §§ 69 ff. KVG 1883.

40 § 75 KVG 1883.

41 1904 waren ca. 50 % aller Versicherten in Ortskrankenkassen organisiert; siehe GDS Abt. III. Bd. 5, S. 682 (Anhang: Die Verteilung der Mitglieder auf die einzelnen Kassenarten).

(körperschaftliches) Selbstverwaltungsverständnis etablierten.[42] Im ersten Fall vollzog sich Selbstverwaltung durch die (ehrenamtliche) Mitwirkung betroffener Bürger an der Staatsverwaltung[43], im zweiten Fall war Selbstverwaltung „diejenige obrigkeitliche Verwaltung, welche (...) nicht durch den Staat selbst, sondern durch ihm zwar untergeordnete, aber innerhalb ihres Wirkungskreises selbständige Corporationen oder Einzelpersonen versehen wird."[44] Der Unterschied zwischen diesen beiden Konzeptionen bestand aber nicht nur im Hinblick auf die organisatorische Verfasstheit – die Selbstverwaltung der letztgenannten Art konnte nur außerhalb der „unmittelbaren Staatsverwaltung" (eine spätere Begriffsschöpfung) stattfinden –, sondern auch im Hinblick auf die personale Komponente. Denn körperschaftliche Verwaltung war jedenfalls von ihrem konzeptionellen Ansatz her mitgliedschaftliche Selbstverwaltung, Mitverwaltungsbefugnisse von Nichtmitgliedern waren daher an sich Fremdkörper.

Der zweite Aspekt, wenn man über Selbstverwaltungsverständnisse spricht, betrifft das Ausmaß der Staatsfreiheit. Dies bezieht sich nicht nur auf das Problem der Reichweite staatlicher Aufsichtsrechte, sondern grundlegend auf die Frage, ob gesellschaftliche Selbstorganisation sich als „Assoziation" (also als staatsfreier privater Verein) oder als „Korporation" (also als – in späterer Diktion – öffentlich-rechtliche Körperschaft) formierte.[45] Aus heutiger Sicht erscheint diese Differenzierung wenig sinnvoll, da der Selbstverwaltungsbegriff für öffentlich-rechtliche Körperschaften reserviert ist. In der zeitgenössischen Debatte über die Gestaltung der Krankenversicherung wurde das Selbstverwaltungsargument aber durchaus auch für die Erhaltung privatrechtlicher Vereinsstrukturen

---

42 Umfassend zur Diskussion *Hendler*, Selbstverwaltung als Ordnungsprinzip, Köln 1984, S. 57 ff., 108 ff.

43 *Gneist*, Die preußische Kreis-Ordnung in ihrer Bedeutung für den inneren Ausbau des deutschen Verfassungs-Staates, Berlin 1870, insb. S. 9, 35, 53, 221; *ders.*, Zur Verwaltungsreform und Verwaltungsrechtspflege in Preußen, Leipzig 1880, S. 51 f.

44 *Laband*, Das Staatsrecht des Deutschen Reiches, Bd. 1, Tübingen 1876, S. 104. Diese Selbstverwaltungskonzeption war anfänglich nur für kommunale Selbstverwaltungskörperschaften entwickelt worden. Vor allem Rosin, der sich ausdrücklich auf die Krankenversicherungsgesetzgebung bezog (*Rosin*, Das Recht der öffentlichen Genossenschaft, Freiburg i. Br. 1886, S. V) erweiterte dieses Selbstverwaltungsverständnis auf nichtkommunale Einrichtungen und schuf damit wesentlich die Grundlage für ein Recht – später so genannter – „funktionaler Selbstverwaltung.

45 Grundlegen hierzu *Müller*, Korporation und Assoziation, Berlin 1965; sowie *Bieback*, Die öffentliche Körperschaft, Berlin 1976.

eingesetzt[46] – was durchaus auch Rückhalt in Teilen der rechtswissenschaftlichen Literatur fand.[47] Deutlich wird also, dass die Frage nach dem „Mehrwert von Selbstverwaltung“ gerade in historischer Perspektive automatisch die Frage nach dem „Mehrwert von welcher Selbstverwaltung“ nach sich zieht.

V. Entwicklungslinien der Selbstverwaltung

1. Defizitäre Selbstverwaltung in der Anfangszeit

Dies vorangestellt, kann man zunächst konstatieren, dass die Ortskrankenkasse gegenüber den freien Kassen hinsichtlich des Selbstverwaltungselements in zweierlei Hinsicht defizitär war. Stellt man auf das Ausmaß von Staatsfreiheit ab, handelte es sich um staatlich erzwungene Einrichtungen. Zudem hatten sie – was auch für öffentlich-rechtliche Körperschaften an sich möglich gewesen wäre – keine selbstbestimmte Verfassung. Die Statuten waren von der Gemeindebehörde aufzustellen und von der Aufsichtsbehörde zu genehmigen (wobei die Genehmigung nur aus Rechtsgründen versagt werden konnte, fachaufsichtliche Erwägungen also keine Rolle spielen durften).[48] Zweitens handelte es sich nicht um eine unbeschränkte *mitgliedschaftliche* Selbstverwaltung, denn neben den Mitgliedern, also den versicherten Arbeitnehmern, waren den Arbeitgebern nach Maßgabe ihrer finanziellen Beteiligung Mitwirkungsrechte zugestanden.[49]

---

46 So vor allem von Seiten der Gewerkvereine; siehe nur: Die Arbeiterpetition an den Reichstag, Volkszeitung Nr. 68, Beilage (21. März 1869), GDS Abt. I Bd. 5, Nr. 35; Eingabe des Zentralrats der deutschen Gewerkvereine an den Bundesrat des Norddeutschen Bundes vom 21. Dezember 1870, GDS Abt. I Bd. 5, Nr. 59; Protokoll des ersten ordentlichen Verbandstages der Deutschen Gewerkvereine vom 29. August 1871, GDS Abt. I Bd. 5, Nr. 65; Protokoll des dritten ordentlichen Verbandstages der Deutschen Gewerkvereine vom 28. März 1875, GDS Abt. I Bd. 5, Nr. 122.

47 So *von Stein*, Die Verwaltungslehre. Erster Theil, Zweite Abtheilung, 2. Aufl., Stuttgart 1869, S. 14 ff.

48 § 23 KVG 1883. Allerdings konnten die Statuten von der Generalversammlung geändert werden, § 36 S. 2 Ziffer 3 KVG 1883.

49 § 38 KVG 1883: „Arbeitgeber, welche für die von ihnen beschäftigten Mitglieder einer Orts-Krankenkasse an diese Beiträge aus eigenen Mitteln zu zahlen verpflichtet sind (§. 52), haben Anspruch auf Vertretung im Vorstande und der Generalversammlung der Kasse. Die Vertretung ist nach dem Verhältnisse der von den Arbeitgebern aus eigenen Mitteln zu zahlenden Beiträge zu dem Gesammtbetrage der Beiträge zu bemessen. Mehr als ein Drittel der Stimmen darf den Arbeitgebern weder in der Generalversammlung noch im Vorstande eingeräumt werden.“

Dies hielt in der Anfangszeit zahlreiche Arbeiter davon ab, den Ortskrankenkassen beizutreten, Ortskrankenkassen waren also zunächst nicht die attraktivste Form der Krankenversicherung – dazu später.

Als weiteres entscheidendes Manko sollte sich jedoch auch der Umstand erweisen, dass die Krankenkassen gerade auf ein Selbstverwaltungsmodell zugeschnitten waren, das eher dem Selbstverwaltungsideal der Jahrhundertmitte entsprach. Das Bild einer „genossenschaftlichen Selbstverwaltung" war es, was Theodor Lohmann[50], jenem Ministerialbeamten, der der Krankenversicherung seinen Stempel aufgeprägt hatte, vor Augen stand.[51] Und diese genossenschaftliche Selbstverwaltung war eine Selbstverwaltung, die aus sozialer Nähe und sozialer Gemeinschaft resultierte, auf die Bildung kleinerer Einheiten abzielte, keine gestufte und vermittelte und mit einem professionellen Apparat versehene Selbstverwaltung. Dabei muss man sich vor Augen halten, dass auch das bisherige Referenzgebiet von Selbstverwaltung, die städtische Selbstverwaltung, ein ähnliches Profil aufwies. Ihre gesetzlichen Grundlagen waren mit den Steinschen Reformen zu Beginn des 19. Jahrhunderts geschaffen worden, als die typische Stadt eine Klein- oder Mittelstadt war. Die Gemeindeverwaltung war zumeist Honoratiorenverwaltung, fand also ehrenamtlich statt, sieht man von einigen wenigen Schreibern, Bürodienern und städtischen Wächtern ab.[52] Diese Selbstverwaltung der kleinen sozialen Kreise war im Krankenversicherungsgesetz quasi vorgegeben: Ortskrankenkassen sollten nicht nur für jeden Ort, sondern dort auch für jeden dort vorhandenen lokalen Gewerbezweig geschaffen werden, soweit dieser mehr als 100 versicherungspflichtige Mitglieder aufwies – so schrieb es § 17 des Krankenversicherungsgesetzes vor. Folge war, dass es an

---

50 Zu dieser eindrucksvollen Figur der Geschichte der deutschen Sozialpolitik siehe nur *Machtan*, Der Gesellschaftsreformer Theodor Lohmann – Grundanschauung und Programm, in: *Marßolek/Schelz-Brandenburg* (Hrsg.), Soziale Demokratie und sozialistische Theorie. Festschrift für Hans-Josef Steinberg zum 60. Geburtstag, Bremen 1995, S. 30–38; *Rothfels*, Theodor Lohmann und die Kampfjahre der staatlichen Sozialpolitik, Berlin 1927.

51 *Tennstedt*, Geschichte der Selbstverwaltung in der Krankenversicherung, Bonn o. J., S. 38 f.

52 So bestand 1857 die Verwaltung der Stadt Bielefeld (die zu jener Zeit etwas 12.000 Einwohner umfasste) aus folgenden Personen: Bürgermeister, erster Beigeordneter, ein Stadtsekretär, zwei Kanzlisten, zwei Schreiber, ein Rendant, vier Nachtwächter, vier Turmwächter, ein Wallwächter; vgl. *Ellwein*, Der Staat als Zufall und als Notwendigkeit, Bd. 1, Opladen 1993, S. 213 Fn. 7.

einem Ort mehrere Ortskrankenkassen gab[53] – und wir es in Mannheim eben zunächst nicht mit einer allgemeinen Ortskrankenkasse zu tun hatten, sondern mit der Ortskrankenkasse der Metallarbeiter.

Deren Mitgliederzahl kennen wir nicht, aber einen allgemeinen Eindruck vermittelt die durchschnittliche Mitgliederzahl der Krankenkassen, die 1885 415 betrug.[54] Kleinere Krankenkassen waren aber weniger leistungsfähig, was die effiziente Verteilung von Risiken und vorhandenen Mitteln betraf. Darüber herrschte in der zeitgenössischen Literatur wohl weitgehend Einigkeit und man konnte es auch am Beispiel großer Kassen, die mit großzügigen Leistungen glänzen konnten, nachweisen.[55]

Größere Kassen bedeuteten aber auch weniger Selbstverwaltung – und zwar in zweierlei Hinsicht. Erstens was die unmittelbare mitgliedschaftliche Beteiligung betraf: Die Generalversammlung von Kassen mit mehr als 500 Mitgliedern musste sich gemäß § 37 Krankenversicherungsgesetz aus Delegierten zusammensetzen, es war keine Mitgliederversammlung mehr. Und zweitens waren große Kassen imstande, bürokratische Apparate aufzubauen, die ihrer eigenen Logik folgten.

Unter dem Aspekt der Selbstverwaltung schien aber nicht die Größe die entscheidende Rolle zu spielen. Wir haben gesehen, dass die Mitgliederbeteiligung in der Mannheimer Metallarbeiterkasse genauso schwach ausfiel wie 1888 in der dann die verschiedenen Gewerbe vereinigenden Ortskrankenkasse Mannheim I. Dass dies so war, schien mit einem anderen Umstand zusammenzuhängen. Wirklich selbstverwaltungswillige Arbeitnehmer waren nämlich woanders zu finden: in den freien Hilfskassen.

2. Die freien Kassen als Konkurrenten

Wie bereits erwähnt, hatte das Krankenversicherungsgesetz die Krankenversicherung nicht bei den gesetzlichen Kassen monopolisiert. Vom Zwang

---

53 So gab es anfangs in Berlin 65 Ortskrankenkassen, daneben 9 Betriebskrankenkassen und 5 Innungskrankenkassen, Einleitung, GDS Abt. II Bd. 5, S. XXXI f.

54 *Tennstedt*, Geschichte der Selbstverwaltung in der Krankenversicherung, Bonn o. J., S. 27; bis 1904 hatte sich der durchschnittliche Mitgliederbestand einer Ortskrankenkasse auf 1138 erhöht, siehe: Die Krankenversicherung im Deutschen Reich im Jahr 1904 (Statistik des Deutschen Reichs, Bd. 170), abgedr. in GDS Abt. III Bd. 5, S. 677–706, 683.

55 *Tennstedt*, Geschichte der Selbstverwaltung in der Krankenversicherung, Bonn o. J., S. 28; siehe auch *Hoffmann*, Die Abänderung des Krankenversicherungsgesetzes, Preußisches Verwaltungsblatt 1899/1900, S. 321–327, 322.

zur Versicherung in den gesetzlichen Kassen waren diejenigen Arbeitnehmer befreit, die einer freien Hilfskasse angehörten, welche die Standards der gesetzlichen Krankenversicherung bot, also ärztliche Behandlung, Arznei und 13 Wochen Krankengeld in Höhe von 50 % des Lohnes.[56] Mehr noch, die freien Kassen waren in § 75 des Krankenversicherungsgesetzes sogar mit dem Privileg versehen, anstatt der ärztlichen Behandlung ein Krankengeld von 75% zu zahlen, was auch für die Versicherten Vorteile hatte. Sie konnten sich nicht nur dafür entscheiden, auf den Arzt zu verzichten und somit mehr Geld für den Lebensunterhalt zur Verfügung zu haben. Wenn sie ärztliche Behandlung beanspruchen wollten, konnten sie sich ihren Arzt auch aussuchen – im Unterschied zu den gesetzlichen Kassen, die ihren Kassendoktor hatten, wo also das Prinzip der freien Arztwahl in den ersten Jahren nicht galt. Privilegiert waren die freien Kassen ferner insofern, als sie sich ihre Mitglieder aussuchen konnten. Bewerber mit einer Vorerkrankung oder solche, die ein Alter von 45 Jahren überschritten hatten, hatten oft keine Chance.[57] Und schließlich hieß es – wobei sich das empirisch natürlich nur schwer verifizieren lässt –, dass Arbeitgeber bei der Einstellung Mitglieder von freien Kassen bevorzugten, denn bei diesen wurde kein Arbeitgeberbeitrag fällig.[58]

Folgt man zeitgenössischen Stellungnahmen, machte die freien Kassen aber ein Umstand besonders attraktiv: Als Kassen ohne Arbeitgeberbeteiligung, ohne amtlich vorgegebenes Statut und weitgehend ohne Staatsaufsicht entsprachen sie in weitaus stärkerem Maß den Selbstverwaltungsvorstellungen der Arbeiterschaft als die gesetzlichen Kassen. In den meist von sozialdemokratischen oder Hirsch-Dunckerschen Gewerkschaften getragenen freien Kassen versammelten sie die *organisierten* Arbeiter, in den Worten Theodor Lohmanns, des Schöpfers des Krankenversicherungsgesetzes: „die wirtschaftlich und intellektuell vorgeschrittenen Arbeiter".[59]

Dies mag den auf den ersten Blick verwunderlichen Befund erklären, warum nach der Einführung der gesetzlichen Krankenkassen zunächst erst einmal das freie Kassenwesen eine Blüte erfuhr. Zwischen 1882 und 1885 stieg die Zahl der versicherungspflichtigen Mitglieder in den *freien* Kassen von ca. 60.000 auf 870.000 an.[60] Demgegenüber kümmerten die Ortskrankenkassen vor sich

56 § 6 KVG 1883.

57 Einleitung, GDS Abt. II Bd. 5, S. XXXV.

58 Einleitung, GDS Abt. II Bd. 5, S. XXXVI.

59 Stellungnahme Lohmanns, Protokoll der sechsten Sitzung des preußischen Volkswirtschaftsrats vom 6. März 1882, GDS Abt. II Bd. 5, Nr. 6 (S. 28).

60 Einleitung GDS Abt. II Bd. 5, S. XXXIII.

hin – nicht was ihre Mitgliederzahl anging, aber was die mitgliedschaftliche Beteiligung betraf. Die Übernahme der Verwaltung der Mannheimer Metallarbeiterkasse durch eine städtische Kommission war kein Einzelfall, sondern in der Anfangszeit die Regel.[61]

3. Die Wende ab Beginn der 1890er Jahre

Dies änderte sich erst ab Beginn der 1890er Jahre. Die entscheidende Stellschraube, die hier bewegt wurde, war die Änderung des privilegierenden § 75 im novellierten Krankenversicherungsgesetz von 1892. Die Möglichkeit der Ersetzung der ärztlichen Leistung durch ein erhöhtes Krankengeld wurde gestrichen bzw. auf die Fälle beschränkt, in denen der Versicherte gleichzeitig Mitglied einer gesetzlichen Kasse war.[62] Damit wurde eine Entwicklung in Gang gesetzt, die von den Beteiligten in ihrer ganzen Tragweite nicht vorausgesehen wurde. Nicht nur, dass das freie Kassenwesen verkümmerte – bis zur Jahrhundertwende waren die meisten freien Kassen verschwunden bzw. hatten sich in Ergänzungskassen umgewandelt. Viel wichtiger war, dass die Selbstverwaltung der Ortskrankenkassen einen erheblichen Auftrieb gewann. Die Sozialdemokratie und die freien Gewerkschaften hatten lange versucht, das *freie* Kassenwesen zu schützen. Als sich dessen Niederlage abzeichnete, strömte die organisierte Arbeiterschaft in die gesetzlichen Kassen, vor allem in die Ortskrankenkassen, und beseelte diese mit neuem Leben. Vor allem war jetzt ein zusätzlicher Stimulus zur Belebung der Selbstverwaltung gegeben: die Verankerung arbeiterschaftlicher Selbstorganisation in halbamtlichen Einrichtungen. Dies bedeutete nicht, dass die Kassen zu Lasten ihres gesetzlichen Auftrags zu willfährigen Agenturen der Sozialdemokratie umgewandelt wurden. Entsprechende Vorwürfe gab es zwar, aber einen entsprechenden Missbrauch konnten auch Untersuchungen der preußischen Verwaltung kaum nachweisen.[63] Hier und da ein wenig Ämterpatronage und die

---

61 *Tennstedt*, Geschichte der Selbstverwaltung in der Krankenversicherung, Bonn o. J., S. 50.

62 § 75 Abs. 3: „Mitgliedern einer eingeschriebenen Hilfskasse, welche zugleich der Gemeindekrankenversicherung oder einer aufgrund dieses Gesetzes errichteten Krankenkasse angehören, kann anstelle der freien ärztlichen Behandlung und Arznei eine Erhöhung des Krankengeldes um ein Viertel des Betrages des ortsüblichen Tagelohns (§ 8) ihres Beschäftigungsorts gewährt werden."

63 *Collin*, Die Rolle der Aufsicht in der GKV – eine rechtshistorische Bilanz, Kranken- und Pflegeversicherung 2017, S. 133–137, 134.

Weigerung, am Sedanstag das Kassengebäude zu illuminieren[64] – viel mehr blieb nicht übrig von den Verdächtigungen.

In der Folge konsolidierten sich die Ortskrankenkassen nicht nur, sondern blühten auf – und zwar als Selbstverwaltungseinrichtungen. Denn Versuche der preußischen Bürokratie, die Leistungsausweitung der Krankenversicherung (unter anderem eine Verlängerung des Krankengeldes von 13 auf 26 Wochen) mit einer gegen die Sozialdemokratie gerichteten Professionalisierung – die Besetzung von Vorstandsposten mit Kommunalbeamten – sowie mit einer Verstärkung der Staatsaufsicht zu verbinden, scheiterten am Widerstand des Reichsamts des Innern unter Wehner-Posadowsky; lediglich die Arbeitgeberbeteiligung wurde verstärkt.[65]

Die Krankenkassenverwaltungen zogen um – aus Wirtshauszimmern und kleinen Büroräumen in neue eigene Gebäude. Die Mitgliederzahlen erhöhten sich. Die Kassen schufen sich eigene Verbände, die der Professionalisierung, der Koordination und der Verstärkung der Interessenvertretung dienten. Das Engagement der Kassenmitglieder verstärkte sich, die Wahlbeteiligung erreichte vor Beginn des Ersten Weltkrieges immerhin ein Drittel.[66]

VI. Fazit: Mehrwert der Selbstverwaltung?

Kehrt man nun zu der Ausgangsfrage nach dem Mehrwert der Selbstverwaltung zurück, lässt sich Folgendes sagen: Wachstum und Bedeutungszuwachs der gesetzlichen Kassen, in erster Linie der Ortskrankenkassen, beruhten unmittelbar weder auf einer von innen kommenden Mobilisierung der Mitgliederbeteiligung noch auf einer von außen, vom Gesetzgeber kommenden Stärkung der Selbstverwaltungskompetenzen, sondern vor allem auf zwei Faktoren: erstens auf der gesetzlich ermöglichten, von der Staatsverwaltung geförderten und auch von den Kassen als Notwendigkeit eingesehenen Konzentration, nämlich der Zusammenfassung der einzelgewerblichen Ortskrankenkassen in allgemeine Ortskrankenkassen[67], und zweitens in der Beseitigung der Konkurrenz der freien Kassen und den damit ausgelösten Mitgliederbewegungen.

64 *Tennstedt*, Geschichte der Selbstverwaltung in der Krankenversicherung, Bonn o. J., S. 54.

65 *Collin*, Die Rolle der Aufsicht in der GKV – eine rechtshistorische Bilanz, Kranken- und Pflegeversicherung 2017, S. 133–137, 135.

66 *Tennstedt*, Geschichte der Selbstverwaltung in der Krankenversicherung, Bonn o. J., S. 65.

67 Einleitung, GDS Abt. III. Bd. 5, S. XXXIX.

Im Ergebnis dessen jedoch wurde erst die Basis dafür geschaffen, dass sich Selbstverwaltung entfalten konnte. Und hier ist ein Mehrwert in mehrerlei Hinsicht zu verzeichnen: erstens die Erweiterung des Leistungsspektrums über die Mindestsätze hinaus[68], zweitens die Entlastung der Staats- bzw. kommunalen Bürokratie. Der früheren städtischen Kommissionen, die eingesetzt wurden, wenn die Kassen im Hinblick auf mitgliedschaftliche Beteiligung dahinsiechten, bedurfte es nicht mehr. Die Staatsaufsicht musste nicht mehr als Fürsorgeaufsicht in Anspruch genommen werden. Die Kassen hatten sich professionalisiert und konnten gewissermaßen auf eigenen Beinen stehen.

Der eigentliche Mehrwert liegt jedoch außerhalb der ursprünglichen gesetzgeberischen Intentionen. Dort hatte man sehr wohl die Integration der Arbeiter in das staatliche Gemeinwesen beabsichtigt, nicht aber die Integration der Sozialdemokratie. Doch genau dies geschah. Ab der Jahrhundertwende wurde es zur Regel, dass die Mehrheit der Arbeitnehmervertreter in den Ortskrankenkassen von den sozialdemokratisch dominierten freien Gewerkschaften gestellt wurde. Aber erst durch diese politische Aufladung erhielten die Delegiertenwahlen öffentliche Aufmerksamkeit, die Kassen wurden einerseits zu Kaderschulen der SPD, andererseits holten sie die Sozialdemokraten aus der klassenkämpferischen Ecke, platzierten sie in öffentlichen Körperschaften, also mittelbar im Staat[69], und zwangen sie zur Sacharbeit, was wiederum dem professionellen Niveau der Krankenkassen zugutekam. So schließt sich in gewisser Weise der Kreis. Ein Mehrwert der Selbstverwaltung entstand erst dadurch, dass sich die Selbstverwaltung bzw. das Selbstverwaltungskonzept selbst wandelte: vom altliberalen Modell einer auf individuelles bürgerliches Engagement gestützten Selbstverwaltung zur „verbandlichen Selbstverwaltung“[70].

---

68 *Hoffmann*, Die Abänderung des Krankenversicherungsgesetzes, Preußisches Verwaltungsblatt 1899/1900, S. 321–327, 322.

69 Siehe etwa die Bezeichnung der Ortskrankenkassen als „staatlich organisierte sozialdemokratische Einrichtungen“ durch den sächsischen Papierfabrikanten und nationalliberalen Landtagsabgeordneten Albert Niethammer, zit. nach Einleitung, GDS Abt. III Bd. 5, S. XLIV (dort bezeichnet als „August“ Niethammer).

70 Bezeichnung nach *Bogs*, Die Sozialversicherung in der Weimarer Demokratie, München 1981, S. 86, dort sich allerdings beziehend auf die verstärkte formelle Einbeziehung der Arbeitgeber- und Arbeitnehmerverbände in der Weimarer Zeit.

Franz Reimer und Sonja Reimer

Mehrwert durch öffentlich-rechtliche Selbstregulierung?

Die Frage nach einem „Mehrwert durch öffentlich-rechtliche Selbstregulierung" (scil. gegenüber herkömmlichen Regulierungsformen, insbesondere öffentlichrechtlicher Fremdregulierung) ist eine Grundsatzfrage, die verwaltungsrechtliche und verfassungsrechtliche, aber auch rechtstheoretische und legistische Aspekte aufweist. Sie bietet den beteiligten Subdisziplinen die – nicht häufig genug genutzte – Gelegenheit des Austausches. Dass das Öffentliche Recht insgesamt vom Gesundheitsrecht und vom Sozialrecht viel lernen kann (und zwar keineswegs nur das Verwaltungsrecht, sondern auch das Verfassungsrecht), ist in den letzten Jahren, nicht zuletzt durch Beiträge einzelner Kolleginnen und Kollegen,[1] ins allgemeine Bewusstsein gedrungen. Gesundheitsrecht und Sozialrecht sind – wie derzeit[2] beispielsweise auch das Schulrecht[3] – als Referenzgebiete nicht nur für ein lernendes Öffentliches Recht prädestiniert. Möglicherweise erweist sich das auch bei der Reflexion über den Mehrwert öffentlich-rechtlicher Selbstregulierung. Diese Überlegungen sind in vier Schritte gegliedert: Erstens geht es um Begriff und Erscheinungsformen von Selbstregulierung: Wovon sprechen wir, abstrakt und konkret, wenn wir von Selbstregulierung sprechen (I.)? Zweitens sind Erwartungen an und Voraussetzungen von Selbstregulierung auszuloten: Was sind Möglichkeiten und Funktionsbedingungen von Selbstregulierung

---

1 Wie *Axer*, Normsetzung der Exekutive in der Sozialversicherung, 2000; *Kingreen/Rixen*, Sozialrecht. Ein verwaltungsrechtliches Utopia, DÖV 2008, S. 741 ff.; *Wallrabenstein*, Versicherung im Sozialstaat, 2009; *Thomas Holzner*, Konsens im Allgemeinen Verwaltungsrecht und in der Demokratietheorie. Untersuchungen zur Phänomenologie gruppenpluraler Konsensverwaltung, 2016.

2 Zur Notwendigkeit des Wechsels der Referenzgebiete: *F. Reimer*, Diskursvergleich im Verfassungs- und Verwaltungsrecht, VVDStRL 77 (2018), S. 413 (457): „revolvierende Referenzgebiete". Zum (unausgeschöpften) Seelotsrecht vgl. die Hinweise bei Fn. 10.

3 Beispiele für fruchtbare Erschließungen: *Nebel*, Schulprogramme als innovative Steuerungsinstrumente im System des allgemeinen Verwaltungsrechts, 2011; *Gröb*, Die rechtsfähige öffentliche Schule: Rechtsformalternativen zur rechtlich unselbstständigen Schule unter besonderer Berücksichtigung der rechtsfähigen Anstalt des öffentlichen Rechts, 2014; *Lohse*, Verwaltungsrechtliche Steuerung von schulischem Bildungserwerb: Neue Handlungsformen an öffentlichen Schulen, 2015.

(II.)? Drittens soll eine stichprobenartige Vergewisserung anhand einzelner Formen von Selbstregulierung im Sozial- und Gesundheitsrecht folgen: Halten die theoretischen Überlegungen dem Praxistest stand (III.)? Ein kurzes Fazit beschließt den Rundgang (IV.).

I. Begriff und Erscheinungsformen öffentlich-rechtlicher Selbstregulierung

Der Begriff „öffentlich-rechtliche Selbstregulierung" ist nicht verfestigt; er wird viel seltener gebraucht als etwa „regulierte Selbstregulierung" oder „gesellschaftliche Selbstregulierung" und noch seltener reflektiert.[4] Selbstregulierung kann als System (etwa als Gesamtheit von Regulierungen und Regulierungsakteuren), als Prozess (d. h. als Vorgang des Regulierens) und als Produkt (d. h. als Ergebnis eines solchen Prozesses, wie etwa eine konkrete Norm) verstanden werden. Stets stellt sich aber die Frage: Was ist im vorliegenden Kontext „Regulierung" (1.), und was heißt dabei „*Selbst*regulierung" (2.)? Worin unterscheidet sich der Begriff im öffentlich-rechtlichen und im privatrechtlichen Kontext (3.)? Und was sind Beispiele so verstandener öffentlich-rechtlicher Selbstregulierung (4.)?

1. Öffentlich-rechtliche Selbstregulierung als Setzung von Außenrechtsnormen

Selbstregulierung ist mit Selbst*verwaltung* nicht identisch;[5] beide Bereiche überschneiden sich, ohne aber deckungsgleich zu sein. So schillernd beide Begriffe je für sich sind – im Begriff Selbstverwaltung liegt ein ehrwürdiger rechtsdogmatischer Begriff mit halbwegs klaren Konturen, der auch als Verfassungsbegriff im Grundgesetz[6] und in den Landesverfassungen[7] vorkommt, ferner als einfachrechtlicher Begriff im Kommunalrecht,[8] im Sozialrecht,[9] im Hochschulrecht

---

4 Hervorhebenswerte Ausnahme: *von Berg*, Der Marktrückzug des Emittenten. Dynamische Marktstrukturregulierung im Schnittfeld von Kapitalmarkt- und Gesellschaftsrecht, 2018, S. 90 ff.

5 A.A. offenbar *von Berg* (Fn. 4), S. 90. Wie hier – zum Verhältnis von Selbstverwaltung und Autonomie (i.S.v. Rechtssetzungsbefugnis) – *Axer* (Fn. 1), S. 192 ff.

6 Insbes. Art. 28 Abs. 2, Art. 90 Abs. 3, Art. 143e Abs. 1 GG.

7 Z. B. Art. 35 Abs. 1 Satz 3, Art. 60 Abs. 1 Satz 2, Art. 137 HV.

8 Z. B. §§ 29, 31, 73 f. SGB IV, § 4 Abs. 1 SGB V.

9 Insbes. § 29 SGB IV.

sowie im Berufsrecht des Bundes[10] und der Länder.[11] Damit soll nicht gesagt sein, dass die Normsetzer und die *scientific community* stets dasselbe verstünden, wenn sie „Selbstverwaltung" sagen; im Gegenteil sind hier – auch innerhalb des politischen oder des juristischen Selbstverwaltungsbegriffs – durchaus Divergenzen sowie Bedeutungs- und Wahrnehmungsverschiebungen zu konstatieren. Nach einer juristischen Definition (die für rechtsdogmatische Zwecke gegenüber politischen und ethischen Selbstverwaltungsdefinitionen vorzugswürdig sein dürfte) ist Selbstverwaltung „Führung der öffentlichen Verwaltung durch vom Staat verschiedene juristische Personen des öffentlichen Rechts. Ihr Zweck ist die eigenverantwortliche Durchführung der gemeinschaftlichen Aufgaben, ihr Mittel eine von der zentralen staatlichen Verwaltung unabhängige Dezentralisation."[12] Zum Begriff der Selbstverwaltung gehört danach die organisatorische Verselbständigung zu eigenen juristischen Personen des Öffentlichen Rechts.

Das ist eine organisationsrechtliche Implikation, die den Begriff der Selbst*regulierung* nicht belasten muss.[13] Dieser Begriff – wohl ein Anglizismus[14] – ist im Bundesrecht[15] nur im NetzDG (§§ 2 Abs. 2 Nr. 7, § 3 Abs. 2 Nr. 3 lit. b, Abs. 6 ff. NetzDG) Rechtssatzbegriff – und als dogmatischer Begriff ziemlich unscharf, worauf gleich zurückzukommen sein wird. Am geläufigsten ist er in der Formel von der „regulierten Selbstregulierung".[16] Dieser Begriff macht deutlich, dass „Selbstregulierung" auch und vor allem für *gesellschaftliche* Regulierung, also Standardsetzung durch Private, gebraucht wird. So oder so steht der Terminus der „Regulierung" unter dem Verdacht, Modebegriff zu sein; seine Unschärfe ist aber zugleich die Chance, unter ihn vorurteilslos verschiedenartige Phänomene zu einer Sichtung und Kategorisierung zusammenzufassen.

---

10 Wie dem Seelotsrecht, vgl. die Lotsenbrüderschaft in §§ 27 ff. Gesetz über das Seelotswesen (Seelotsgesetz – SeeLG) v. 13.10.1954 in der Fassung der Bekanntmachung vom 13. September 1984 (BGBl. I S. 1213), zuletzt geändert durch Artikel 4 Absatz 135 des Gesetzes vom 18. Juli 2016 (BGBl. I S. 1666).

11 Insbesondere im Kammerrecht, vgl. statt aller § 8 Hessisches Architekten- und Stadtplanergesetz (HASG) vom 30. November 2015.

12 *Peters*, Lehrbuch der Verwaltung, 1949, S. 287.

13 Ähnlich zum Verhältnis von Selbstverwaltung und Autonomie *Axer* (Fn. 1), S. 195.

14 Zur *self-regulation* im Unionsrecht vgl. *Härtel*, Rechtsetzung, S. 446.

15 Daneben bspw. aber im RStV, vgl. §§ 57 Abs. 1 und 2, 59.

16 Vgl. grundlegend *Hoffmann-Riem*, Öffentliches Recht und Privatrecht als wechselseitige Auffangordnungen, in: ders./ Schmidt-Aßmann (Hrsg.), Öffentliches Recht und Privatrecht als wechselseitige Auffangordnungen, 1996, S. 261 (301 ff.).

Mit Blick auf die Relativität der Rechtsbegriffe[17] kann es im Übrigen keine allgemeine, d. h. kontextunabhängige Verhältnisbestimmung von Selbstverwaltung und Selbstregulierung geben. Festhalten lässt sich freilich, dass im herkömmlichen juristischen Sprachgebrauch zur Selbstverwaltung auch Regulierung, d. h. Standard- oder Regelsetzung, gehört (das Satzungsrecht ist typischer, wenn auch wohl nicht notwendiger Teil der Befugnisse von Selbstverwaltungseinheiten[18]), Selbstregulierung umgekehrt aber nicht an Selbstverwaltung gekoppelt ist. Selbstregulierung ist vielmehr Standard- oder Regelsetzung im öffentlich-rechtlichen Kontext: Setzung von Außenrechtsnormen. Denn sie sollte von interner Selbstorganisation abgegrenzt werden; so stellt die Verabschiedung von Geschäftsordnungsrecht oder internem Verfahrensrecht (wie die Geschäfts- und die Verfahrensordnung des Gemeinsamen Bundesausschusses) als Innenrecht – unbeschadet der erheblichen Auswirkungen nach außen – kein Beispiel für Selbstregulierung im hier gewünschten konturierten Sinne dar. Weil es keinen *numerus clausus* der Rechtsetzungsformen gibt,[19] muss sich öffentlich-rechtliche Selbstregulierung nicht auf die bekanntesten Normtypen, insbesondere Satzungen und Richtlinien (nach § 91 SGB V) beschränken; vielmehr hat der Parlamentsgesetzgeber einen weiten Gestaltungsspielraum für die Schaffung weiterer Formen von Außenrechtsnormen.[20]

2. Öffentlich-rechtliche Selbstregulierung als Adressierung der Mitglieder verselbständigter Verwaltungsträger

Ist damit in erster Annäherung der Wortbestandteil „-regulierung" umrissen, so bleibt die ungleich schwerere Frage, was das Element der „*Selbst*regulierung"

17 Unter Rückgriff auf *Müller-Erzbach* prägend: *Engisch*, Einführung in das juristische Denken, 1956, S. 78, 157 f. (und in allen folgenden Ausgaben, jetzt 12. Aufl. 2018, S. 116 ff.). Für Rechtsatzbegriffe *Möllers*, Juristische Methodenlehre, 2. Aufl. 2019, § 6 Rn. 17; *F. Reimer*, Juristische Methodenlehre, 2. Aufl. 2020, Rn. 284, jeweils m.w.N.

18 Denn der Gesetzgeber könnte Selbstverwaltungseinheiten auch (ausschließlich) mit anderen Rechtsetzungsbefugnissen ausstatten als dem Satzungsrecht. Zur Entkoppelung von Selbstverwaltung und Autonomie (i. E. wie hier) *Axer* (Fn. 1), S. 195.

19 *Axer* (Fn. 1), S. 224 f., 238 u. ö.; *Kaltenborn*, Gibt es einen Numerus Clausus der Rechtsquellen?, Rechtstheorie 34 (2003), S. 459 (472 ff. für das Europarecht, 477 ff. für das deutsche Recht). Prägnant zu neuen Rechtsetzungsformen *Lang*, Diskussionsbeitrag, VVDStRL 71 (2012), S. 456 (465): „Der Rückgriff auf atypische Handlungsformen entspringt dem Interesse an Verantwortungsverflüchtigung".

20 Vgl. die eindrucksvolle Bestandsaufnahme aus dem Sozialversicherungsrecht bei *Axer* (Fn. 1), S. 52 ff.

ausmacht. Es gibt dem Machtphänomen der Regulierung den Anschein der Schwerelosigkeit – so als regele jemand nur eigene Angelegenheiten, als seien Dritte nicht betroffen. In der Tat erscheint Selbstregulierung als beinahe wörtliche Übersetzung von Autonomie (Selbstgesetzgebung); doch ist Selbstregulierung weder zwingend mit Autonomie im rechtstechnischen Sinne (etwa von Selbstverwaltungsautonomie) noch mit Autonomie im philosophischen Sinne (persönlicher Selbstbestimmung) verbunden. Aber Selbstregulierung muss in einem gehaltvollen Sinne eine Regelung *eigener* Angelegenheiten sein. Die Pointe der Selbstregulierung ist mit anderen Worten, dass es sich zugleich um einen *genetivus subiectivus* und *obiectivus* handelt: Der Akteur regelt *selbst* und *für* sich selbst, d. h. dem Anspruch nach eigene Angelegenheiten. Nun ist in einem gewissen Sinne demokratische Herrschaft stets Selbstregierung der Regierten, und umgekehrt hat jede Entscheidung und insbesondere jede Regelung stets Auswirkungen auf Dritte.[21] Öffentlich-rechtliche Selbstregulierung als Regelungstypus muss also einerseits von demokratisch legitimierter Regelung im Allgemeinen und andererseits von genuiner Fremdregulierung abgegrenzt werden. Dies kann rechtssicher nur auf formale Weise erfolgen. Öffentlich-rechtliche Selbstregulierung in einem trennscharfen Sinne lässt sich danach als Setzung jener Außenrechtsnormen definieren, mit denen verselbständigte Verwaltungsträger Angehörige und Mitglieder adressieren. Die Frage nach tatsächlichen Auswirkungen auf Dritte ist eine von Legitimität oder auch Legalität der öffentlich-rechtlichen Selbstregulierung, kann (wegen der Allgegenwart externer Effekte) aber nicht begrifflich über ihr Vorliegen entscheiden. Hinter dem Kriterium der Adressierung der eigenen Mitglieder steht in der Sache der Gedanke der Partizipation,[22] der aber zu unscharf ist, um als Definiens zu dienen. Ebenso wenig kann es darauf ankommen, ob staatliche Stellen Ingerenzrechte haben. Normierungen bleiben Selbstregulierungen, auch wenn sie einer Vorlagepflicht (wie nach § 94 Abs. 1 SGB V) oder Genehmigungspflicht (wie nach § 16 Abs. 3 TPG) unterliegen.

Öffentlich-rechtliche Selbstregulierung im gehaltvollen Sinne ist daher Setzung von die Mitglieder adressierenden Außenrechtsnormen durch

---

21 Nur die halbe Wahrheit ist daher die Annahme, die „in Ausübung von autonomen Normsetzungsbefugnissen erlassenen Normen“ könnten „niemanden binden, der nicht Angehöriger der erlassenden Körperschaft ist“ (exemplarisch *F. Becker*, Kooperative und konsensuale Strukturen in der Normsetzung, 2005, S. 463 m.w.N.).

22 Hierzu als einem der Grundgedanken der Selbstverwaltung *Hendler*, Das Prinzip Selbstverwaltung, in: Isensee/Kirchhof (Hrsg.), Handbuch des Staatsrechts, Bd. 6, 3. Aufl. 2008, § 143 Rn. 14 ff.

verselbständigte Verwaltungsträger. Daher unterfällt die öffentlich-rechtliche „Regulierungsautonomie“, die weisungsfrei gestellten Agenturen (etwa den Agenturen im europäischen Telekommunikationsrecht) teilweise zugesprochen wird,[23] nicht der öffentlich-rechtlichen Selbstregulierung: Die erlassenen Normen adressieren hier nicht Mitglieder, sondern gerade im Gegenteil das Gegenüber der Behörde, regulierte Unternehmen.

3. Öffentlich-rechtliche und private Selbstregulierung

Der Begriff der Selbstregulierung ist insofern tückisch, als er in den Kontexten des Privatrechts oder auch nur auf Privatrechtssubjekte bezogen häufig im Sinne von „Selbstverpflichtung“ verstanden wird. Ein Beispiel sind Art. 15 und 17 der Ökodesignrichtlinie[24], die für „Selbstregulierungsmaßnahmen“ der Industrie für die umweltgerechte Produktgestaltung einen relativen Vorrang vor Durchführungsmaßnahmen der Kommission vorsehen. So wird Selbstregulierung denn auch beschrieben als „Mechanismus, mit dem sich Wirtschaftsteilnehmer, Sozialpartner, Nicht-Regierungsorganisationen oder Verbände gemeinsame Leitlinien [...] (u.a. Verhaltenskodizes oder sektorale Vereinbarungen) unterwerfen und im Gegenzug obrigkeitliche Eingriffsmaßnahmen der Wahrnehmung einer hoheitlichen Auffangverantwortung weichen.“[25] *Öffentlich-rechtliche* Selbstregulierung in dem Sinne, der hier zugrunde gelegt werden muss, als Phänomen nämlich, das mit Selbstverwaltung verknüpft ist, soll aber mehr sein als Selbstverpflichtung.[26] Daher ist öffentlich-rechtliche Selbstregulierung strikt von privater (oder „gesellschaftlicher“) Selbstregulierung – auch in Form der regulierten Selbstregulierung – und von Koregulierung zu unterscheiden. Unter „Koregulierung“ (oder „Co-Regulierung“) wird wiederum sehr Unterschiedliches verstanden.[27] Man kann darunter einen Mechanismus fassen, durch Rechtsakt „von der Rechtsetzungsbehörde festgelegte Ziele durch die in

23 Bspw. *Fuchs*, Zur „Regulierungsautonomie“ nationaler Behörden im europäischen Telekommunikationsrecht, in: ZfV 2011, S. 943.

24 Richtlinie 2009/125/EG des Europäischen Parlaments und des Rates vom 21. Oktober 2009 zur Schaffung eines Rahmens für die Festlegung von Anforderungen an die umweltgerechte Gestaltung energieverbrauchsrelevanter Produkte, ABl. Nr. L 285 vom 31.10.2009, S. 10, geänd. durch Richtlinie 2012/27/EU des Europäischen Parlaments und des Rates vom 25. Oktober 2012, ABl. Nr. L 315 v. 14.11.2012.

25 *Hill/Martini*, GVwR² II, § 34 Rn. 82i, dort auf die unionale Ebene bezogen.

26 Wie hier *S. Augsberg*, Rechtsetzung zwischen Staat und Gesellschaft, S. 37 Rn. 70.

27 Vgl. statt aller *Palzer*, Co-Regulierung als Steuerungsform für den Jugendschutz in den audiovisuellen Medien – eine europäische Perspektive, ZUM 2002, S. 875 (876).

dem betreffenden Bereich anerkannten Parteien (insbesondere durch die Wirtschaftsteilnehmer, die Sozialpartner, die Nichtregierungsorganisationen und die Verbände) verwirklichen zu lassen".[28] Bei öffentlich-rechtlicher Selbstregulierung geht es anders als bei Selbstregulierung und Koregulierung aber nicht um eine spezifische Arbeitsteilung zwischen Hoheitsträgern einerseits und der Gesellschaft andererseits, sondern *innerhalb* von Hoheitsträgern unter Einschluss von Selbstverwaltungsträgern, insbesondere um eine funktionsgerechte Gliederung von unmittelbarer und mittelbarer Staatsverwaltung.

4. Beispiele öffentlich-rechtlicher Selbstregulierung

Öffentlich-rechtliche Selbstregulierung im hier interessierenden und mit dem Definitionsvorschlag in den Blick genommenen Sinne sind beispielsweise Satzungen der Kammern sowie Satzungen und ähnliche Regelungen der Sozialversicherungsträger (wie die Unfallverhütungsvorschriften der Berufsgenossenschaften). Sehr fraglich ist dagegen, ob die Normen, die im Rahmen der Gemeinsamen Selbstverwaltung durch den Gemeinsamen Bundesausschuss oder die Vertragspartner der „Normsetzungsverträge" (Normenverträge[29]) ergehen, noch als Selbstregulierung bezeichnet werden können. Denn die Richtlinien des Gemeinsamen Bundesausschusses (§ 92 SGB V) binden nicht nur Vertragsärzte und Krankenkassen (§ 91 Abs. 6 i.V.m. Abs. 1 Satz 1; § 92 Abs. 8 SGB V), sondern auch die Versicherten und die Leistungserbringer (§ 91 Abs. 6 SGB V). Normsetzungsverträge (d. h. Normenverträge) wie die Gesamtverträge nach §§ 82 ff. SGB V binden kraft ausdrücklicher gesetzlicher Anordnung (bspw. § 95 Abs. 4 Satz 2 SGB V) oder auf andere Weise Dritte.[30] Schwierigkeiten bereitet auch die Einordnung der Richtlinien der Bundesärztekammer nach §§ 16, 16b TPG, die der Gesetzgeber zwar nicht als Außenrechtsnormen erscheinen lässt, die aber ganz überwiegend als solche qualifiziert werden (s. u. III. 3.); auch sie adressieren nicht die Mitglieder der Bundesärztekammer, sondern Dritte, nämlich die Ärzte als Mitglieder der in der Bundesärztekammer zusammengeschlossenen Ärztekammern. Insofern lassen sich die Richtlinien des Gemeinsamen Bundesausschusses, die Normenverträge und die Richtlinien der Bundesärztekammer nach §§ 16, 16b TPG als Formen öffentlich-rechtlicher Selbstregulierung i.w.S. verstehen. Dies lässt sich damit rechtfertigen, dass eine

---

28 Vgl. *Hill/Martini*, in: GVwR[2] II, § 34 Rn. 82i, dort wiederum auf die unionale Ebene bezogen.
29 Zur Terminologie überzeugend *Becker* (Fn. 21), S. 575.
30 *Axer* (Fn. 1), S. 60, 67 ff. u. ö.; *Becker* (21), S. 616 f.

Selbstregulierung im strengsten Sinne als Setzung von Außenrechtsnormen ohne Drittbetroffenheit – wie angedeutet – nicht vorkommt.

Keine Beispiele für öffentlich-rechtliche Selbstregulierung sind nach hiesigem Verständnis dagegen Rechtsverordnungen (als Fremdregulierungen) und Geschäfts- und Verfahrensordnungen sowie Verwaltungsvorschriften (als Innenrecht).

II. Öffentlich-rechtliche Selbstregulierung: Erwartungen und Voraussetzungen

Kann die Setzung von Außenrechtsnormen durch verselbständigte Verwaltungsträger funktionieren? Was erwarten wir von ihr, was sind mögliche Vor- und Nachteile, was sind Funktionsbedingungen? Vorab soll klargestellt werden, dass Flexibilität und Schnelligkeit der Regelsetzung *nicht* für öffentlich-rechtliche Selbstregulierung im Gegensatz zu Fremdregulierung sprechen: Fremdregulierung, insbesondere in Form der Setzung und Änderung von Rechtsverordnungen, kann – wie die Corona-Krise gezeigt hat – innerhalb von Stunden erfolgen. Der Mehrwert öffentlich-rechtlicher Selbstregulierung dürfte an anderer Stelle liegen. Zu den typischen Erwartungen an Selbstregulierung zählen Sach- und Adressatennähe[31], oder, etwas weiter ausdifferenziert,

a. Sachnähe, d. h. insbesondere überlegenes Wissen,
b. Interessenausgleich und
c. Akzeptanz.

Mit Selbstregulierung, ähnlich wie mit Selbst*verwaltung*, wird Sachnähe, insbesondere überlegenes Wissen (in Zeiten, in denen das Wissen des Staates, oder vielmehr dessen Nichtwissen, schon fast sprichwörtlich geworden sind, ein geradezu heißdiskutiertes Thema) assoziiert, ferner fairer Interessenausgleich und in der Folge höhere Akzeptanz der Regulierungen: Denn Selbstregulierungen bilden keinen Oktroi, sondern sind Ausfluss von Selbst-Bestimmung (oder weniger emphatisch ausgedrückt: Partizipation) in einem subsidiär aufgebauten Normengebäude. Insofern wird die Betroffenenpartizipation als Integrations- und Legitimationsfaktor gesehen.[32]

31 Statt aller: *von Berg* (Fn. 4), S. 91.

32 *Hendler* (Fn. 22), Rn. 68 ff. (für die Selbstverwaltung). Weitgreifender *Hauck*, Die gesetzliche Unfallversicherung als Bestandteil des sozialen Netzes, in: Hauptverband der gewerblichen Berufsgenossenschaften u.a. (Hrsg.), 100 Jahre Unfallversicherung,

Die damit formulierten Erwartungen sollen wohlgemerkt Selbstregulierung nicht überhöhen, sondern sollen sie im Gegenteil einem Maßstab unterwerfen, indem sie Kriterien für den Wert von Selbstregulierung geben und so, legistisch gesehen, als Prüfsteine womöglich zu Voraussetzungen von Selbstregulierung werden. An ihnen muss sich Selbstregulierung also messen.

Wann funktioniert Selbstregulierung? Ohne sie damit zu eng an Selbst*verwaltung* zu binden (s. o.), erscheint ein Seitenblick auf das österreichische Bundesverfassungsrecht nützlich, das im 2008 eingefügten Art. 120a Abs. 1 B-VG[33] eine instruktive Aussage zur „sonstige[n] Selbstverwaltung" trifft: Danach können Personen „zur selbständigen Wahrnehmung öffentlicher Aufgaben, die in ihrem ausschließlichen oder überwiegenden gemeinsamen Interesse gelegen und geeignet sind, durch sie gemeinsam besorgt zu werden, durch Gesetz zu Selbstverwaltungskörpern zusammengefasst werden."

Fluchtpunkt ist also die Wahrnehmung nicht privater, sondern öffentlicher Aufgaben, und zwar die Wahrnehmung durch Personen, die gesetzlich „zusammengefasst werden"; weiterhin die Wahrnehmung solcher öffentlicher Aufgaben, die „die in ihrem ausschließlichen oder überwiegenden gemeinsamen Interesse gelegen und geeignet sind, durch sie gemeinsam besorgt zu werden". Diese österreichische Verfassungsbestimmung hat einen hohen heuristischen Wert, und zwar auch für die Bestimmung der Leistungsfähigkeit und Leistungsgrenzen öffentlich-rechtlicher Selbst*regulierung*: Sie lässt sich fruchtbar machen für die rechtstheoretische und legistische Frage nach den Funktionsbedingungen von Selbstregulierung. Erforderlich ist zunächst ein Parlamentsgesetz;[34] dieses fasst Personen unter einem Ziel zu einem Verband zusammen. Ziel ist die

---

1985, S. 32 (36): Demokratie und Gewaltenteilung als Grundgedanken der Selbstverwaltung.

33 Mit den drei Artikeln über die sonstige Selbstverwaltung (Art. 120a-c B-VG) sind Vorschriften eingefügt worden, „die im Wesentlichen den Gehalt der bisherigen Rechtsprechung des VfGH über die Einrichtungskriterien für diese Verwaltungsform kodifizieren": *Eberhard*, Selbstverwaltung und weisungsfreie Verwaltung, in: FS Stolzlechner, Wien 2013, S. 89 (92).

34 A.A. zu Art. 120a B-VG *Zellenberg*, Die verfassungsrechtliche Fundierung der funktionalen Selbstverwaltung in Österreich, in: Dobák/Gergely/Kluth (Hrsg.), Aktuelle Entwicklungen des Kammerrechts und der Interessenvertretung in Ungarn und Europa, 2009, S. 13 (21); dagegen mit der wohl h.M. *Lachmayer/Öhlinger*, Verfassungsrechtliche Fragen der Errichtung einer Österreichischen Gesundheitskasse, in: Berka/Müller/Schörhofer (Hrsg.), Die Neuorganisation der Sozialversicherung in Österreich. Verfassungsrechtliche Grundprobleme, 2019, S. 39 (43). Für die Bundesrepublik zu den selbstverwaltungsrechtlichen Gesetzesvorbehalten *F. Reimer*, Das Parlamentsgesetz

selbständige Wahrnehmung öffentlicher Aufgaben, und zwar solcher Aufgaben, die im gemeinsamen Interesse der Personen liegen. Sie müssen bei wertender Betrachtung auch geeignet sein durch die Mitglieder gemeinsam geregelt zu werden. Das ist nicht der Fall, wenn wesentlich Drittinteressen auf dem Spiel stehen. Zu den Voraussetzungen funktionierender Selbstregulierung zählen in diesem Sinne:

a. ein „Selbst", d. h. ein Verband mit sozialer Identität,
b. ein damit verbundenes prägendes Anliegen,
c. zu regelnde eigene Angelegenheiten, nicht von Dritten (auch wenn deren Interessen unvermeidlich mitbetroffen sind),
d. ein klarer parlamentsgesetzlicher Rahmen.

Nochmals: Es handelt sich hier weder um eine Definition öffentlich-rechtlicher Selbstregulierung noch um einen Katalog von Recht- oder Verfassungsmäßigkeitsvoraussetzungen, sondern um den Versuch, Gelingensbedingungen öffentlich-rechtlicher Selbstregulierung zu beschreiben. Schlaglichtartig: Ohne ein „Selbst", einen Verband mit einer gewissen sozialen Identität, wird es schon keine funktionierende Kommunikation, um wieviel weniger eine gemeinsam verantwortete Rechtsetzung geben. Aus dieser gemeinsamen Identität – z. B. als Bauingenieure in der Kammer – müssen gemeinsame Anliegen mit Prägekraft kommen. Und die mit Selbstregulierung gemeinte Rechtsetzung wird ohne einen klaren parlamentsgesetzlichen Rahmen nicht nur nicht verfassungsmäßig, sondern schon nicht zweckmäßig sein.

Als Gegenbild zur Selbstregulierung dienen zuweilen „traditionelle Steuerungskonzepte":

> „Traditionelle Konzepte, die auf imperative Steuerung setzen, ignorieren die Interessen der Steuerungsobjekte und können so eher Widerstand als Kooperationsbereitschaft hervorrufen; abhängig von ihren Handlungsmöglichkeiten können die Steuerungsobjekte ausweichen oder gegensteuern. Es zeigt sich ein zunehmendes Wissensdefizit beim steuernden Staat. In modernen Gesellschaften hat Information sich zum wichtigsten „knappen Gut" entwickelt; sie wird daher möglicherweise auch zu einer entscheidenden Steuerungsressource werden, über die der Staat nicht – auch wenn im konkreten Fall kein Wissensdefizit besteht – wie bei der Ressource „Macht" privilegiert verfügt. Globalisierung erhöht die Möglichkeiten des sog. „Forumshopping", um nationalen Regulierungen auszuweichen. Traditionelle Steuerungskonzepte eignen sich wenig dazu, eigenes, kreatives Verhalten zu stimulieren; Eigeninitiative, Innovation und

als Steuerungsmittel und Kontrollmaßstab, in: Hoffmann-Riem/Schmidt-Aßmann/Voßkuhle (Hrsg.), GVwR, Bd. 2, 2. Aufl. 2012, § 9 Rn. 39.

> Verantwortungsbewusstsein kann nicht gesetzlich erzwungen werden. Die Systemtheorie lehrt, dass Steuerung vielfach als Interventionsversuch in autonome soziale Systeme erscheint, die ihrem eigenen Operationscode folgen und daher Steuerung an „Verstehensproblemen" scheitern kann (. . .)."[35]

Selbstregulierung, so die Verheißung, könne kreatives Verhalten, Eigeninitiative, Innovation und Verantwortungsbewusstsein stimulieren. Soweit muss man nicht gehen, insbesondere mit der Diskreditierung imperativer Steuerung *in toto*. Es wäre schon viel, wenn sich durch Selbstregulierung sachnahe, interessengerechte (d. h. ausgleichende) und akzeptierte Regelungen treffen ließen.

Diese – nicht sehr konkreten – Kriterien müssen ihren Praxistest bestehen. Daher soll sich nun der Blick auf ausgewählte Formen öffentlich-rechtlicher Selbstregulierung im Sozial- und Gesundheitsrecht richten.

III. Ausgewählte Formen öffentlich-rechtlicher Selbstregulierung im Sozial- und Gesundheitsrecht

1. Die Unfallverhütungsvorschriften gem. § 15 SGB VII

Ein prägnantes Beispiel für die öffentlich-rechtliche Selbstregulierung im Sozialrecht sind die Unfallverhütungsvorschriften der Unfallversicherungsträger gem. § 15 SGB VII. Die Unfallverhütungsvorschriften blicken auf eine lange, erfolgreiche und zugleich herausforderungsvolle Geschichte zurück. Dass ihre Strahlkraft heute abnimmt, liegt nicht an ihrer mangelnden Leistungsfähigkeit. Deshalb eignen sie sich gut als Anschauungsbeispiel für den Sinn, das Potential und die Grenzen öffentlich-rechtlicher Selbstregulierung.

Die Unfallversicherung kennzeichnen bis heute folgende Elemente:

- Die Finanzierung der Versicherung obliegt allein den Unternehmern,[36] wofür sie im Gegenzug von ihrer zivilrechtlichen Haftpflicht befreit werden,[37]
- die Einstufung der Betriebe und ihrer Beiträge erfolgt nach Gefahrklassen,[38]
- waren ursprünglich nur Beschäftigte aus „gefährlichen" Betrieben versichert,[39] umfasst die Versicherung mittlerweile nicht nur alle Arbeitnehmer

35 *Schulz/Held*, in: Binder/Vesting (Hrsg.), Beck'scher Kommentar zum Rundfunkrecht, 4. Auflage 2018, JMStV § 1 Rn. 23.

36 § 150 SGB VII.

37 § 104 SGB VII.

38 § 153 SGB VII.

39 Vgl. § 1 des Unfallversicherungsgesetzes vom 6. Juli 1884.

(„echte Unfallversicherung“), sondern darüber hinaus eine Vielzahl von als schutzwürdig angesehenen Personen („unechte Unfallversicherung“),[40]
- die Unfallversicherung wird von öffentlich-rechtlichen Körperschaften mit Selbstverwaltung getragen,[41] namentlich von den gewerblichen Berufsgenossenschaften[42], der landwirtschaftlichen Berufsgenossenschaft, der Unfallversicherung Bund und Bahn, den Unfallkassen der Länder, den Gemeindeunfallversicherungsverbänden und Unfallkassen der Gemeinden, den Feuerwehr-Unfallkassen, den gemeinsamen Unfallkassen für den Landes- und den kommunalen Bereich,[43]
- die Selbstverwaltung wird von Versicherten und Arbeitgebern ausgeübt, Selbstverwaltungsorgane sind die Vertreterversammlung und der Vorstand,[44] die Vertreterversammlung beschließt über die Satzung und sonstiges autonomes Recht,[45]
- versicherte Risiken sind Arbeitsunfälle und Berufskrankheiten,[46]
- die Leistungen umfassen nach Eintritt des Risikos Heilbehandlung, Rehabilitation und finanzielle Entschädigung,[47] aber auch Prävention[48], und zwar jeweils – dies ist ein besonderes Charakteristikum der gesetzlichen Unfallversicherung, das sich schon in ihren Anfängen herauskristallisiert hat – „mit allen geeigneten Mitteln“ (§ 14 Abs. 1 Satz 1 SGB VII).

Ein wichtiges Instrument der Prävention durch die Unfallversicherungsträger sind die Unfallverhütungsvorschriften gem. § 15 SGB VII. Sie stellen autonomes

---

40 Vgl. § 2 SGB VII.

41 § 29 SGB IV, zur Zusammensetzung der Selbstverwaltungsorgane § 44 SGB IV.

42 Das sind gem. der Anlage 1 zu § 114 SGB VII: 1. BG Rohstoffe und chemische Industrie, 2. BG Holz und Metall, 3. BG Energie Textil Elektro Medienerzeugnisse, 4. BG Nahrungsmittel und Gastgewerbe, 5. BG der Bauwirtschaft, 6. BG Handel und Warenlogistik, 7. Verwaltungs-BG, 8. BG Verkehrswirtschaft Post-Logistik Telekommunikation, 9. BG für Gesundheitsdienst und Wohlfahrtspflege. In dieser Anzahl an Berufsgenossenschaften drückt sich ein Konzentrationsprozess aus, bei Überführung der Unfallversicherung ins SGB VII bestanden noch 35 gewerbliche und 20 landwirtschaftliche Berufsgenossenschaften, s. Anlagen 1 und 2 zu § 114 SGB VII idF vom 1.1.1997.

43 § 114 SGB VII, zu den Zuständigkeiten s. §§ 121 ff. SGB VII.

44 §§ 29, 44 SGB IV.

45 § 33 Abs. 1 SGB IV.

46 § 7 Abs. 1 SGB VII.

47 §§ 26 ff. SGB VII.

48 §§ 14 ff. SGB VII.

Recht der Unfallversicherungsträger dar[49] und sind für die Unternehmen und die Versicherten, die in die Zuständigkeit des Unfallversicherungsträgers fallen, unmittelbar verbindlich. Sie bedürfen der Genehmigung durch das Bundesministerium für Arbeit und Soziales, § 15 Abs. 4 Satz 1 SGB VII. Unterhalb dieser Vorschriftenebene haben die Unfallversicherungsträger zudem ein umfassendes Regelwerk aus Regeln, Informationen und Grundsätzen geschaffen, das Unternehmer und Versicherten bei der Wahrnehmung ihrer Pflichten im Bereich Sicherheit und Gesundheitsschutz unterstützen soll.

Die Befugnis zum Erlass von Unfallverhütungsvorschriften war bereits im Unfallversicherungsgesetz vom 6. Juli 1884 (§ 78)[50] enthalten, ebenso die Befugnis, die Befolgung der Einhaltung der Vorschriften durch Beauftragte zu überwachen (§ 82).[51] Die RVO regelte die Befugnis, Unfallverhütungsvorschriften zu erlassen, zuletzt getrennt für die verschiedenen Unfallversicherungsträger (gewerbliche UV: §§ 708, 719, 722 RVO, See-UV: § 865 RVO, landwirtschaftliche UV: § 801 RVO und UV der öffentlichen Hand: §§ 767, 769 RVO).[52] Mit

---

49 *Clemens*, Normenstrukturen im Sozialrecht – Unfallversicherungs-, Arbeitsförderungs- und Kassenarztrecht, NZS 1994, S. 337 (340 f.) qualifiziert sie (noch unter Geltung der RVO) als „körperschaftliche Satzungen".

50 § 78 Unfallversicherungsgesetz vom 6. Juli 1884 lautete:

„Die Genossenschaften sind befugt, für den Umfang des Genossenschaftsbezirkes oder für bestimmte Industriezweige oder Betriebsarten oder bestimmt abzugrenzende Bezirke Vorschriften zu erlassen:

1. über die von den Mitgliedern zur Verhütung von Unfällen in ihren Betrieben zu treffenden Einrichtungen unter Bedrohung der Zuwiderhandelnden mit der Einschätzung ihrer Betriebe in eine höhere Gefahrenklasse, oder falls sich die letzteren bereits in der höchsten Gefahrenklasse befinden, mit Zuschlägen bis zum doppelten Betrage ihrer Beiträge.
   Für die Herstellung der vorgeschriebenen Einrichtungen ist den Mitgliedern eine angemessene Frist zu bewilligen;
2. über das in den Betrieben von den Versicherten zur Verhütung von Unfällen zu beobachtende Verhalten unter Bedrohung der Zuwiderhandelnden mit Geldstrafen bis zu sechs Mark. Diese Vorschriften bedürfen der Genehmigung des Reichs-Versicherungsamts. Dem Antrage auf Ertheilung der Genehmigung ist die gutachtliche Aeußerung der Vorstände derjenigen Sektionen, für welche die Vorschriften Gültigkeit haben sollen, oder, sofern die Genossenschaft in Sektionen nicht eingetheilt ist, des Genossenschaftsvorstandes beizufügen.

51 Bereits 1886 – nur ein Jahr nach ihrer Gründung – wurde die erste Unfallverhütungsvorschrift von einer Berufsgenossenschaft erlassen.

52 § 708 RVO idF vom 2.3.1974 (gültig bis 1996):

dem Gesetz zur Einordnung des Rechts der gesetzlichen Unfallversicherung (Unfallversicherungs-Einordnungsgesetz, UVEG) vom 07.08.1996 wurden diese Regelungen zum 21.08.1996 in § 15 SGB VII überführt.[53] Wie schon in den Vorgängerregelungen der RVO hieß es in § 15 SGB VII ursprünglich: Die Unfallversicherungsträger „erlassen“ Unfallverhütungsvorschriften, wobei in §

„(1) Die Berufsgenossenschaften erlassen Vorschriften über

1. Einrichtungen, Anordnungen und Maßnahmen, welche die Unternehmer zur Verhütung von Arbeitsunfällen zu treffen haben, sowie die Form der Übertragung dieser Aufgaben auf andere Personen,
2. das Verhalten, das die Versicherten zur Verhütung von Arbeitsunfällen zu beobachten haben,
3. ärztliche Untersuchungen von Versicherten, die vor der Beschäftigung mit Arbeiten durchzuführen sind, deren Verrichtung mit außergewöhnlichen Unfall- oder Gesundheitsgefahren für sie oder Dritte verbunden ist,
4. die Maßnahmen, die der Unternehmer zur Erfüllung der sich aus dem Gesetz über Betriebsärzte, Sicherheitsingenieure und andere Fachkräfte für Arbeitssicherheit ergebenden Pflichten zu treffen hat.
   Die Vorschriften werden von der Vertreterversammlung beschlossen.

(2) Die Vorschriften sind öffentlich bekanntzumachen. Eine Bekanntmachung in dem durch die Satzung bestimmten Mitteilungsblatt der Berufsgenossenschaft gilt als öffentliche Bekanntmachung. Die Mitglieder der Berufsgenossenschaften sind über diese Vorschriften und die Bußgeldvorschrift des § 710 zu unterrichten und zur Unterrichtung der Versicherten verpflichtet.
(3) ...
(4) ...“

53 § 15 idF vom 7.8.1996:

„(1) Die Unfallversicherungsträger erlassen als autonomes Recht Unfallverhütungsvorschriften über

1. Einrichtungen, Anordnungen und Maßnahmen, welche die Unternehmer zur Verhütung von Arbeitsunfällen, Berufskrankheiten und arbeitsbedingten Gesundheitsgefahren zu treffen haben, sowie die Form der Übertragung dieser Aufgaben auf andere Personen,
2. das Verhalten der Versicherten zur Verhütung von Arbeitsunfällen, Berufskrankheiten und arbeitsbedingten Gesundheitsgefahren,
3. vom Unternehmer zu veranlassende arbeitsmedizinische Untersuchungen und sonstige arbeitsmedizinische Maßnahmen vor, während und nach der Verrichtung von Arbeiten, die für Versicherte oder für Dritte mit arbeitsbedingten Gefahren für Leben und Gesundheit verbunden sind,

15 SGB VII der Hinweis neu hinzutrat „als autonomes Recht". Sodann folgte eine Aufzählung der möglichen Regelungsinhalte sowie die Unterwerfung unter die Genehmigung durch das Bundesministerium für Arbeit und Sozialordnung.

In den Jahrzehnten von der Gründung der Unfallversicherung bis zur Überführung ins SGB VII ist so ein umfassendes Regelwerk entstanden, das für die gewerblichen Berufsgenossenschaften im „Verzeichnis der Einzel-Unfallverhütungsvorschriften" der gewerblichen Berufsgenossenschaften (VBG-Vorschriften) zusammengefasst war.[54]

---

4. Voraussetzungen, die der Arzt, der mit Untersuchungen oder Maßnahmen nach Nummer 3 beauftragt ist, zu erfüllen hat, sofern die ärztliche Untersuchung nicht durch eine staatliche Rechtsvorschrift vorgesehen ist,
5. die Sicherstellung einer wirksamen Ersten Hilfe durch den Unternehmer,
6. die Maßnahmen, die der Unternehmer zur Erfüllung der sich aus dem Gesetz über Betriebsärzte, Sicherheitsingenieure und andere Fachkräfte für Arbeitssicherheit ergebenden Pflichten zu treffen hat,
7. die Zahl der Sicherheitsbeauftragten, die nach § 22 unter Berücksichtigung der in den Unternehmen für Leben und Gesundheit der Versicherten bestehenden arbeitsbedingten Gefahren und der Zahl der Beschäftigten zu bestellen sind.
   In der Unfallverhütungsvorschrift nach Satz 1 Nr. 3 kann bestimmt werden, daß arbeitsmedizinische Vorsorgeuntersuchungen auch durch den Unfallversicherungsträger veranlaßt werden können.

(2) ...
(3) ...
(4) Die Vorschriften nach Absatz 1 bedürfen der Genehmigung durch das Bundesministerium für Arbeit und Sozialordnung. Die Entscheidung hierüber wird im Benehmen mit den zuständigen obersten Verwaltungsbehörden der Länder getroffen. Soweit die Vorschriften von einem Unfallversicherungsträger erlassen werden, welcher der Aufsicht eines Landes untersteht, entscheidet die zuständige oberste Landesbehörde über die Genehmigung im Benehmen mit dem Bundesministerium für Arbeit und Sozialordnung.
(5) Die Unternehmer sind über die Vorschriften nach Absatz 1 zu unterrichten und zur Unterrichtung der Versicherten verpflichtet."

54 *Kranig/Timm*, in: Hauck/Noftz, SGB VII, 10/14, § 15 Rn. 21: „Die allgemeinen Präventionspflichten von Unternehmern und Versicherten waren in der Unfallverhütungsvorschrift „Allgemeine Vorschriften" (VBG 1) zusammengefasst. Vergleichbar allgemeine, bereichsübergreifende Regelungen enthielten insbesondere auch die Unfallverhütungsvorschrift „Arbeitsmedizinische Vorsorge" (VBG 100), die Unfallverhütungsvorschrift „Erste Hilfe" (VBG 109), die Unfallverhütungsvorschrift „Umgang mit Gefahrstoffen" (VBG 91) und die Unfallverhütungsvorschrift „Sicherheits- und Gesundheitsschutz-Kennzeichnung am Arbeitsplatz" (VBG 125). Für praktisch alle

Der inhaltliche Schwerpunkt der Regelungen in Unfallverhütungsvorschriften lag ursprünglich im Bereich der Sicherheitstechnik (Gestaltung von Arbeitsstätten, Umgang mit Arbeitsstoffen, Arbeitsverfahren usw.). Später traten Regelungen zur Gestaltung der Arbeitsorganisation, der Arbeitsverfahren und des Verhaltens der im Betrieb tätigen Menschen hinzu. So sollten die komplexen Gefahren des Arbeitslebens, die aus dem Zusammenspiel der technischen und baulichen Gegebenheit des Betriebs, der Arbeitsverfahren, der Arbeitsorganisation und des Verhaltens der im Unternehmen Verantwortlichen sowie der Versicherten resultieren, beherrschbar werden.[55]

Mitte der 1970er Jahre hatten die Regelwerke eine solche Fülle erlangt, dass Unübersichtlichkeiten etc. beklagt und Bestrebungen zur besseren Systematisierung unternommen wurden.[56] Außerdem stellte sich im Zuge der europäischen Rechtsetzung verstärkt die Frage nach dem Verhältnis von autonomem Recht der Unfallversicherungsträger zur Unfallverhütung und staatlichem Arbeitsschutzrecht:

Ende der 1980er und Anfang der 1990er Jahre ging es um die Umsetzung der Richtlinie 89/391/EWG des Rates vom 12. Juni 1989 über die Durchführung von Maßnahmen zur Verbesserung der Sicherheit und des Gesundheitsschutzes der Arbeitnehmer bei der Arbeit[57] und der Richtlinie 91/383/EWG des Rates vom 25. Juni 1991 zur Ergänzung der Maßnahmen zur Verbesserung der Sicherheit und des Gesundheitsschutzes von Arbeitnehmern mit befristetem Arbeitsverhältnis oder Leiharbeitsverhältnis[58]. Der Gesetzgeber entschied sich – ohne dass

---

Gewerbezweige waren auch die im VBG-Verzeichnis der VBG 1 folgenden Unfallverhütungsvorschriften, so z. B. die Unfallverhütungsvorschrift „Elektrische Anlagen und Betriebsmittel" (VBG 4) und die Unfallverhütungsvorschrift „Kraftbetriebene Arbeitsmittel" (VBG 5) von Bedeutung. Konkretere Einzelheiten waren – ergänzend zur VBG 5 – beispielsweise in der Unfallverhütungsvorschrift „Krane" (VBG 9) oder in der Unfallverhütungsvorschrift „Verpackungs- und Verpackungshilfsmaschinen" (VBG 76) geregelt. Neben den auf Arbeitsmittel bezogenen Unfallverhütungsvorschriften gab es auch solche, die sich auf die Gestaltung von Arbeitsplätzen, Arbeitsverfahren, Arbeitsorganisation usw. in bestimmten Gewerbezweigen bezogen, so z. B. die Unfallverhütungsvorschrift „Bauarbeiten" (VBG 37), die Unfallverhütungsvorschrift „Strahlarbeiten" (VBG 48) und – diese nochmals konkreter ergänzend – die Unfallverhütungsvorschrift „Arbeiten mit Flüssigkeitsstrahlern" (VBG 87)."

55 *Kranig/Timm*, in: Hauck/Noftz, SGB VII, 10/14, § 15 Rn. 22.

56 *Buss/Borkowsky*, Unfallverhütung mit allen geeigneten Mitteln. Aufgaben und Leistungen der Unfallversicherungsträger, in: 100 Jahre Unfallversicherung (Fn. 32), S. 126 (130).

57 ABl. EG Nr. L 183 S. 1.

58 ABl. EG Nr. L 206 S. 19.

dies unionsrechtlich erforderlich gewesen wäre[59] – für eine Umsetzung durch staatliches Recht und verabschiedete parallel zur Überführung der Präventionsregeln in das SGB VII zum 21.08.1996 das Arbeitsschutzgesetz. Das Arbeitsschutzgesetz hat einerseits das SGB VII unberührt gelassen und seinerseits das Rechtsregime der Unfallverhütungsvorschriften aufgegriffen.[60] Andererseits ermächtigt § 18 ArbSchG die Bundesregierung, durch Rechtsverordnung mit Zustimmung des Bundesrates vorzuschreiben, welche Maßnahmen der Arbeitgeber und die sonstigen verantwortlichen Personen zu treffen haben und wie sich die Beschäftigten zu verhalten haben, um ihre jeweiligen Pflichten, die sich aus diesem Gesetz ergeben, zu erfüllen. Von dieser Verordnungsermächtigung und von der parallelen Ermächtigung zur Umsetzung europäischer Richtlinien[61] hat die Bundesregierung regen Gebrauch gemacht.[62]

Hierdurch ist zunächst neben die Unfallverhütung durch Unfallverhütungsvorschriften die Prävention durch staatliches Verordnungsrecht getreten und eine Doppelstruktur aus Regelungen in der Prävention entstanden, die die

---

59 Vgl. zur Zulässigkeit der Richtlinienumsetzung durch Unfallverhütungsvorschriften statt aller *Wiebauer*, in: Landmann/Rohmer, GewO, 82. EL Oktober 2019, § 19 ArbSchG Rn. 10 m.w.N.

60 Gem. § 1 Abs. 3 Satz 1 und 2 ArbSchG bleiben Pflichten, die die Arbeitgeber zur Gewährleistung von Sicherheit und Gesundheitsschutz der Beschäftigten bei der Arbeit nach sonstigen Rechtsvorschriften haben, sowie die Pflichten und Rechte der Beschäftigten unberührt. Sonstige Rechtsvorschriften sind gem. § 2 Abs. 4 Regelungen über Maßnahmen des Arbeitsschutzes in anderen Gesetzen, in Rechtsverordnungen und Unfallverhütungsvorschriften.

61 § 19 ArbSchG: „Rechtsverordnungen nach § 18 können auch erlassen werden, soweit dies zur Durchführung von Rechtsakten des Rates oder der Kommission der Europäischen Gemeinschaften oder von Beschlüssen internationaler Organisationen oder von zwischenstaatlichen Vereinbarungen, die Sachbereiche dieses Gesetzes betreffen, erforderlich ist, insbesondere um Arbeitsschutzpflichten für andere als in § 2 Abs. 3 genannte Personen zu regeln." Auch damit ist die Umsetzung des EU-Rechts in staatliche Hand gegeben.

62 Vgl. insbesondere die PSA-Benutzungsverordnung (Verordnung über Sicherheit und Gesundheitsschutz bei der Benutzung persönlicher Schutzausrüstungen bei der Arbeit), die Lastenhandhabungsverordnung, die Bildschirmarbeitsverordnung, die Baustellenverordnung, die Arbeitsstättenverordnung, die Betriebssicherheitsverordnung (zuvor: die Arbeitsmittelbenutzungsverordnung), die Lärm- und Vibrations-Arbeitsschutzverordnung, die Arbeitsmedizinische Vorsorge-Verordnung, die Arbeitsschutzverordnung zu künstlicher optischer Strahlung, die Gefahrstoffverordnung, die Biostoffverordnung und die Arbeitsschutzverordnung zu elektromagnetischen Feldern.

Unübersichtlichkeit der Anforderungen für Arbeitgeber und Beschäftigte noch gesteigert hat.[63]

Erst einmal in Richtung staatliches Unfallverhütungs- bzw. Arbeitsschutzrecht unterwegs, wurden die Konflikte durch diesen Trend auch im Weiteren durch eine Einschränkung der Normsetzungskompetenz der Unfallversicherungsträger gelöst. So hat § 15 SGB VII, vor allem in Abs. 1 und Abs. 4, zum 1.1.2009 wesentliche Änderungen durch das Gesetz zur Modernisierung der gesetzlichen Unfallversicherung[64] erfahren. Seither heißt es in Abs. 1 „Die Unfallversicherungsträger können unter Mitwirkung der Deutschen Gesetzlichen Unfallversicherung e.V. als autonomes Recht Unfallverhütungsvorschriften [...] erlassen, soweit dies zur Prävention geeignet und erforderlich ist und staatliche Arbeitsschutzvorschriften hierüber keine Regelung treffen;" Abs. 4 Satz 4 korrespondiert mit Abs. 1 Satz 1 und macht die Genehmigung davon abhängig, dass sich die Unfallverhütungsvorschriften im Rahmen der Ermächtigung nach Abs. 1 halten. Außerdem legen die weiteren Sätze 5-7 den Unfallversicherungsträgern hierzu im Genehmigungsverfahren umfassende Darlegungs- und Begründungspflichten auf. So ist anzugeben, dass „eine Regelung der in den Vorschriften vorgesehenen Maßnahmen in staatlichen Arbeitsschutzvorschriften nicht zweckmäßig ist" (§ 15 Abs. 4 Satz 6 Nr. 1 SGB VII); auch müssen die Begründungen bereits in einem vorgelagerten Verfahren Konsens zwischen den Unfallversicherungsträgern und den Arbeitsschutzbehörden des Bundes und der Länder gefunden haben (§ 15 Abs. 4 Satz 6 Nr. 3 SGB VII). Seit 2009 ist die Kompetenz der Unfallversicherungsträger zum Erlass von Unfallverhütungsvorschriften erheblich eingeschränkt. Dies hat auch zu einer Rechtsbereinigung hinsichtlich der bestehenden Unfallverhütungsvorschriften geführt, die seit 2009 nicht mehr genehmigungsfähig wären.[65]

Eingebettet ist die Verschiebung der Rechtsetzungskompetenz von den Unfallversicherungsträgern auf den staatlichen Verordnungsgeber in den Aufbau neuer Kooperationsstrukturen. Zum 05.11.2008 haben Bund, Länder und Unfallversicherungsträger gem. § 20a Abs. 1 ArbSchG die Aufgabe erhalten, im Interesse eines wirksamen Arbeitsschutzes eine gemeinsame deutsche Arbeitsschutzstrategie zu entwickeln und ihre Umsetzung und Fortschreibung zu gewährleisten. Mit der Wahrnehmung der ihnen gesetzlich zugewiesenen Aufgaben zur Verhütung von Arbeitsunfällen, Berufskrankheiten und

63 *Kranig/Timm*, in: Hauck/Noftz, SGB VII, 10/14, § 15 Rn. 23 mwN.

64 Unfallversicherungsmodernisierungsgesetz (UVMG) vom 04.11.2008.

65 *Kranig/Timm*, in: Hauck/Noftz, SGB VII, 10/14, § 15 Rn. 23b.

arbeitsbedingten Gesundheitsgefahren sowie zur menschengerechten Gestaltung der Arbeit tragen Bund, Länder und Unfallversicherungsträger dazu bei, die Ziele der gemeinsamen deutschen Arbeitsschutzstrategie zu erreichen. Die gemeinsame deutsche Arbeitsschutzstrategie umfasst gem. § 20a Abs. 2 Nr. 5 ArbSchG die Herstellung eines verständlichen, überschaubaren und abgestimmten Vorschriften- und Regelwerks. Die Aufgabe der Entwicklung, Steuerung und Fortschreibung der gemeinsamen deutschen Arbeitsschutzstrategie nach § 20a Abs. 1 Satz 1 ArbSchG wird gem. § 20b Abs. 1 Satz 1 ArbSchG von der Nationalen Arbeitsschutzkonferenz wahrgenommen. Die Unfallversicherungsträger werden zur Mitwirkung an der Entwicklung, Umsetzung und Fortschreibung der gemeinsamen deutschen Arbeitsschutzstrategie durch § 14 Abs. 3 SGB VII verpflichtet.

Durch die Beteiligung der Unfallversicherungsträger an der gemeinsamen deutschen Arbeitsschutzstrategie und der Nationalen Arbeitsschutzkonferenz soll vor allem die Einbeziehung der Sachnähe und Kompetenzen der Unfallversicherungsträger in den Normsetzungsprozess auch künftig sichergestellt werden. In Praxi werden die Unfallversicherungsträger eher zu einem hilfestellenden, normkonkretisierenden Akteur.

Das Beispiel der Unfallverhütungsvorschriften als autonomes Recht und damit öffentlich-rechtlicher Selbstregulierung verdeutlicht den Ausgangspunkt, nämlich die Voraussetzungen erfolgreicher öffentlich-rechtlicher Selbstregulierung: Sachnähe, Wissen, Interessenausgleich und Akzeptanz – verwirklicht durch ein „Selbst“ mit sozialer Identität und eigenem Anliegen innerhalb eines gesetzlichen Rahmens.[66] Wer als Unfallversicherungsträger, dessen Mitglieder die betroffenen Unternehmen und Arbeitnehmer sind, die Risiken Arbeitsunfall und Berufskrankheit absichert, ist „nahe dran“ an den konkreten Gefahren der jeweiligen Arbeit, hat Anschauungsmaterial, verfügt über Wissen, das zur Prävention nutzbar gemacht werden kann. Wer die Unfallversicherung als Unternehmer finanziert, hat ein eigenes Interesse an Unfallverhütung und damit Risikovermeidung. Wer als Unfallversicherungsträger Arbeitnehmer- und Unternehmerseite integriert, sollte jedenfalls im Idealfall die Interessen beider Seiten internalisieren. Schließlich resultiert aus Sachnähe und Interesse eine jedenfalls grundsätzliche Akzeptanz. Ein Moment der Fremdregulierung weisen

66 *Hänlein*, Rechtsquellen im Sozialversicherungsrecht, 2001, S. 162 f., weist für dieses „Selbst“ und seine ursprüngliche arbeitsschutzrechtliche Regulierungsbefugnis auf die Verknüpfung mit dem durch Art. 9 Abs. 3 GG vorgesehenen sozialpartnerschaftlichen Modell hin.

die Unfallverhütungsvorschriften durch die Geltungserstreckungen des § 16 SGB VII auf: Gem. § 16 Abs. 1 SGB VII gelten die Unfallverhütungsvorschriften eines Unfallversicherungsträgers auch, soweit in dem oder für das Unternehmen Versicherte tätig werden, für die ein anderer Unfallversicherungsträger zuständig ist; gem. § 16 Abs. 2 gelten sie auch für Unternehmer und Beschäftigte von ausländischen Unternehmen, die eine Tätigkeit im Inland ausüben, ohne einem Unfallversicherungsträger anzugehören.

Das Beispiel der Unfallverhütungsvorschriften zeigt aber auch die Herausforderungen öffentlich-rechtlicher Selbstregulierung. Einem Teil dieser Herausforderungen begegnet jede Regulierung, die ernsthaft betrieben wird, sei sie öffentlich-rechtliche Selbstregulierung oder staatliche Regulierung: Sich selbst im Laufe der Zeit nicht ins Uferlose, Unübersichtliche, in seinen Anforderungen schwer Zugängliche zu verlieren, sondern das Allgemeine und Systematisierende, die Klarheit im Blick zu behalten, transparent zu sein und sich selbst insofern revidieren zu können.

Eine Herausforderung der öffentlich-rechtlichen Selbstregulierung ist es, neben staatlichem und europäischem Normsetzer zu bestehen und den Glauben des staatlichen Normsetzers an die Leistungsfähigkeit der Selbstregulierung zu erhalten. Öffentlich-rechtliche Selbstregulierung funktioniert nur, wenn ihr innerhalb eines gesetzlichen Rahmens das Terrain für eine Regulierung erhalten bleibt. Wird es vom staatlichen Normsetzer übernommen, steht umgekehrt er in der Verantwortung, die Leistungsfähigkeit seiner Regulierung unter Beweis zu stellen.

Schwindet das Terrain für die Selbstregulierung, obgleich die Aufgaben des regulierenden Selbst, das Anliegen und Eigen-Interesse, seine Sachnähe und sein spezifisches Wissen bestehen bleiben, und wird es in staatliche Regulierung überführt, müssen die staatlichen Regeln Akzeptanz gewinnen können. Das kann dadurch geschehen, dass in den staatlichen Normsetzungsprozess Anliegen und Eigen-Interesse sowie das spezifische Wissen durch besondere Institutionen und Verfahren einbezogen werden. Auch hierfür bietet die Prävention bzw. Unfallverhütung durch die Etablierung der gemeinsamen deutschen Arbeitsschutzstrategie ein Anschauungsbeispiel.

2. Das direkte ärztliche Berufsrecht

Ein weiteres Beispiel für eine historisch gewachsene und insgesamt gelingende öffentlich-rechtliche Selbstregulierung ist ein Teil des direkten ärztlichen Berufsrechts.[67] Während das Berufszulassungsrecht schon seit dem späteren

---

67 Zum Begriff des direkten ärztlichen Berufsrechts *Igl/Welti*, Gesundheitsrecht, 3. Aufl.

19. Jahrhundert auf Reichs- bzw. Bundesebene durch Gesetz und Rechtsverordnung vereinheitlicht ist,[68] wird die ärztliche Berufsausübung[69] ausgehend von den Heilberufsgesetzen der Länder maßgeblich durch autonomes Recht der Ärztekammern geregelt, die ihrerseits im späteren 19. Jahrhundert ihren Ausgang nahmen.[70]

In den 17 Ärztekammern sind die Ärztinnen und Ärzte je Bundesland[71] durch das jeweilige Landesheilberufsgesetz (zwangsweise) zu Körperschaften des öffentlichen Rechts zusammengeschlossen.[72] Weitere Heilberufskammern bestehen für Zahnärztinnen und Zahnärzte, Tierärztinnen und Tierärzte, Apothekerinnen und Apotheker, Psychologische Psychotherapeutinnen und Psychologische Psychotherapeuten sowie Kinder- und Jugendlichenpsychotherapeutinnen und Kinder- und Jugendlichenpsychotherapeuten.[73] Die Organe der Kammern sind die Delegiertenversammlung (Kammerversammlung) und der Vorstand.[74] Die Delegiertenversammlung als Rechtsetzungsorgan beschließt unter anderem über die Satzung der Ärztekammer, ihre Geschäftsordnung, die Wahl und Entlastung des Vorstandes, die Schlichtungsordnung, die Beitragsordnung sowie die Berufsordnung[75], einschließlich der Weiterbildungsordnung[76].[77] Die Berufsordnungen konkretisieren die ärztliche Berufsausübung mittels Festlegung von Berufspflichten nach Maßgabe der Heilberufsgesetze. So enthalten sie bspw. Regelungen über die Einhaltung der Schweigepflicht und der sonst für die Berufsausübung geltenden Rechtsvorschriften, die Ausübung des Berufs in

---

2018, § 14 Rn. 3 ff.

68 Auf Bundes- bzw. Reichsebene zunächst durch Regelungen in der Gewerbeordnung, ab 1935 durch die Reichsärzteordnung und unter Geltung des Grundgesetzes in der Bestallungsordnung und dann seit Oktober 1961 in der Bundesärzteordnung, vgl. *Schelling*, in: Spickhoff, Medizinrecht, 3. Aufl., 2018, 50, 2–3; Kompetenzgrundlage ist Art. 74 Abs. 1 Nr. 19 GG.

69 Die gem. Art. 70 Abs. 1 GG der Gesetzgebungsbefugnis der Länder unterliegt.

70 Durch Großherzoglich badische Verordnung vom 7. Oktober 1864 wurde in Form des „Ärzteausschusses" die erste Standesvertretung der Ärzteschaft in Deutschland eingerichtet, s. Großherzoglich Badisches Regierungsblatt 1864, S. 735 f.

71 Je Bundesland eine, in Nordrhein-Westfalen zwei (Nordrhein und Westfalen-Lippe).

72 S. für Hessen § 2 Abs. 1 Nr. 1 iVm § 1 Abs. 1 HeilBerG HE; für NRW § 2 Abs. 1 iVm § 1 Nr. 1 HeilberG NRW.

73 S. ebd.

74 § 13 HeilBerG-HE.

75 § 31 Abs. 3 iVm §§ 31 Abs. 1, 30, 32 HeilBerG NRW; §§ 24, 25 HeilBerG HE.

76 § 36 Abs. 8 HeilBerG NRW; § 29 Abs. 8 HeilBerG HE.

77 § 17 HeilBerG-HE; § 32 HeilBerG NRW.

eigener Praxis, in Praxiseinrichtungen, die der ambulanten Versorgung dienen, und in sonstigen Einrichtungen der medizinischen Versorgung, die Teilnahme der Kammerangehörigen an Qualitätssicherungsmaßnahmen, die Verordnung und Empfehlung von Heil- oder Hilfsmitteln, das berufliche Verhalten untereinander und in Zusammenarbeit mit Angehörigen anderer Berufe sowie Werbeverbote oder -beschränkungen.[78] Die Weiterbildungsordnungen regeln maßgeblich die fachlichen Voraussetzungen für das Führen von Facharztbezeichnungen. Die Delegiertenversammlung regelt also nicht nur die eher internen Abläufe der Kammer, sondern ist auch befugt über die Berufs- und Weiterbildungsordnungen einerseits Pflichten bei der Berufsausübung zu normieren, die über den Kreis der Ärztinnen und Ärzte hinauswirken, andererseits fachliche Zugangsvoraussetzungen[79] zu setzen. Die Einhaltung der Berufspflichten wird von den Kammern überwacht, z. B. im Hinblick auf Fortbildungspflichten oder die Teilnahme an Qualitätssicherungsmaßnahmen.

Der Vereinheitlichung des ärztlichen Kammerrechts (wie der bundesweiten berufsständischen Selbstvergewisserung und Interessenwahrnehmung) dient der Zusammenschluss der Ärztekammern in der Bundesärztekammer, die als Arbeitsgemeinschaft der deutschen Ärztekammern in der Rechtsform des nichteingetragenen Vereins tätig ist. Als repräsentatives Organ dient der Bundesärztekammer der Deutsche Ärztetag, zu dem als Hauptversammlung die 17 Ärztekammern insgesamt 250 Abgeordnete entsenden und der das Kammerrecht durch Beschlüsse zu den Musterordnungen insofern vorprägt als diese in der Regel in die Beschlüsse der Delegiertenversammlungen der Ärztekammern zu den Berufs- oder Weiterbildungsordnungen eingehen. Außerdem verabschiedet der Deutsche Ärztetag Positionen der Ärzteschaft zu gesellschafts- und sozialpolitisch relevanten Fragen.

Aktuelle Entwicklungen, die Auswirkungen auf die ärztliche Berufsausübung haben und diesbezüglich Fragen aufwerfen, werden im Zusammenspiel zwischen Ärztekammern und Bundesärztekammer bzw. Deutschem Ärztetag aufgegriffen.[80] Ein Beispiel hierfür ist die Fernbehandlung.[81] Hier geht es um die

---

78 Bspw. § 32 HeilBerG NRW; § 25 HeilBerG HE.

79 Vor allem über die Anknüpfung des SGB V an das Weiterbildungsrecht: Die Teilnahme an der vertragsärztlichen Versorgung setzt die Eintragung ins Arztregister voraus, die wiederum vom erfolgreichen Abschluss einer Weiterbildung abhängt, § 95 Abs. 2 Satz 1 i.V.m. § 95a Abs. 1 Nr. 2 SGB V.

80 Impulse aus der Politik einbegriffen.

81 Grenzen: Rezepte, die Abgabe von Medikamenten nach § 48 Abs. 1 Satz 2 AMG, sind verboten, wenn nicht vorher ein direkter Kontakt zwischen Arzt und Patient bestand. Eine Arbeitsunfähigkeitsbescheinigung darf man nach SGB V nur ausstellen, wenn ein

Frage, inwieweit neue Technologien den persönlichen Kontakt in der Praxis zwischen Ärztinnen und Ärzten und Patientinnen und Patienten bei der Behandlung ergänzen oder ersetzen können, vor allem aber sollen und dürfen. Bis 1997 hieß es in den Muster-Berufsordnungen (in § 16 Abs. 1 oder in § 20 Abs. 1) lapidar: „In seiner Sprechstunde darf der Arzt jeden Patienten behandeln." Mit der Novellierung der Muster-Berufsordnung nach dem 100. Deutschen Ärztetag 1997 in Eisenach wurde in § 7 Abs. 3 geregelt: „Der Arzt darf individuelle ärztliche Behandlung, insbesondere auch Beratung, weder ausschließlich brieflich noch in Zeitungen oder Zeitschriften noch ausschließlich über Kommunikationsmedien oder Computerkommunikationsnetze durchführen." Nach den Beschlüssen des 114. Deutschen Ärztetags 2011 in Erfurt wurde § 7 Abs. 3 zu Abs. 4[82] und erhielt folgende Formulierung: „Ärztinnen und Ärzte dürfen individuelle ärztliche Behandlung, insbesondere auch Beratung, nicht ausschließlich über Print- und Kommunikationsmedien durchführen. Auch bei telemedizinischen Verfahren ist zu gewährleisten, dass eine Ärztin oder ein Arzt die Patientin oder den Patienten unmittelbar behandelt." Diese Regelung schloss eine reine Fernbehandlung aus und war weiter in der Diskussion. Es setzte sich die Meinung durch, dass telemedizinische Angebote auch in der Erstberatung sinnvoll sein und z. B. Versorgungsengpässe beheben könnten. So beschloss die Ärztekammer Baden-Württemberg 2016 eine Ergänzung des § 7 Abs. 4 für ihre Berufsordnung, die Modellprojekte im Bereich der Fernbehandlung ermöglichte.[83] Die Ärztekammer Schleswig-Holstein änderte ihre Berufsordnung im Mai 2018 dahin, dass auch ausschließliche Fernbehandlung möglich wurde.[84] Daraufhin beschloss der 121. Deutsche Ärztetag 2018 in Erfurt die Änderung

---

Arzt einen Patienten untersucht hat. Weiterhin ist es verboten, nach § 9 HWG für Fernbehandlung zu werben. Die Aufklärung von Patienten hat nach § 8 der Berufsordnung persönlich zu erfolgen.

82 114. Deutscher Ärztetag (2011), Beschlussempfehlung, Anlage I Nr. 4 c) zum Beschlussantrag III.

83 § 7 Abs. 4 Satz 3 Berufsordnung ÄBW idF von 2016: „Modellprojekte, insbesondere zur Forschung, in denen ärztliche Behandlungen ausschließlich über Kommunikationsnetze durchgeführt werden, bedürfen der Genehmigung durch die Landesärztekammer und sind zu evaluieren."

84 § 7 Abs. 4 Berufsordnung ÄSH idF des Änderungsbeschlusses vom 14. Mai 2018: „Ärzte beraten und behandeln Patientinnen und Patienten im persönlichen Kontakt. Sie dürfen dabei Kommunikationsmedien unterstützend einsetzen. Vorbehaltlich anderweitiger gesetzlicher Regelungen ist eine Beratung oder Behandlung ausschließlich über Kommunikationsmedien erlaubt, wenn diese ärztlich vertretbar und ein persönlicher Kontakt mit der Patientin oder dem Patienten nicht erforderlich ist."

des § 7 Abs. 4 und verabschiedete folgende Formulierung: „Ärztinnen und Ärzte beraten und behandeln Patientinnen und Patienten im persönlichen Kontakt. Sie können dabei Kommunikationsmedien unterstützend einsetzen. Eine ausschließliche Beratung oder Behandlung über Kommunikationsmedien ist im Einzelfall erlaubt, wenn dies ärztlich vertretbar ist und die erforderliche ärztliche Sorgfalt insbesondere durch die Art und Weise der Befunderhebung, Beratung, Behandlung sowie Dokumentation gewahrt wird und die Patientin oder der Patient auch über die Besonderheiten der ausschließlichen Beratung und Behandlung über Kommunikationsmedien aufgeklärt wird.“ Damit hat die Ärzteschaft einen der technischen und gesellschaftlichen Entwicklung geschuldeten Paradigmenwechsel in der Berufsausübung von der persönlichen Beratung hin zur Fernbehandlung vollzogen.

Das europäische Recht wirkt nur punktuell in das direkte ärztliche Berufsrecht hinein, etwa in Fragen des Berufszugangs[85], der fachlichen Voraussetzungen[86], der Informationszusammenarbeit[87] oder des Datenschutzes[88]. Das Hinzutreten europäischen Rechts bewirkt aber keinen Regimewechsel hin zu einer unmittelbar staatlichen Rechtsetzung und Verwaltungsorganisation, wie es im Bereich des Arbeitsschutzes erfolgt ist. Der unmittelbare staatliche Normsetzer glaubt (anders als im Bereich Arbeitsschutz) weiter an die Leistungsfähigkeit der Selbstregulierung durch die Ärztekammern, so dass ihnen das Terrain ihrer Regulierung – innerhalb des gesetzlichen Rahmens – erhalten bleibt.

Auch das Beispiel des ärztlichen Berufsrechts zeigt, wie das von den föderal zusammengefassten Berufsträgern innerhalb des gesetzlichen Rahmens selbst verantwortete Recht durch Sachnähe, Wissen und Interessenausgleich Akzeptanz im Adressatenkreis schafft. Es zeigt zugleich, wie durch den Zusammenschluss der Ärztekammern auf Bundesebene ein Raum für die Diskussion und Vorentscheidung der für die Berufsausübung wichtigen Fragen existiert, und so ein weites Auseinanderfallen der Berufspflichten in den einzelnen Berufsordnungen vermieden wird. Daneben wirft die Drittbetroffenheit, nämlich die Betroffenheit zuvörderst der Patientinnen und Patienten, mehr als die Betroffenheit von Unternehmern und Arbeitnehmern von Unfallverhütungsvorschriften, die Frage nach der Legitimation des durch die Kammern gesetzten ärztlichen Berufsrechts auf.

---

85 § 3 Abs. 1 Satz 2 ff., Abs. 1a BÄO; § 40 HeilBerG NRW.

86 §§ 34, 44a HeilBerG NRW.

87 § 3 Abs. 1a BÄO, z. B. § 35a HeilberG NRW.

88 § 30 Nr. 6 HeilBerG NRW.

3. Richtlinien der Bundesärztekammer

Grenzen öffentlich-rechtlicher Selbstregulierung machen die Richtlinien der Bundesärztekammer zu Organ- und Gewebeentnahmen gem. § 16 und § 16b TPG[89] (anders möglicherweise diejenigen nach §§ 12a, 18 TFG sowie die nach § 9 Abs. 1 MPBetreibV) deutlich. Die Bundesärztekammer ist ein privatrechtlicher (nicht rechtsfähiger) Verein; in der ihm aufgetragenen Feststellung des Standes der Erkenntnisse der medizinischen Wissenschaft (§ 16 Abs. 1 Satz 1 TPG) bzw. des allgemein anerkannten Standes der Erkenntnisse der medizinischen Wissenschaft (§ 16b Abs. 1 Satz 1 TPG), denen jeweils Vermutungswirkung zukommt (§ 16 Abs. 1 Satz 1, § 16b Abs. 2 TPG), liegt eine im Grundsatz verbindliche Festlegung; darum werden die Richtlinien ganz überwiegend als exekutives Recht betrachtet.[90] Gesetzgeberische Vorstellung war, dass die Feststellung des Standes der medizinischen Wissenschaft „in erster Linie Aufgabe der medizinischen Fachwelt" sei.[91] Fast durchgängig wird die Zuweisung der Befugnis zur exekutiven Rechtsetzung als Beleihung

---

89 § 16 TPG: „(1) [1]Die Bundesärztekammer stellt den Stand der Erkenntnisse der medizinischen Wissenschaft in Richtlinien fest für

1. die Regeln zur Feststellung des Todes nach § 3 Abs. 1 Satz 1 Nr. 2 und die Verfahrensregeln zur Feststellung des endgültigen, nicht behebbaren Ausfalls der Gesamtfunktion des Großhirns, des Kleinhirns und des Hirnstamms nach § 3 Abs. 2 Nr. 2 einschließlich der dazu jeweils erforderlichen ärztlichen Qualifikation,

1a. die Regeln zur Feststellung des Todes nach § 4a Abs. 1 Satz 1 Nr. 1,

2. die Regeln zur Aufnahme in die Warteliste nach § 10 Abs. 2 Nr. 2 einschließlich der Dokumentation der Gründe für die Aufnahme oder die Ablehnung der Aufnahme, [...]

5. die Regeln zur Organvermittlung nach § 12 Abs. 3 Satz 1, [...].

[2]Die Einhaltung des Standes der Erkenntnisse der medizinischen Wissenschaft wird vermutet, wenn die Richtlinien der Bundesärztekammer beachtet worden sind.

(3) [1]Die Richtlinien nach Absatz 1 sowie deren Änderungen sind dem Bundesministerium für Gesundheit zur Genehmigung vorzulegen. [2]Das Bundesministerium für Gesundheit kann von der Bundesärztekammer im Rahmen des Genehmigungsverfahrens zusätzliche Informationen und ergänzende Stellungnahmen anfordern."

90 BGH NJW 2017, 3249 (3251); *Höfling*, in: ders. (Hrsg.), TPG; § 16 Rn. 9 ff.; *Gutmann*, in: Schroth/König/Gutmann/Oduncu, TPG, § 16 Rn. 5; a.A. *Nickel/Schmidt-Preisigke/Sengler*, TPG, 2001, § 16 Rn. 20 („antizipiertes Sachverständigengutachten").

91 So BT-Drs. 13/4355, S. 28 (zu § 15 TPG-E).

gedeutet.[92] Ist die Bundesärztekammer damit ein Verwaltungsträger, der im Sinne öffentlich-rechtlicher Selbstregulierung eigene Angelegenheiten regelt? Die Bundesärztekammer als Verwaltungsträger zu qualifizieren, bereitet keine Schwierigkeiten; sie ist in der Funktion des Erlasses der Richtlinien nach §§ 16, 16b TPG eine Stelle, die Aufgaben der öffentlichen Verwaltung wahrnimmt, und damit Behörde (§ 1 Abs. 4 VwVfG). Auch reguliert sie in öffentlich-rechtlichen Formen. Aber handelt es sich um Selbstregulierung? Nach der oben vorgeschlagenen streng formalen Definition ist dies zu verneinen, weil die Richtlinien nicht die Mitglieder der Bundesärztekammer, sondern die Ärztinnen und Ärzte binden. Wenn man das Konstrukt als öffentlich-rechtliche Selbstregulierung im weiteren Sinne gelten lässt, macht dies die inhaltliche Problematik (wie auch im Falle der Richtlinien des Gemeinsamen Bundesausschusses) nur umso deutlicher: Wer ist hier regulierendes „Selbst"? Regelt die Bundesärztekammer eigene Angelegenheiten? Und regelt sie auch nur Angelegenheiten der Ärztinnen und Ärzte, oder nicht vielmehr primär die der – in keiner Weise vertretenen – Patientinnen und Patienten? Unabhängig von der hochkontroversen Frage nach der Verfassungsmäßigkeit des gesetzgeberischen Modells[93] fehlt es damit an den oben (II.) skizzierten grundlegenden Gelingensbedingungen öffentlich-rechtlicher Selbstregulierung.

IV. Fazit

1. Öffentlich-rechtliche Selbstregulierung ist strikt von gesellschaftlicher Selbstregulierung, auch in der Form „regulierter Selbstregulierung", zu unterscheiden (wiewohl öffentlich-rechtliche Selbstregulierung in der Sache immer auch eine regulierte Selbstregulierung ist).
2. Sie lässt sich begreifen als rechtsverbindliche öffentlich-rechtliche Regelung eigener Angelegenheiten, d. h. Setzung von die Mitglieder adressierenden Außenrechtsnormen durch verselbständigte Verwaltungsträger.
3. Beispiele sind die Unfallverhütungsvorschriften der Berufsgenossenschaften und das autonome Recht der Kammern, insbesondere das direkte ärztliche Berufsrecht der Ärztekammern.

---

92 Statt aller: *Höfling* in: ders. (Fn. 89), § 16 Rn. 14 ff.; *Scholz/Middel*, in: Spickhoff (Hrsg.), Medizinrecht, 3. Aufl. 2018, § 16 Rn. 2.

93 Verneinend: *Höfling*, in: ders. (Fn. 89), § 16 Rn. 17 ff.

4. Nur in einem weiteren Sinne kann man auch die Richtlinien des Gemeinsamen Bundesausschusses, die Normenverträge des Vertragsarztrechts und die Richtlinien der Bundesärztekammer nach §§ 16, 16a TPG darunter fassen, weil hier nicht primär die Mitglieder des erlassenden Verwaltungsträgers adressiert werden.
5. Alle Beispiele machen deutlich, dass Selbstregulierung immer auch Fremdregulierung ist: In einem dichten sozialen Gewebe gibt es keine Regelungen ohne Drittwirkungen. Der Grad, in dem eigene Angelegenheiten geregelt und Angelegenheiten Dritter ungeregelt gelassen werden, macht die Berechtigung und den Erfolg von „Selbstregulierung" aus.
6. Was also ist der Mehrwert öffentlich-rechtlicher Selbstregulierung? Die Antwort lautet wie stets: Es kommt darauf an. Stimmen die Funktionsbedingungen, kann öffentlich-rechtliche Selbstregulierung sachnahe, interessengerechte (d. h. interessenausgleichende) und weitgehend akzeptierte Rechtsnormen schaffen. Das Wissen der Selbstregulierer und ihre Bereitschaft zu Kommunikation und Interessenausgleich (häufig auf der Basis des dauerhaften „Aufeinanderangewiesenseins") erhöhen die Chance gelingender Normsetzung.
7. Auf der anderen Seite kann Selbstregulierung auch Wissensverluste der unmittelbaren Staatsverwaltung bzw. der Legislative zementieren[94] und Interessenasymmetrien perpetuieren.
8. Zentral kommt es auf die Existenz des besagten „Selbst" als eines sozialen Verbands mit ähnlichen Aufgaben und Interessen, die weitestmögliche Beschränkung auf eigene Angelegenheiten und einen klaren parlamentsgesetzlichen Rahmen an. Dieser kann Zuständigkeiten, Verfahren und Formen, inhaltliche Vorgaben und insbesondere Aufsichts- und Kontrollrechte enthalten.
9. Legistisch gesehen besteht hier also eine doppelte Herausforderung: die Schaffung des gesetzlichen Rahmens und die Schaffung der diesen Rahmen ausfüllenden Selbstregulierungen. Nur wenn diese Herausforderungen gemeinsam, und das heißt auch, kumulativ, bewältigt sind, hat öffentlich-rechtliche Selbstregulierung einen Mehrwert.

94 Hierzu *Augsberg*, Rechtsetzung (Fn. 26), S. 54 Fn. 139.

Peter Axer

Mehrwert durch Parafiskalität

I. Finanzhoheit der Sozialversicherungsträger

1. Organisationsform und Finanzhoheit

Krankenkassen, Pflegekassen, Rentenversicherungsträger, die Bundesagentur für Arbeit und die Berufsgenossenschaften sind als Sozialversicherungsträger Körperschaften des öffentlichen Rechts mit Selbstverwaltung[1]. Der Körperschaftsstatus und die mit ihm verbundene rechtliche Selbständigkeit als juristische Person ist durch Art. 87 Abs. 2 GG verfassungsrechtlich geboten und abgesichert, weil die Vorschrift mit der Rechtsform der Körperschaft des öffentlichen Rechts, selbst wenn „Körperschaft" nicht in einem engen, technischen Sinne zu verstehen ist[2], eine rechtliche Verselbständigung der Sozialversicherungsträger verlangt. Zwar ist damit keine verfassungsrechtliche Bestandsgarantie für den einzelnen Sozialversicherungsträger und für ein gegliedertes System etwa mit mehreren Krankenkassen verbunden, so dass nach Ansicht des Bundesverfassungsgerichts auch alle Krankenkassen in einem Bundesamt für Krankenversicherung zusammengefasst werden könnten[3], doch müsste die „Bundeskrankenkasse" dann als (bundesunmittelbare) Körperschaft des öffentlichen Rechts organisiert sein, damit als juristische Person des öffentlichen Rechts. Das Grundgesetz fordert, obschon aus Art. 87 Abs. 2 GG keine Garantie der sozialen Selbstverwaltung vergleichbar der kommunalen Selbstverwaltung aus Art. 28 Abs. 2 S. 1 GG folgt, mit Art. 87 Abs. 2 GG eine rechtliche Verselbständigung sozialer Versicherungsträger und anerkennt ihre Eigenständigkeit und Rechtsfähigkeit als Körperschaft des öffentlichen Rechts[4].

1 § 29 Abs. 1 SGB IV; für die Bundesagentur für Arbeit § 367 Abs. 1 SGB III. – Der Beitrag befindet sich auf dem Stand von November 2019.

2 Vgl. dazu *Axer*, Normsetzung der Exekutive in der Sozialversicherung, 2000, S. 279 ff.

3 BVerfGE 113, 167 (223).

4 Siehe dazu etwa m.w.N. *Axer*, Das Normsetzungsinstrumentarium im Vertragsarztrecht, in: Schnapp/Wigge (Hrsg.), Handbuch des Vertragsarztrechts, 3. Aufl. 2017, § 10 Rn. 51 ff.; *Schnapp*, Die Stellung der gesetzlichen Krankenkassen in der Verfassungsordnung, WzS 2017, S. 239 (243 ff.).

Mit der verfassungsrechtlich geforderten organisationsrechtlichen Verselbständigung und Trägereigenschaft einher geht die finanzwirtschaftliche Verselbständigung mit eigenem Haushalt und eigenem Vermögen: Die finanzielle Selbständigkeit folgt der organisatorischen Selbständigkeit[5]. So weist das Bundesverfassungsgericht in Bezug auf den Sozialversicherungsbeitrag der Vorschrift des Art. 87 Abs. 2 GG eine „Verwaltungs- und Ertragskompetenz“ zu[6].

2. Beitragsfinanzierung und Finanzhoheit

Die über den Träger- und Körperschaftsstatus verfassungsrechtlich gewährleistete finanzielle Verselbständigung erfährt ihre verfassungsrechtliche Ausgestaltung und Konkretisierung durch die grundgesetzliche Fundierung des Sozialversicherungsbeitrags. Die Finanzierung der Sozialversicherung durch Beiträge der Versicherten und Arbeitgeber ist Wesensmerkmal und prägendes Element der Sozialversicherung. Ohne Beitragsfinanzierung liegt verfassungsrechtlich keine Sozialversicherung vor, sondern, in den Worten der Kompetenzbestimmung des Art. 74 Abs. 1 Nr. 7 GG, allein steuerfinanzierte „öffentliche Fürsorge“. Schon kompetenzrechtlich kann daher die Steuer in Form von sog. Bundeszuschüssen nicht zur allein bestimmenden, maßgeblichen Finanzquelle der Sozialversicherung werden, selbst wenn gerade in die Rentenversicherung hinein nominell hohe Bundeszuschüsse fließen.

Der weitgefasste Gattungsbegriff der Sozialversicherung, wie ihn Art. 74 Abs. 1 Nr. 12 GG verwendet und er Art. 120 Abs. 1 S. 4 GG sowie Art. 87 Abs. 2 GG (soziale Versicherungsträger) zugrunde liegt, wird gerade auch durch die Aufbringung der erforderlichen Mittel durch Beiträge der Beteiligten oder Betroffenen bestimmt. So heißt es etwa in einer Entscheidung des Bundesverfassungsgerichts vom 22.5.2018 betreffend den inzwischen wieder abgeschafften Aussteuerungsbetrag bzw. Eingliederungsbeitrag nach dem SGB II zur Sozialversicherung: „Kennzeichnend sind insbesondere die gemeinsame Deckung eines möglichen, in seiner Gesamtheit schätzbaren Bedarfs durch Verteilung auf eine organisierte Vielheit, die organisatorische Durchführung durch selbständige Anstalten oder Körperschaften des öffentlichen Rechts (Art. 87 Abs. 2

5 *F. Kirchhof*, Finanzierung der Sozialversicherung, in: Isensee/P. Kirchhof (Hrsg.), Handbuch des Staatsrechts, Bd. V, 3. Aufl. 2007, § 125 Rn. 7.

6 BVerfGE 113, 167 (200).

GG), die abzudeckenden Risiken und die Mittelaufbringung durch Beiträge der Beteiligten“[7].

Der Sozialversicherungsbeitrag lässt sich weder als Steuer, Gebühr oder Beitrag noch als Sonderabgabe im Sinne der herkömmlichen Abgabentypik qualifizieren, sondern ist, wenn nicht auf die letztlich blass bleibende Bezeichnung als „Abgabe sui generis“ zurückgegriffen werden soll, eine eigenständige Abgabe[8]. Die verfassungsrechtliche Kompetenz zur Regelung und Erhebung des Sozialversicherungsbeitrags als Abgabe folgt aus der Gesetzgebungskompetenz des Art. 74 Abs. 1 Nr. 12 GG, in den Worten des Bundesverfassungsgerichts: „Die Kompetenz aus Art. 74 Abs. 1 Nr. 12 GG ist bereits aus sich heraus auch auf die Regelung der Finanzierung der Sozialversicherung gerichtet. Dies gilt nicht nur in einem engeren Sinn für die Erhebung von Sozialversicherungsbeiträgen, sondern in einem weiteren Sinn auch für Regelungen über die Erstattung und den Ausgleich von Sozialversicherungsleistungen“[9].

Nach Ansicht des Bundesverfassungsgerichts bilden Art. 74 Abs. 1 Nr. 12 GG, Art. 87 Abs. 2 GG und Art. 120 Abs. 1 S. 4 GG ein in sich geschlossenes Regelungssystem für die Sozialversicherung und deren Finanzierung und gehen die Vorschriften als speziellere Normen den allgemeinen, steuerzentrierten Vorschriften der Art. 104a ff. GG vor[10]. Die auf die Steuer bezogenen Vorschriften der grundgesetzlichen Finanzverfassung zu den Gesetzgebungs-, Ertrags- und Verwaltungskompetenzen sind danach auf den Sozialversicherungsbeitrag nicht anwendbar. Allerdings muss dann der Sozialversicherungsbeitrag auch von Verfassungs wegen Distanz zur Steuer halten und kann nicht wie die Steuer in den allgemeinen Staatshaushalt fließen und zur Finanzierung aller möglichen, unterschiedlichen Staatsaufgaben dienen: Zur Befriedigung des allgemeinen Finanzbedarfs des Staates und seiner Glieder stehen die Sozialversicherungsbeiträge nicht zur Verfügung[11]; es handelt sich um Fremdgelder, die der Haushaltsgewalt von Bund und Ländern entzogen sind[12].

---

7 BVerfG, B. v. 22.5.2018, 1 BvR 1728/12, 1 BvR 1756/12, Rn. 79. – Zu dieser Entscheidung vgl. auch *Flint*, Es fehlt an Geld, nun gut, so schaff es denn, JM 2018, S. 368 (368 ff.).

8 Vgl. dazu *Axer*, Grundfragen des Versicherungs- und Beitragsrechts, in: Ruland/Becker/Axer (Hrsg.), Sozialrechtshandbuch, 6. Aufl. 2018, § 14 Rn. 60.

9 BVerfGE 113, 167 (195).

10 BVerfGE 113, 167 (200).

11 BVerfGE 113, 167 (203).

12 BVerfGE 113, 167 (205).

Um dem besonderen verfassungsrechtlichen Charakter des Sozialversicherungsbeitrags gerecht zu werden, bedarf es einer organisatorisch-finanziellen Trennung, die gewährleistet, dass das Aufkommen aus den Sozialversicherungsbeiträgen in den Händen der Sozialversicherung liegt und dort bleibt. Sozialversicherungsbeiträge müssen daher in die Haushalte der Sozialversicherungsträger fließen. Damit ist durch die Sonderstellung des Sozialversicherungsbeitrags als Finanzierungsinstrument zugleich für die Sozialversicherung Parafiskalität im Sinne eines eigenen Haushalts gefordert.

Zwar ist es nicht von vornherein ausgeschlossen, dass die unmittelbare Bundesverwaltung Sozialversicherungsbeiträge verwaltet, jedoch muss dann zugleich gewährleistet und gesichert sein, dass Sozialversicherungsbeiträge nicht in die allgemeinen Haushalte von Bund und Ländern fließen und sozialversicherungsfremd verwendet werden können, sondern der Sozialversicherung und ihren Trägern zufließen. So kann zwar das Bundesversicherungsamt als Bundesoberbehörde mit der Verwaltung des Gesundheitsfonds in der Gesetzlichen Krankenversicherung betraut sein, in den auch die Einnahmen aus den Krankenversicherungsbeiträgen fließen, jedoch ist dann der Gesundheitsfonds als Sondervermögen zu konstruieren[13], um organisatorisch und haushaltsrechtlich die Einnahmen des Gesundheitsfonds von den übrigen Mitteln zu trennen und abzusondern.

3. Der Schutz der Sozialversicherungsbeiträge vor dem Gesetzgeber – Sicherung der Parafiskalität

Zwar schützt die durch Art. 87 Abs. 2 GG verfassungsrechtlich abgesicherte Verselbständigung der Sozialversicherungsträger und die damit verbundene parafiskalische Organisation sowie die verfassungsrechtliche Fundierung des Sozialversicherungsbeitrags jenseits der finanzverfassungsrechtlichen Regelungen über die Steuer dem Grunde nach gegenüber fiskalischen Begehrlichkeiten des Bundes und der Länder, doch bleibt die Frage, in welchem Umfang und nach der Effektivität des Schutzes. Die Frage stellt sich gerade gegenüber dem Gesetzgeber, der, insbesondere dann, wenn Sozialversicherungsträger Vermögen anhäufen und Überschüsse erzielen – so ist etwa für 2018 von Rücklagen der Sozialversicherungsträger insgesamt in Höhe von 86 Milliarden Euro die

13 Siehe dazu § 271 Abs. 1 SGB V. – Zur umstrittenen Frage, wer Träger des Sondervermögens ist m.w.N. *Axer*, in: Eichenhofer/v. Koppenfels-Spies/Wenner (Hrsg.), SGB V, 3. Aufl. 2018, § 271 Rn. 7.

Rede[14] –, aber auch im Übrigen zur Verlagerung von Kosten aus dem Staatshaushalt, erfindungsreich Sozialversicherungsbeiträge zur Finanzierung einsetzen kann. Die Grenze bildet insoweit verfassungsrechtlich das Erfordernis eines Bezugs zur Sozialversicherung, so dass dem Begriff der Sozialversicherung als Grund und Grenze zentrale Bedeutung zukommt.

a. Der Begriff der Sozialversicherung

Das Bundesverfassungsgericht geht von einem eher weiten, entwicklungsoffenen Begriffsverständnis von Sozialversicherung aus. Erfasst wird alles, was sich der Sache nach als Sozialversicherung darstellt[15]. Neue Sozialleistungen unterfallen der Kompetenz nach Art. 74 Abs. 1 Nr. 12 GG für die Sozialversicherung, wenn sie in ihren wesentlichen Strukturmerkmalen dem Bild entsprechen, das durch die klassische Sozialversicherung geprägt ist[16]. Dabei wurde das Bild im Laufe der Zeit allerdings in der Rechtsprechung immer unschärfer, wie etwa die Entscheidung des Bundesverfassungsgerichts zur Zulässigkeit der Künstlersozialversicherungsabgabe zeigt[17]. Entsprechend verlor der Begriff des Sozialversicherungsbeitrags in der verfassungsgerichtlichen Rechtsprechung an Kontur, so dass die Kompetenzvorschrift des Art. 74 Abs. 1 Nr. 12 GG der Abgabenerhebung immer weniger Grenzen setzte. Symptomatisch ist wiederum die Entscheidung zur Zulässigkeit der Künstlersozialversicherungsabgabe, deren Erhebung als Sozialversicherungsbeitrag bei dem Vermarkter mit einer zwischen Künstler und Vermarkter angenommenen spezifischen Solidaritäts- und Verantwortlichkeitsbeziehung gerechtfertigt wird[18].

Obschon das Bundesverfassungsgericht in seiner Entscheidung zur Zulässigkeit des krankenversicherungsrechtlichen Risikostrukturausgleichs aus dem Jahre 2005 von einer strengen Zweckbindung des Sozialversicherungsbeitrags spricht[19], bleibt diese dann doch letztlich weit und offen, wenn fast alles, was mit der Absicherung gegenüber den Wechselfällen des Lebens in Zusammenhang

---

14 Vgl. *Brüggemann-Borck/Fasshauer/Reineke*, Stabilitätsrat zur Sicherung solider öffentlicher Haushalte, DRV 2019, S. 8 (15).

15 BVerfG, B. v. 22.5.2018, 1 BvR 1728/12, 1 BvR 1756/12, Rn. 79.

16 Vgl. BVerfGE 75, 108 (146); siehe etwa auch BSGE 110, 130 (141).

17 BVerfGE 75, 108 (146 ff.); siehe dazu auch bereits *Axer*, Strukturprobleme der Finanzierung sozialer Sicherheit aus rechtswissenschaftlicher Sicht: Gestaltungsvorschläge und ihre rechtlichen Grenzen, in: Masuch u.a. (Hrsg.), Grundlagen und Herausforderungen des Sozialstaats, Bd. 2, 2015, S. 713 (716 ff.).

18 BVerfGE 75, 108 (158 f.).

19 BVerfGE 113, 167 (203).

steht und organisatorisch der mittelbaren Staatsverwaltung obliegt, der Sozialversicherung zugeordnet werden kann. So wurde dann auch der Risikostrukturausgleich vom Bundesverfassungsgericht im Jahre 2005 in einem insgesamt über 100 Seiten der amtlichen Entscheidungssammlung umfassenden Beschluss grundsätzlich gebilligt und ist dieses Ergebnis durchaus typisch. Für das Bundessozialgericht stellt dessen Präsident in einem Beitrag aus dem Jahre 2018 in der Festschrift für den Bundesfinanzhof in Bezug auf die Frage der Verfassungsmäßigkeit von Beitragspflichten fest: „Das BSG thematisiert Fragen der *Verfassungsmäßigkeit von Beitragspflichten* in aller Regel nicht von sich aus und folgt, sofern die Beteiligten solche Fragen zum Gegenstand ihres Revisionsvorbringens machen, weithin kritiklos der weiten Rspr. des BVerfG“[20].

Angesichts des weiten verfassungsgerichtlichen Verständnisses von Sozialversicherung hat der gerichtlich geforderte sachlich-gegenständliche Bezug zur Sozialversicherung im Ergebnis nur eine geringe begrenzende Funktion. So lassen sich dann die Absicherung gegenüber gestiegenen Prämien der Berufshaftpflicht bei Hebammen[21] oder umfangreiche Präventionsleistungen mit der Verpflichtung zur Einbeziehung der als Bundesoberbehörde organisierten Bundeszentrale für gesundheitliche Aufklärung und der Tragung der Kosten in gesetzlich vorgegebener Mindesthöhe mit geschickter Begründung schnell als Aufgabe der Sozialversicherung ausflaggen[22]. Die Grenze zu den aus Steuern zu finanzierenden gesamtgesellschaftlichen Aufgaben wird bei einem weiten Verständnis von Sozialversicherung und damit des Einsatzes von Sozialversicherungsbeiträgen immer schwieriger zu bestimmen. Der Versuch, über den Begriff der dann nicht aus Sozialversicherungsbeiträgen, sondern aus Steuern zu finanzierenden Fremdlasten Grenzen zu setzen, hat angesichts der Unschärfe des zwar plakativen, aber doch nebulös bleibenden Begriffs der Fremdlasten trotz jahrzehntelanger Diskussion nicht richtig weiter geholfen[23].

---

20 *Schlegel*, Sozialrecht und Steuerrecht aus Sicht des Bundessozialgerichts, in: Drüen u.a. (Hrsg.), 100 Jahre Steuerrechtsprechung in Deutschland 1918–2018, 2018, S. 625 (629).

21 § 134a Abs. 1b SGB V.

22 Zu der Diskussion um die verfassungsrechtliche Zulässigkeit der Präventionsregelungen vgl. m.w.N. die Beiträge von *Schuler-Harms*, *Schmidt am Busch*, *Axer* und *Kemmler*, in: Spiecker genannt Döhmann/Wallrabenstein (Hrsg.), Rechtswissenschaftliche Fragen an das neue Präventionsgesetz, 2016.

23 Grundlegend zur Diskussion um Fremdlasten in der Sozialversicherung *Butzer*, Fremdlasten in der Sozialversicherung, 2001.

b. *Die Entscheidung des Bundesverfassungsgerichts vom 22.5.2018: Das Binnensystem der Sozialversicherung*

Eine verfassungsgerichtliche Stärkung des Schutzes des Sozialversicherungsbeitrags kann allerdings der bereits angesprochenen Entscheidung des Bundesverfassungsgerichts vom 22.5.2018 zum Aussteuerungsbetrag bzw. Eingliederungsbeitrag nach dem SGB II entnommen werden[24]. Diese inzwischen wieder abgeschafften Zahlungsverpflichtungen der Bundesagentur für Arbeit an das Bundesministerium wurden zwar vom Bundessozialgericht (noch) gebilligt[25] und die Verfassungsbeschwerden zweier Beitragszahler wurden vom Bundesverfassungsgericht als unbegründet angesehen, doch erkennt das Bundesverfassungsgericht an, dass eine Verletzung in Grundrechten der Beitragszahler durch die Transferleistung möglich ist und eröffnet damit Rechtsschutz[26], was insoweit schon bemerkenswert ist: Zwar richteten sich die Zahlungsverpflichtungen an die Bundesagentur, jedoch erscheine es möglich, dass dadurch in rechtlich erheblicher Weise die Beitragspflicht und das Versicherungsverhältnis nachhaltig beeinflusst würden. Aus den Grundrechten ergebe sich zwar kein Anspruch eines Versicherten auf die generelle Unterlassung einer Mittelverwendung, im konkreten Fall aber würden sich die Versicherten nicht gegen die Erbringung einzelner Leistungen an andere Versicherte wenden, sondern sie beanstandeten vielmehr die sie selbst belastende Beitragshöhe, die von den durch Bundesgesetz angeordneten Transferleistungen mitbestimmt werde.

Obschon sich die Entscheidung aus dem Jahre 2018 oftmals auf die Entscheidung zum Risikostrukturausgleich aus dem Jahre 2005 bezieht, ist sie enger und strenger gefasst in Bezug auf die verfassungsrechtlichen Grenzen der Verwendung des Sozialversicherungsbeitrags: So heißt es ausdrücklich, dass ein Transfer von Mitteln der Sozialversicherung voraussetze, dass sie für Zwecke im Binnensystem der Sozialversicherung verwendet werden[27] und es nicht ausreiche, dass eine Regelung in irgendeiner Weise allgemein der „sozialen Sicherheit" zugeordnet werden kann, vielmehr geprüft werden müsse, ob das Ziel gerade auf dem spezifischen Wege der Sozialversicherung erreicht werden kann[28].

---

24 BVerfG, B. v. 22.5.2018, 1 BvR 1728/12, 1 BvR 1756/12.

25 BSGE 110, 130 ff. zum Aussteuerungsbetrag, BSGE 110, 161 ff. zum Eingliederungsbeitrag.

26 BVerfG, B. v. 22.5.2018, 1 BvR 1728/12, 1 BvR 1756/12, Rn. 69 f.

27 BVerfG, B. v. 22.5.2018, 1 BvR 1728/12, 1 BvR 1756/12, Rn. 78.

28 BVerfG, B. v. 22.5.2018, 1 BvR 1728/12, 1 BvR 1756/12, Rn. 79.

Der Begriff des Binnensystems, der zwar aus kompetenzrechtlicher Sicht „nur" auf die Sozialversicherung insgesamt bezogen ist, damit allerdings immerhin Transferverpflichtungen und Transfers aus dem Binnensystem „Sozialversicherung" hinaus verbietet, erlangt im Zusammenspiel mit der grundrechtlichen Bindung des Sozialversicherungsbeitrags aus Art. 3 Abs. 1 GG zudem Bedeutung für Transferverpflichtungen und Transfers innerhalb der Sozialversicherung, d. h. im Binnensystem der Sozialversicherung. Dies allerdings weniger aus Sicht der Sozialversicherungsträger, die sich allgemeiner Ansicht nach nicht auf Grundrechte berufen können[29] – allerdings kann insoweit an einen rechtsstaatlichen Schutz gedacht werden[30] –, sondern vielmehr aus der Perspektive des beitragspflichtigen Pflichtversicherten. Transferverpflichtungen und Transfers zwischen den einzelnen Zweigen der Sozialversicherung betreffen beitragsverpflichtete Versicherte in dem aus dem allgemeinen Gleichheitssatz folgenden Gebot der Belastungsgleichheit[31]. Die Versicherten werden verpflichtet, für unterschiedliche, in verschiedenen Sozialversicherungszweigen geregelte Risiken Beiträge getrennt nach jeweils eigenen Regelungen und etwa in der Höhe unterschiedlich in die jeweilige Solidargemeinschaft hinein zu zahlen, etwa den Krankenversicherungsbeitrag im Hinblick auf Krankheit, den Pflegeversicherungsbeitrag im Hinblick auf Pflegebedürftigkeit oder den Rentenversicherungsbeitrag zur Absicherung im Alter. So wie das Sozialversicherungssystem gegliedert ist, gibt es unterschiedliche Sozialversicherungsbeiträge und nicht nur einen einzigen Sozialversicherungsbeitrag. Die Beiträge dienen verschiedenen Zwecken, so dass eine Verwendung aufgrund Transferverpflichtungen in andere Zweige für andere Zwecke, anstelle der Absicherung im Krankheitsfalle etwa Finanzierung der Rentenversicherung oder Verschiebung von Beitragsvermögen der Arbeitslosenversicherung in die Rentenversicherung, der Rechtfertigung vor dem Gleichheitssatz bedarf. Die Beitragserhebung für ein bestimmtes Risiko rechtfertigt sich nur aus der Abdeckung des jeweiligen Risikos und dient nur der Finanzierung des jeweiligen den Versicherten zugutekommenden Versicherungsschutzes[32]. Der Sozialversicherungsbeitrag ist insoweit nicht nur allgemein kompetenzrechtlich, sondern auch in seinen speziellen Ausprägungen,

29 Vgl. m.w.N. BVerfG, NVwZ 2005, S. 572 (573).

30 Dazu in Bezug auf den Grundsatz der maßvollen Ausübung der Rechtsaufsicht *Axer*, Etatisierung der sozialen und gemeinsamen Selbstverwaltung?, NZS 2017, S. 601 (605 f.).

31 Zum Gebot der Belastungsgleichheit bei Sozialversicherungsbeiträgen BVerfG, B. v. 22.5.2018, 1 BvR 1728/12, 1 BvR 1756/12, Rn. 75.

32 Vgl. BVerfG, B. v. 22.5.2018, 1 BvR 1728/12, 1 BvR 1756/12, Rn. 76.

etwa als Krankenversicherungs- oder als Rentenversicherungsbeitrag, grundrechtlich gebunden.

So begrüßenswert die Entscheidung des Bundesverfassungsgerichts vom 22.5.2018 in der Sache dem Grunde nach ist – dies gilt ebenfalls für das Erfordernis der Zielerreichung auf dem spezifischen Weg der Sozialversicherung, gerade organisationsrechtlich durch selbständige Körperschaften des öffentlichen Rechts –, so sehr scheint das Bundesverfassungsgericht bei der Subsumtion im konkreten Fall jedoch selbst wiederum vor dem Verdikt der Verfassungswidrigkeit der Zahlungsverpflichtung an das Bundesministerium für Arbeit zurückzuschrecken. Mag in Bezug auf das Jahr 2005 die Rechtfertigung aus der Übergangssituation noch überzeugen können, so öffnet die Argumentation für das Jahr 2008 mit dem Verweis auf einen gegenüber dem Transfer der Bundesagentur an das Bundesministerium höheren Zuschuss des Bundes aus Steuermitteln an die Bundesagentur und die damit vorgenommene Saldierung wieder Tür und Tor. Angesichts der enormen Höhe des Bundeszuschusses gerade etwa in der Rentenversicherung ist damit wohl ein zwar niederer, aber wiederum in der tatsächlichen Höhe durchaus beträchtlicher Transfer aus der Sozialversicherung hinaus zugunsten etwa eines Bundesministeriums weiterhin möglich.

4. Der Bundeszuschuss

Neben dem Sozialversicherungsbeitrag kommt als Finanzierungsquelle dem verfassungsrechtlich in Art. 120 Abs. 1 S. 4 GG angesprochenen Bundeszuschuss eine bedeutsame und wichtige Rolle für die Haushalte der Sozialversicherungsträger in den meisten Sozialversicherungszweigen zu. Allerdings gewährt Art. 120 Abs. 1 S. 4 GG nach Ansicht des Bundesverfassungsgerichts keinen Anspruch des Sozialversicherungsträgers auf einen Zuschuss des Bundes aus Steuermitteln[33]. Der Gesetzgeber hat somit einen weiten Gestaltungsspielraum, ob überhaupt und in welcher Höhe er Steuermittel einsetzt. Für den Sozialversicherungsträger und dessen Haushalt bedeutet dies, wie gekommen kann der Zuschuss auch gekürzt und genommen werden – haushälterische Planung ist damit von Unsicherheit begleitet. Unabhängig davon hat der Bundeszuschuss aber noch eine weitere Konsequenz: Die Gewährung von Steuermitteln eröffnet die Möglichkeit zur Rechtfertigung für Kontrollen durch den Bundesrechnungshof auch in der Sozialversicherung und aufgrund des Zusammenspiels von Bundeszuschuss und Sozialversicherungsbeitrag auch in diesen hinein.

33 BVerfGE 113, 167 (207 ff.).

5. Schuldenbremse und Haushalte von Sozialversicherungsträgern

Sind die Haushalte der Sozialversicherungsträger von Verfassungs wegen von den Haushalten von Bund und Ländern zu trennen und getrennt, stellt sich die Frage, ob die Schuldenbremse des Art. 109 Abs. 3 GG Anwendung findet, wonach die Haushalte von Bund und Ländern grundsätzlich ohne Einnahmen aus Krediten auszugleichen sind (Art. 109 Abs. 3 S. 1 GG). Obschon Sinn und Zweck der Schuldenbremse im Sinne einer auch Umgehungsmöglichkeiten verhindernden umfassenden Begrenzung der Neuverschuldung dafür sprechen, die Haushalte der Sozialversicherungsträger einzubeziehen, ist angesichts des Wortlauts, der nicht von den Haushalten „in“ Bund und Ländern spricht, und der Genese – so lehnt die Begründung ausdrücklich eine Einbeziehung etwaiger Defizite von Sozialversicherungsträgern und Gemeinden ab[34] –, entsprechend der überwiegenden Ansicht eine Einbeziehung zu verneinen[35]. Die ab dem 1.1.2020 vollständig in Kraft tretende Schuldenbremse findet somit nicht auf Sozialversicherungsträger Anwendung.

Doch dürfte die Nichteinbeziehung der Haushalte der Sozialversicherungsträger im Ergebnis keine gravierenden Folgen haben. Zum einen ist eine Darlehensaufnahme sozialversicherungsrechtlich grundsätzlich verboten bzw. nur in sehr engen Grenzen zulässig[36], zum anderen bleiben die Bindungen an die europarechtlichen Verschuldensregelungen, insbesondere aufgrund des Europäischen Stabilitäts- und Wirtschaftspakts und des Europäischen Fiskalpaktes[37], weiterhin existent und verbindlich. Im Unterschied zur verfassungsrechtlichen Schuldenbremse beziehen sich die europarechtlichen Verpflichtungen auf den öffentlichen Gesamthaushalt und schließen damit die Haushalte von Sozialversicherungsträgern ein. So heißt es denn auch in der Entwurfsbegründung zu Art. 109 GG in Bezug auf die engere, Sozialversicherungsträger nicht erfassende nationale Schuldenbremse, dass die Verantwortung des Bundes für Defizite der

---

34 BT-Drucks. 16/12410, S. 10 f.

35 Eine Einbeziehung etwa ablehnend: *Heintzen*, in: v. Münch/Kunig (Hrsg.), Grundgesetz, Kommentar, 6. Aufl. 2012, Art. 109 Rn. 26; *Heun*, in: Dreier (Hrsg.), Grundgesetz, Kommentar, 3. Aufl. 2018, Art. 109 Rn. 36; *Kube*, in: Maunz/Dürig, Grundgesetz, Kommentar, Loseblatt, Stand: 2019, Art. 109 Rn. 119; *Klepzig*, Die „Schuldenbremse“ im Grundgesetz – Ein Erfolgsmodell?, 2015, S. 95 ff.; anderer Ansicht *E. Reimer*, in: Epping/Hillgruber (Hg.), BeckOK GG, Stand: 2019, Art. 109, Rn. 49c, 51 ff.

36 Vgl. etwa § 220 Abs. 1 SGB V für die gesetzliche Krankenversicherung.

37 Siehe dazu mit Bezug zur Sozialversicherung *Brüggemann-Borck/Fasshauer/Reineke* (Fn. 14), S. 13 f.; allgemein etwa *Haratsch/Koenig/Pechstein*, Europarecht, 11. Aufl. 2018, Rn. 1363 ff.

Sozialversicherungen mit Blick auf die Vorgaben des europäischen Stabilitäts- und Wachstumspakts davon unberührt bleibt[38]. § 51 Haushaltsgrundsätzegesetz (HGrG) bestimmt dann auch, dass das strukturelle gesamtstaatliche Finanzierungsdefizit von Bund, Ländern, Gemeinden und Sozialversicherungen eine Obergrenze von 0,5 % des nominalen Bruttoinlandsprodukts nicht überschreiten darf.

6. Verfassungsrechtliche Normierung des Sozialversicherungsbeitrags?

Betrachtet man das hohe Volumen der Sozialversicherungsbeiträge, liegt die Frage auf der Hand, warum das Grundgesetz keine explizite Regelung zu den Sozialversicherungsbeiträgen trifft. Zwar trägt nach Ansicht des Bundesverfassungsgerichts die Gesetzgebungskompetenz den Sozialversicherungsbeitrag und kann Art. 74 Abs. 1 Nr. 12 GG mit Art. 87 Abs. 2 GG und Art. 120 Abs. 1 S. 4 GG als ein in sich geschlossenes grundgesetzliches Regelungssystem für die Sozialversicherung und deren Finanzierung angesehen werden[39]. Ob dies allerdings eine explizite Regelung im Grundgesetz entbehrlich macht, darüber kann trefflich diskutiert und gestritten werden[40]. Weniger hilfreich dürfte es im Kontext verfassungsrechtlicher Normierungsüberlegungen allerdings sein, nur über einzelne Aspekte zu diskutieren. Dies gilt etwa für die Aufnahme einer 40% Grenze für Sozialversicherungsbeiträge[41], unabhängig davon, ob und wie dies überhaupt mit verfassungsrechtlicher Verbindlichkeit und Relevanz geregelt werden kann – etwa in Art. 109 GG bei der Haushaltswirtschaft in Bund und Ländern und dem gesamtwirtschaftlichen Gleichgewicht? Als weitere Schuldenbremse und als Nachhaltigkeitsgebot in der Finanzverfassung? Bedenken bestehen in Bezug auf eine Normierung des Sozialversicherungsbeitrags über eine allgemein gehaltene Vorschrift zur Sicherung von Nachhaltigkeit und Generationengerechtigkeit, etwa durch einen neuen Art. 20b GG in dem Sinne, dass der Staat in seinem Handeln das Prinzip der Nachhaltigkeit zu beachten und die Interessen künftiger Generationen zu schützen hat[42], denn dies bliebe zu allgemein

38 BT-Drucks. 16/12410, S. 10 f.

39 BVerfGE 113, 167 (200).

40 Eine grundgesetzliche Regelung zu Recht befürwortend *F. Kirchhof*, Die Entwicklung des Sozialverfassungsrechts, NZS 2015, S. 1 (7 f.).

41 So ein Vorschlag des Bundeswirtschaftsministers nach Allgäuer Zeitung v. 2.10.2019, S. 9, sowie F.A.Z. v. 2.10.2019, S. 19.

42 Siehe dazu den auch auf eine Änderung des damaligen Art. 109 Abs. 2 GG zielenden Gesetzesentwurf für eine Grundgesetzänderung in BT-Drucks. 16/3399 v. 9.11.2006.

und trüge zu einer Schärfung des Sozialversicherungsbeitrags nicht wirklich bei. Wenn eine Grundgesetzänderung in Bezug auf den Sozialversicherungsbeitrag überlegt wird, dann sollte sie diesen speziell als Abgabe finanzverfassungsrechtlich regeln und insbesondere seine Verwendung für die Zwecke der Sozialversicherung sichern.

II. Finanzielle Gestaltungsspielräume der Sozialversicherungsträger

Standen bislang verfassungsrechtliche Fragen der Parafiskalität als solcher und des Sozialversicherungsbeitrags als wesensbestimmendes Finanzierungsinstrument der Sozialversicherung im Mittelpunkt, so sind für die Beurteilung und Bewertung der Parafiskalität in der Praxis gerade Umfang und Inhalt der finanziellen Gestaltungsspielräume bedeutsam. Die Reichweite der Finanzautonomie eines Sozialversicherungsträgers wird dabei maßgeblich von der Dichte der gesetzlichen und untergesetzlichen Vorgaben sowie durch die Möglichkeit der Kontrolle und der Aufhebung finanzieller Entscheidungen durch die Aufsicht sowie durch den Umfang der gerichtlichen Kontrolle bestimmt.

1. Dichte der gesetzlichen Vorgaben

a. Einnahmen und Ausgaben

Einnahmen und Ausgaben der Sozialversicherungsträger werden in weitem Umfange gesetzlich festgelegt. Die Bestimmung des Kreises der Beitragspflichtigen und die Berechnung des Beitrags sind aufgrund detaillierter gesetzlicher Vorgaben weitgehend der Regelungskompetenz der Sozialversicherungsträger entzogen. Zwar können in einzelnen Zweigen durchaus noch Spielräume bestehen, etwa bei der Beitragserhebung aufgrund eines Gefahrtarifs in der Unfallversicherung[43] oder bei der Bemessung des Zusatzbeitrags in der gesetzlichen Krankenversicherung[44], doch ist es der Gesetzgeber, der die wesentlichen und zentralen Vorgaben zumeist auch detailliert und abschließend trifft. So fließen etwa schon die Krankenversicherungsbeiträge nicht unmittelbar an die jeweilige Krankenkasse, sondern in den Gesundheitsfonds und werden erst nach

---

43 § 157 SGB VII.
44 § 242 SGB V.

Durchführung des wesentlich auch durch Rechtsverordnung bestimmten Risikostrukturausgleichs an die Krankenkassen verteilt[45].
Auf der Ausgabenseite verbleibt in Bezug auf die Leistungsgewährung kaum finanzieller Gestaltungsspielraum. Die Leistungen sind, auch vor dem Hintergrund des in § 31 SGB I normierten umfassenden Vorbehalts des Gesetzes, gesetzlich festgelegt oder werden aufgrund gesetzlicher Ermächtigung zum Teil zwar auch durch die gemeinsame Selbstverwaltung – der Gemeinsame Bundesausschuss ist insoweit das Paradebeispiel – konkretisiert, allerdings auch damit nicht durch den einzelnen Sozialversicherungsträger bestimmt. Dieser hat nur insoweit Gestaltungsmöglichkeiten, als dies der Gesetzgeber ihm zugesteht, etwa mit Wahltarifen in der gesetzlichen Krankenversicherung oder in der Unfallversicherung hinsichtlich der Prävention und der Wiederherstellung der Gesundheit und Leistungsfähigkeit „mit allen geeigneten Mitteln“[46]. Der plakative Satz des Bundesverfassungsgerichts in einer Entscheidung aus dem Jahre 1975, dass die Hauptaufgabe der Sozialversicherungsträger im Vollzug einer detaillierten Sozialgesetzgebung gleichsam nach Art einer übertragenen Staatsaufgabe bestehe[47], hat über 40 Jahre später gerade in Bezug auf das Leistungsrecht noch mehr an Berechtigung gewonnen.

b. Haushaltsführung

Sind mit Einnahmen und Leistungsausgaben schon ein großer Teil des Haushalts determiniert, so verbleibt für die Finanzautonomie wesentlich der Bereich der Haushaltsführung, damit gerade der Bereich von Personal und Verwaltung. Zentrale Vorschrift für die Haushaltsführung ist § 69 SGB IV: Nach Abs. 1 ist der Haushalt in Einnahme und Ausgabe auszugleichen; nach Abs. 2 hat bei der Aufstellung und Ausführung des Haushaltsplans der Versicherungsträger sicherzustellen, dass er die ihm obliegenden Aufgaben unter Berücksichtigung der Grundsätze der Wirtschaftlichkeit und Sparsamkeit erfüllen kann.

Über § 69 SGB IV hinaus hat der Gesetzgeber sowohl im SGB IV als auch für die jeweiligen Sozialversicherungszweige zudem spezielle und immer mehr detaillierte Regelungen getroffen und damit den Bewegungsspielraum bei der Haushaltsführung weiter eingeschränkt. Selbst wenn die Regelungen durchaus unterschiedlich sind, so ist der Haushaltsplan eines Unfallversicherungsträgers

45 Zur Finanzierung des Gesundheitsfonds, auch im Hinblick auf die Zusatzbeiträge *Göpffarth*, in: Becker/Kingreen (Hrsg.), SGB V, 6. Aufl. 2018, § 271 Rn. 3 ff.

46 § 1 SGB VII.

47 BVerfGE 39, 302 (313 f.)

nur auf Verlangen der Aufsicht vorzulegen, besteht bei Rentenversicherungsträgern Vorlagepflicht, während der Haushaltsplan der Bundesagentur für Arbeit genehmigungsbedürftig ist[48], zeigt sich eine Tendenz zu immer engmaschigeren Vorgaben. So sieht dann etwa auch der Entwurf für ein Fairer-Kassenwettbewerb-Gesetz vom 9.10.2019 in einem neu gefassten § 217d SGB V vor, dass der Haushaltsplan des GKV-Spitzenverbandes nunmehr nicht mehr nur der Beanstandungsmöglichkeit unterliegt, sondern der Genehmigung bedarf und die Genehmigung auch für einzelne Ansätze versagt werden kann, soweit der Haushaltsplan gegen Gesetz oder sonstiges für den GKV-Spitzenverband maßgebendes Recht verstößt oder die Bewertungs- und Bewirtschaftungsmaßstäbe des Bundes nicht beachtetet worden sind.

Trotz vielfältiger spezieller Regelungen kommt den Grundsätzen der Wirtschaftlichkeit und Sparsamkeit nach wie vor eine für die Auslegung maßgebende Bedeutung zu und sind sie zentraler Maßstab. Als unbestimmte Rechtsbegriffe eröffnen sie ebenso wie etwa die Maßgabe der Angemessenheit von Vorstandsvergütungen allerdings zugleich Auslegungs- und Gestaltungsspielräume, gerade in finanzieller Hinsicht. Hier stellt sich dann vor allem die Frage nach der Reichweite der Aufsicht und der gerichtlichen Kontrolle von Aufsichtsentscheidungen.

c. Die Höhe der Vorstandsvergütungen als Beispiel

Die Problematik der aufsichtsrechtlichen Befugnisse und der gerichtlichen Kontrolle veranschaulicht die das Bundessozialgericht im Jahre 2018 beschäftigende Frage der Angemessenheit der Vorstandsvergütung[49]. Im Hinblick auf die damalige Fassung des § 35a Abs. 6a S. 2 SGB IV, nach der die Vergütung in einem angemessen Verhältnis zum Aufgabenbereich, zur Größe und zur Bedeutung der Körperschaft zu stehen hatte, wurde zur Konkretisierung der gesetzlichen Kriterien für die Ermittlung und Bestimmung der angemessenen Vergütungshöhe mit Aufgabenbereich, Größe und Bedeutung der Körperschaft und im Hinblick auf den allgemein geltenden Grundsatz der Wirtschaftlichkeit und

48 Vgl. §§ 70, 71a SGB IV.

49 BSG, SGb 2019, S. 104 ff. Vgl. dazu etwa: *Düring*, Krankenversicherungsaufsicht aus Sicht der Rechtsprechung, VSSAR 2019, S. 187 (192 ff.); *M. Krasney*, Aufsicht und Selbstverwaltung in der Gesetzlichen Krankenversicherung, VSSAR 2019, S. 173 (182 ff.); *Thüsing/Jänsch*, Wege zur angemessenen Vorstandsvergütung, SGb 2019, S. 326 ff., 386 ff.

Sparsamkeit im Haushaltswesen[50] von den Aufsichtsbehörden im Jahre 2013 ein Arbeitspapier entwickelt. Der Weg über eine allgemeine Konkretisierung des Aufsichtsmaßstabes für die Vergütungshöhe wurde vom Bundessozialgericht im Jahre 2018 weiter beschritten und gefordert, die Ermessenskriterien in allgemeinen Verwaltungsvorschriften festzulegen[51].

Zwar mag die allgemeine Festlegung von Kriterien durchaus Rechtssicherheit schaffen und Gleichbehandlung gewährleisten, doch werden durch mehr und nähere Kriterien und etwa die Festlegung von Trendlinien, die einen Anhaltspunkt für die marktübliche Gesamtvergütung darstellen, die Gestaltungsspielräume der Selbstverwaltung eingeschränkt. So sieht die aufgrund der Entscheidung des Bundessozialgerichts und der Neufassung des § 35a Abs. 6a SGB IV durch das Terminservice- und Versorgungsgesetz (TSVG) vom 6.5.2019[52] erlassene „Allgemeine Verwaltungsvorschrift der Aufsichtsbehörden des Bundes und der Länder über die Sozialversicherungsträger für Vorstands- und Geschäftsführerverträge im Bereich der gesetzlichen Krankenversicherung gem. § 35a Absätze 6 und 6a SGB IV" mit Stand vom 11.5.2019 in einem Überschreiten der Trendlinien um 10% – in einzelnen Fällen auch erst in einem Überschreiten um 15% – einen Indikator für unwirtschaftliches Verhalten dar, der zur Versagung der Zustimmung führen kann[53]. Selbst wenn eine Begrenzung als notwendig und begrüßenswert angesehen wird, bleibt der Befund, dass die Selbstverwaltung selbst bei Personalentscheidungen, die zum traditionellen Kern der Selbstverwaltung gehören, immer detaillierteren Vorgaben unterworfen wird. Personalautonomie sowie Finanzautonomie werden beschränkt.

Das TSVG vom 6.5.2019 trifft zudem noch weitere, über § 35a Abs. 6a SGB IV hinausgehende Regelungen in § 79 Abs. 6 SGB V für die Vorstandsmitglieder

---

50 § 69 Abs. 2 SGB IV. Vgl. zum Haushaltsgrundsatz der Wirtschaftlichkeit und Sparsamkeit m.w.N. *Schnapp/Kreutz*, Der Haushaltsgrundsatz der Wirtschaftlichkeit und Sparsamkeit bei Personalentscheidungen insbesondere im Sozialversicherungsrecht, VerwArch 108 (2017), S. 383 ff.

51 BSG, SGb 2019, S. 104 ff. (Rn. 15 ff.); dort dann auch zur Auslegung der einzelnen gesetzlichen Kriterien des damaligen § 35a Abs. 6a S. 2 f. SGB IV.

52 Nunmehr lauten § 35a Abs. 6a S. 2, 3 SGB IV: „Die Vergütung der Mitglieder des Vorstandes einschließlich aller Nebenleistungen und Versorgungsregelungen hat in angemessenem Verhältnis zur Bedeutung der Körperschaft zu stehen, die sich nach der Zahl der Versicherten bemisst. Darüber hinaus ist die Größe des Vorstandes zu berücksichtigen".

53 Die Verwaltungsvorschrift ist abrufbar auf der Homepage des Bundesamts für Soziale Sicherung.

der Kassenärztlichen Bundesvereinigungen, in § 91 Abs. 2 S. 14 SGB V für die Unparteiischen Mitglieder des G-BA und für die Vorstandsmitglieder des GKV-Spitzenverbandes in § 217b Abs. 2 S. 8 ff. SGB V[54]. Danach sind Vergütungserhöhungen während der Dauer der Amtszeit der Vorstandsmitglieder bzw. der Unparteiischen unzulässig und es wird im Weiteren in mehreren Sätzen Genaueres zur Vergütung geregelt bis dahin, dass die Aufsichtsbehörde zu Beginn einer neuen Amtszeit eines Unparteiischen eine niedrigere Vergütung anordnen kann[55]. Unabhängig davon, ob es wirklich Aufgabe der Aufsicht anstelle der Vertreterversammlung oder des Verwaltungsrates sein kann, durch Anordnung der Absenkung der Vergütung und damit der Vergütungsfestsetzung „die unterschiedlichen Erfahrungswerte des alten bzw. neuen Vorstands angemessen in der Vergütung abbilden zu können", zeigen die Regelungen, wie sehr die Selbstverwaltung Entscheidungsbefugnisse selbst in der klassischen Selbstverwaltungsdomäne der Personalhoheit, Personalautonomie und Finanzautonomie verliert.

2. Rechts- und Fachaufsicht, Genehmigungsvorbehalte

a. Tendenz zur Fachaufsicht

Zwar geht der Gesetzgeber grundsätzlich von einer Rechtsaufsicht gegenüber Sozialversicherungsträgern aus[56], doch kann diese, unabhängig davon, dass immer detailliertere Regelungen selbst bei reiner Rechtsaufsicht den Gestaltungsspielraum einengen, gerade bei unbestimmten Rechtsbegriffen, schnell in Fachaufsicht umschlagen. Überdies finden sich, insbesondere im Krankenversicherungsrecht, immer mehr Genehmigungsvorbehalte und Beanstandungsrechte[57], die ein Inkrafttreten der Regelung von einer Genehmigung oder Nichtbeanstandung durch die Aufsichtsbehörde abhängig machen. Im Unterschied zu den klassischen repressiven Aufsichtsmitteln wie Verpflichtungsbescheid und Ersatzvornahme werden Genehmigungsvorbehalte und Beanstandungsrechte als präventive Instrumente zum Teil eher als Mitwirkungshandlung im Sinne einer Kondominialverwaltung von Sozialversicherungsträgern und Aufsicht verstanden. Damit verbunden ist dann zumeist zugleich eine über die Rechtsaufsicht hinausgehende Mitentscheidungsbefugnis, obschon an

54 Nach § 282 Abs. 2d S. 6 ff. SGB V sind zudem Begrenzungsregelungen für den Geschäftsführer des Medizinischen Dienstes und seinen Stellvertreter vorgesehen.

55 Vgl. zur Begründung der Regelungen BT-Drucks. 19/6337, S. 99 f.

56 Allgemein § 87 Abs. 1 SGB IV.

57 Siehe dazu *Axer* (Fn. 30), NZS 2017, S. 601 (606 f.).

sich Aufsichtsbehörden im Grundsatz nur Rechtsaufsicht zukommt und auch Genehmigungsvorbehalte oder Beanstandungsrechte sich als Aufsichtsmittel begreifen lassen.

b. Der Grundsatz der maßvollen Ausübung der Rechtsaufsicht

Gerade wenn Aufsicht immer stärker und umfassender wird und Rechtsaufsicht faktisch droht, in die Nähe zur Fachaufsicht zu geraten, kommt umso mehr dem in der bundessozialgerichtlichen Rechtsprechung entwickelten und anerkannten Grundsatz der maßvollen Ausübung der Rechtsaufsicht Bedeutung zu[58]. Dieser erscheint in der Rechtsprechung weniger als ein verfahrensrechtlicher Grundsatz, der etwa ein gestuftes Aufsichtsverfahren gebietet, sondern in erster Linie als ein Auslegungsgrundsatz, der die Aufsicht auf eine Vertretbarkeitskontrolle beschränkt. Bestehen im jeweiligen Rahmen mehrere rechtlich vertretbare Entscheidungsmöglichkeiten, so ist die Aufsicht „maßvoll" in der Weise auszuüben, dass eine innerhalb des Rahmens bleibende getroffene Entscheidung des Beaufsichtigten als nicht rechtswidrig von der Aufsicht zu respektieren ist. Mit der vertretbaren Entscheidung wird das Gesetz und das sonstige Recht im Sinne des § 87 Abs. 1 S. 2 SGB IV beachtet.

Der Grundsatz der maßvollen Ausübung der Rechtsaufsicht gründet bereits einfachrechtlich in der gesetzlichen Entscheidung für Körperschaften und Selbstverwaltung in der Sozialversicherung. Die Aufsicht ist im Hinblick auf die gesetzliche Verselbständigung und das eingeräumte Selbstverwaltungsrecht unter dessen Beachtung maßvoll, damit verhältnismäßig, auszuüben, soweit der Gesetzgeber Gestaltungsspielräume durch unbestimmte Rechtsbegriffe oder Ermessen einräumt. Entscheidet sich der Gesetzgeber für einen Vollzug der Sozialversicherung mittels Körperschaften, denen er Selbstverwaltung zuspricht, ist damit eine Grund- und Strukturentscheidung für die rechtliche Selbständigkeit des jeweiligen Sozialversicherungsträgers und eine eigenverantwortliche Steuerung des Verwaltungshandelns sowie einer nur rechtsaufsichtlichen Kontrolle getroffen. Die jeweilige verselbständigte Verwaltungseinheit tritt der Aufsicht mit eigener Rechtspersönlichkeit als eigenständiges Rechtssubjekt gegenüber, das im Rahmen der Gesetze selbständig Entscheidungen treffen kann und soll. Mit der – schon begrifflichen – Verwurzelung des Grundsatzes der maßvollen Ausübung der Rechtsaufsicht im Verhältnismäßigkeitsprinzip kann dieser zudem eine verfassungsrechtliche Fundierung erfahren.

58 Dazu ausführlich *Axer* (Fn. 30), NZS 2017, S. 601 (604 ff.).

3. Kontrolle durch Externe

Ein weiterer Punkt, der gerade auch im Hinblick auf die Parafiskalität von Bedeutung ist, betrifft die Ausweitung externer Kontrolle[59]. Dies illustriert gerade die Neufassung des § 274 Abs. 1 SGB V durch das TSVG vom 6.5.2019. Der Regierungsentwurf sah für die nach § 274 Abs. 1 SGB V mindestens alle fünf Jahre erfolgende Prüfung der Geschäfts-, Rechnungs- und Betriebsführung von Krankenkassen, deren Landesverbänden oder dem GKV-Spitzenverband und den Kassenärztlichen Bundesvereinigungen[60] die Anfügung zweier Sätze (S. 7, 8) vor: Danach soll auf Kosten der geprüften Einrichtung das BMG im Rahmen seiner Prüfungen in besonderen Fällen Wirtschaftsprüfer, vereidigte Buchprüfer oder spezialisierte Rechtsanwaltskanzleien mit einzelnen Bereichen der Prüfung beauftragen können. Ein Änderungsantrag der Fraktionen der CDU/CSU und SPD erweiterte die Beauftragung durch Externe auf alle nach § 274 Abs. 1 SGB V mit der Prüfung befassten Stellen und bezog ferner IT-Berater ein, da – so die Begründung – das Prüfthema Informationstechnologie aufgrund seiner Komplexität eine umfassende Qualifikation und Spezialwissen erfordere, so dass es für die Prüfdienste sinnvoll sei, auch zu diesem Thema die Unterstützung von externen Spezialisten in Anspruch nehmen zu können[61]. Die – so die Entwurfsbegründung – „privaten Prüfeinrichtungen" sollen im Auftrag der jeweiligen prüfenden Stelle tätig sein und die Letztverantwortung dieser Stelle dadurch nicht berührt werden[62].

Die auch ansonsten mögliche Einbeziehung externen privaten Sachverstandes zur Kontrolle[63] wirft rechtliche Fragen auf, wenn die Überprüfung in größerem Maße durch diese – und dann letztlich noch auf Kosten der Beitragszahler – erfolgt und ausgelagert wird. Aufsicht, die sich wesensnotwendig auf Prüfung und Überprüfung bezieht, ist Staatsaufsicht und hat grundsätzlich durch die dazu vorgesehenen staatlichen Behörden und deren Personal zu erfolgen. Selbst wenn das Prüfwesen nach § 274 SGB V eigenständig zu sehen und von

---

59 Die Ausführungen beruhen auf *Axer*, Die Aufsicht über die Selbstverwaltung im Wandel, VSSAR 2019, S. 129 (135 f.).

60 Zu den zu prüfenden Organisationen vgl. § 274 Abs. 1 SGB V.

61 Änderungsantrag 15 der Fraktionen der CDU/CSU zum Entwurf eines Gesetzes für schnellere Termine und bessere Versorgung (Terminservice- und Versorgungsgesetz – TSVG, Ausschuss-Drucks. 19(14) 51.5, S. 39).

62 BT-Drucks. 19/6337, S. 135 f.

63 Vgl. etwa § 77 Abs. 1a S. 5 SGB IV, § 217d Abs. 2 S. 3 SGB V, § 217h SGB V, § 217i SGB V. Nach Maßgabe des § 274 Abs. 4 SGB V ist ebenfalls eine Prüfung durch den Bundesrechnungshof möglich.

der Aufsichtsprüfung zu trennen sein sollte[64], besteht schon von der grundsätzlichen behördlichen Prüfzuständigkeit und der Bedeutung der Prüfung her als Instrument zur Kontrolle der Gesetzmäßigkeit und Wirtschaftlichkeit ein enger Zusammenhang und eine Verbindung zur Aufsicht[65], damit zur staatlichen Kontrolle, die selbst bei Übertragbarkeit der Prüfung auf eine öffentlich-rechtliche Prüfeinrichtung[66] hoheitlich bleibt. Die Heranziehung privater Dritter zur Prüfung kann sich vor diesem Hintergrund nur auf wenige Ausnahmesituationen und dann nur auf genau definierte Bereiche beziehen bei weiterhin bestehendem Weisungsrecht und auszuübender Weisungspflicht der staatlichen Behörden gegenüber dem „Verwaltungshelfer". Insbesondere muss aber die Aufsicht weiterhin personell und sachlich auch im Interesse der Verantwortungsklarheit in der Lage sein, die Prüfung grundsätzlich selbst durchzuführen und, gerade bei Einbeziehung privater Dritter, deren Ergebnisse eigenständig nachvollziehen und bewerten können. Staatsaufsicht, die sich notwendigerweise auch auf eine Prüfung erstreckt und die ebenso durch die Prüfung nach § 274 SGB V erfolgt, kann, von Ausnahmefällen abgesehen, nicht über private Dritte erfolgen.

4. Eingrenzungen und Einhegungen der Parafiskalität

Mehr Kontrollen auch durch Externe, detailliertere gesetzliche Vorgaben und eine Aufsicht, die zwar dem Grunde nach auf Rechtsaufsicht beschränkt ist, aber in die Nähe der Fachaufsicht zu geraten droht, bedeuten Einschränkungen der Finanzautonomie der Sozialversicherungsträger. Finanzautonomie im Sinne des klassischen Bildes und Verständnisses von Selbstverwaltung besteht zwar dem Grunde nach, in Inhalt und Umfang allerdings nur eingeschränkt. Die Entwicklung scheint weiterhin auch eher in Richtung weiterer und stärkerer Reglementierung zu gehen. Soziale Selbstverwaltung steht unter vermehrtem Rechtfertigungszwang und im Gegenwind.

III. Fazit

Parafiskalität in der Sozialversicherung ist verfassungsrechtlich geboten und schützt gerade den Sozialversicherungsbeitrag als Abgabe für die

---

64 *Baier*, in: Krauskopf, Soziale Krankenversicherung, Pflegeversicherung, Kommentar, Loseblatt, Stand: 2019, § 274 SGB V Rn. 3.

65 *Wenner*, in: Eichenhofer/v. Koppenfels-Spies/Wenner (Hrsg.), SGB V, 3. Aufl. 2018, § 274 Rn. 1 sieht die Prüfung im weiteren Sinne als Bestandteil der staatlichen Aufsicht über Selbstverwaltungsträger an.

66 § 274 Abs. 1 S. 3 SGB V.

Sozialversicherung. Schon damit hat Parafiskalität in der Sozialversicherung eine hohe Bedeutung und einen Mehrwert. Allerdings sind mit der Parafiskalität nur beschränkt und begrenzt autonome Entscheidungsmöglichkeiten für die jeweiligen Sozialversicherungsträger verbunden. Ein immer enger werdendes Regelungskorsett und stärkere Eingriffsmöglichkeiten der Aufsicht betreffen sowohl die Aufgabenfinanzierung, damit die Einnahmenseite, als auch die Verwaltung der Haushaltsmittel und deren Verwendung, damit die Ausgabenseite. Größere Gestaltungsspielräume, auch im Sinne eines Ideenwettbewerbs zur Steigerung von Effizienz und Effektivität, könnten insoweit einen noch höheren Mehrwert der Parafiskalität kreieren.

Wolfgang Schroeder

Strukturwandel und Mehrwert der sozialen Selbstverwaltung im deutschen Sozialstaat am Beispiel der gesetzlichen Krankenkassen

I. Einleitung

„Ersatzkassen warnen vor der Abschaffung der sozialen Selbstverwaltung“ (Aertzeblatt.de 2019). Was war passiert? Verschiedene Organisationen, die sich für und in der Selbstverwaltung engagieren, wie z. B. der Gesamtvorstand des Verbandes der Ersatzkassen (vdek), haben im Frühjahr 2019 gegen den Entwurf eines „Gesetzes für eine faire Kassenwahl in der gesetzlichen Krankenversicherung“ (GKV-FKG) protestiert. Verhindern wollte man mit diesem Protest, dass ehrenamtliche Selbstverwalterinnen und Selbstverwalter durch hauptamtliche Kassenvorstände im obersten Entscheidungsgremium des GKV-Spitzenverbandes (GKV-SV) ersetzt werden sollten. So sah der vdek im Vorgehen des Gesundheitsministeriums die „Abschaffung der sozialen Selbstverwaltung auf Bundesebene“. Der vdek begründete seine harsche Kritik am Gesundheitsministerium nicht nur demokratiepolitisch, also mit Bezug auf die Legitimation der Selbstverwaltung durch freie Wahlen, sondern auch mit Bezug auf die Qualität und Performanz des Gesundheitssystems: „Die gewählten ehrenamtlichen Vertreterinnen und Vertreter haben bei ihrer Entscheidungsfindung insbesondere die systemischen Auswirkungen für die Versicherten und Beitragszahler im Blick. Sie sind unabhängig von den politischen Weisungsstrukturen und tragen damit im besonderen Maße dazu bei, die notwendige ordnungspolitische, systemtragende und qualitätsorientierte Perspektive in der Gesundheitsversorgung zu sichern“ (vdek 2019). Tatsächlich zog das Gesundheitsministerium im weiteren Verlauf der Verhandlungen dieses Vorhaben wieder zurück.

Der deutsche Sozialstaat hat sich allen Unkenrufen zum Trotz mit seinen Strukturprinzipien, die eng mit der arbeiterlichen, industriellen Gesellschaft verbunden sind, auch unter veränderten ökonomischen und gesellschaftlichen Bedingungen behaupten können. Dass er sich trotz aller Umbrüche behaupten konnte, hängt auch damit zusammen, dass er hinreichend belastbare innere Reformprozesse realisierte, ohne seine grundlegenden Strukturen, Akteure und Ziele zur Disposition zu stellen. Dazu zählt auch der Selbstverwaltungskorporatismus, der als ein wichtiges identitätsstiftendes Element des beteiligungsorientierten deutschen Sozialstaates betrachtet werden kann. Es handelt sich dabei keinesfalls um eine randständige Entwicklung, sondern um Prozesse, die dazu beitragen, dass sich das „Modell Deutschland" (Schroeder 2000) insgesamt transformiert: Einerseits ist die Institution der Selbstverwaltung bei den großen kollektiven Versicherungssystemen ein historisches Resultat obrigkeitsstaatlicher Integrationspolitik, um zu einer friedlichen Regulierung des Großkonfliktes zwischen Arbeit und Kapital beizutragen. Andererseits drückt sich darin die mitbestimmungs-, also beteiligungs- und betroffenenorientierte Dimension des deutschen Modells aus. Letzteres wurde bislang als Garant für sozialen Ausgleich und Interessenpartizipation verstanden, was zugleich ein besonderes Merkmal des so genannten rheinischen Kapitalismus ist. In diesem Sinne deutet auch Matthias von Wulffen, der von 1995-2007 als Präsident des Bundessozialgerichtes wirkte, die Funktion der Selbstverwaltung in der gesetzlichen Krankenversicherung: „In der sozialen Selbstverwaltung dokumentiert sich handgreiflich das den sozialen Sicherungssystemen in Deutschland zu Grunde liegende Prinzip des solidarischen Ausgleichs. Soziale Selbstverwaltung ist gleichsam gelebte Sozialpartnerschaft. Die durch sie ermöglichte Partizipation der Betroffenen dient der Legitimation ihrer zwangsweisen Einbeziehung in ein System des solidarischen Ausgleichs und führt zu einer verstärkten Form ihrer Integration und Identifikation" (Wulffen 2005).

Im Gegensatz zu dieser hohen Wertschätzung stehen in regelmäßigen Abständen vorgenommene politische Angriffe auf die Existenz der Selbstverwaltung in den Sozialversicherungen. Als Teil des überkommenen und starren, industriekapitalistischen Arrangements wird ihr vorgeworfen, dass sie nicht in der Lage sei, angemessene Antworten auf die veränderten ökonomischen und sozialen Verhältnisse zu geben. Insbesondere im Vorfeld von Sozialwahlen wird in der Öffentlichkeit die Kritik am Institut der Selbstverwaltung besonders heftig formuliert (Rzesnik 2001). Dabei wird behauptet, dass die Selbstverwaltung ineffizient, undemokratisch, teuer und somit letztlich klientelistisch sei, primär an sich selbst interessiert. Denn es gehe in Wirklichkeit um Posten, Einfluss und Gehälter. So wird die bei etwa 30 Prozent liegende Wahlbeteiligung als Beleg dafür gewertet, dass auch die Mehrheit der Versicherten kein Interesse an der Selbstverwaltung habe.

Im Folgenden soll diese Kritik an der Selbstverwaltung am Beispiel der gesetzlichen Krankenversicherung betrachtet werden. Diese steht hier im Zentrum, da in diesem Sozialversicherungszweig das partizipatorische Element quantitativ und qualitativ die größte Bedeutung und Wirkung besitzt. Von den 3.423 Mandatsträgern in den Selbstverwaltungen sind 1844 im Gesundheitssektor engagiert (BfS 2018: 21). Zugleich ist in diesem Versicherungszweig der solidarische Ausgleich am stärksten ausgebildet und damit die Entfernung zur äquivalenten Risikoabsicherung am größten (Rosenbrock/Gerlinger 2004). Das deutsche Gesundheitssystem kennt seit jeher einen Steuerungsmix, der aus staatlicher Regulierung, korporatistischer Steuerung durch Verbände und Selbstverwaltungen sowie wettbewerbliche Lenkung durch den Markt besteht (Gerlinger 2002). Entscheidend ist also die Frage: Wie verändert sich dieses spezifische Mischungsverhältnis – vor allem durch die größere Bedeutung von Staat und Markt – im Hinblick auf die Selbstverwaltungen im Gesundheitswesen? Dieser Frage nähere ich mich über drei Perspektiven: 1. Die Selbstverwaltung ist in der Geschichte der Bundesrepublik in gewissen Abständen Gegenstand öffentlicher Debatten gewesen. Was waren die Schwerpunkte in diesen Debatten, welche Akzentveränderungen lassen sich rekonstruieren? 2. Welche strukturellen Veränderungen lassen sich bei der Selbstverwaltung feststellen? 3. Welche Rolle wird die Selbstverwaltung in Zukunft spielen, und inwieweit spiegelt sich in ihren Veränderungen der gesellschaftliche Wandel wider?

In diesem Beitrag wird die These vertreten, dass die Sozialversicherungen sowie die Selbstverwaltung gesellschaftliche Konfliktprozesse und Legitimationsmuster abbilden. Deutlichster Ausdruck dieser Arbeitshypothese ist, dass im Laufe der Zeit immer mehr soziale Gruppen in die Versicherungen eingebunden wurden: Damit hat sich die strukturelle Zusammensetzung der Selbstverwaltung weit über den Kreis der Beitragszahlerinnen hinaus entwickelt. Aus den ehemaligen Arbeiterversicherungen sind Versicherungen für fast alle geworden. Mit dieser Ausweitung ist auch das Prinzip der Selbstverwaltung – als primär auf der Arbeit-Kapital-Logik basierend – unter Druck geraten. Mit der gruppenbezogenen Erweiterung des Bezugsrahmens von Sozialversicherung und Selbstverwaltung gehen Konflikte zwischen den Gruppen und Akteuren einher, die gleichsam zu den Metamorphosen der Selbstverwaltung beitrugen. Dabei folgt dieser in sieben Kapitel gegliederte Aufsatz folgender Argumentation: Zunächst skizziere ich, dass sich in der Selbstverwaltung der deutschen Sozialversicherungen, die in den einzelnen Zweigen durchaus unterschiedlich funktioniert, ein spezifisches Moment der deutschen Kapitalismus-Konfiguration niederschlägt, die als „Modell Deutschland" oder als „Mittlerer Weg", als „Soziale Marktwirtschaft" bezeichnet wird. Anschließend thematisiere ich die Ursprünge und Strukturen der sozialen Selbstverwaltung, um den institutionellen Entwicklungsbogen aufzuzeigen: Aus einer funktionalen Perspektive verlagert sich der legitimatorische Mehrwert, der durch die Selbstverwaltung wahrgenommen wird, von einer Institutionalisierung im Sinne der Befriedung des Klassenkonfliktes hin zu einer gesamtgesellschaftlichen Integrationsinstitution.

II. Entstehung und Wandel der Selbstverwaltung seit dem Kaiserreich

Am Anfang steht die Linderung von Not im entstehenden Kapitalismus. In die Geschichtsbücher ist dies als die Soziale Frage eingegangen, wobei die Selbstverwaltung einen eigenen institutionellen Beitrag zur Befriedung des mit der Sozialen Frage verbundenen Klassenkonfliktes zwischen Arbeit und Kapital schaffen sollte. Schon im 19. Jahrhundert gab es in Deutschland unterschiedliche Formen der Beteiligung von Versicherten und Arbeitgebern in den sozialen Sicherungssystemen, insbesondere im Bergbau. Die Verwaltung der Knappschaftsvereine in Preußen, der ersten öffentlich-rechtlichen Arbeiterversicherung, erfolgte durch einen Knappschaftsvorstand, der je zur Hälfte von Arbeitgebern und Knappschaftsältesten gewählt wurde. Die als Gründungsakt der deutschen Sozialversicherung anzusehende „Kaiserliche Botschaft“ vom 17.11.1881 spricht von der Lösung der sozialen Aufgaben „in der Form kooperativer Genossenschaften unter staatlichem Schutz und staatlicher Förderung“, die „die Lösung auch von Aufgaben möglich machen, denen die Staatsgewalt allein in gleichem Umfang nicht gewachsen sein würde“ (Hansen et al. 1981: 61). Damit war das auch derzeit noch gültige Wesensprinzip der sozialen Selbstverwaltung im Grundsatz fixiert. In ihrem Gefolge entstanden die deutschen Sozialversicherungen in ihren heute noch bestehenden Grundzügen als Kranken-, Unfall- und Rentenversicherung. Die Zusammensetzung der Selbstverwaltungsorgane in diesen Versicherungen ist jedoch bis auf den heutigen Tag unterschiedlich.

Mit der Reichsversicherungsordnung (RVO) von 1911 wurden die Versicherungsträger rechtsfähig in Form von Körperschaften oder Anstalten des öffentlichen Rechts. Allen Trägern gemeinsam war der Vorstand, der sie nach außen vertrat und nach innen verwaltete. Daneben gab es ein Selbstverwaltungsorgan, das neben weiteren Aufgaben vor allem autonome Rechtssetzung praktizieren konnte.

Nach dem Ende des Zweiten Weltkrieges wurden auch in der Sozialversicherung die im „Dritten Reich“ beseitigten demokratischen Verhältnisse allmählich wiederhergestellt. 1951 trat in der Bundesrepublik das „Selbstverwaltungsgesetz“ in Kraft. Die ersten Sozialwahlen nach dem Krieg fanden 1953 statt. In den siebziger Jahren erfolgten dann weitere Änderungen, die mit dem Inkrafttreten des Vierten Buch des Sozialgesetzbuches (SGB IV) – Gemeinsame Vorschriften für die Sozialversicherung – am 1.7.1977 ihren vorläufigen Abschluss fanden. Im SGB IV sind alle Regelungen für die Selbstverwaltung der gesetzlichen Kranken-, Unfall- und Rentenversicherung einschließlich der Altershilfe für Landwirte zusammengefasst. Die Arbeitslosenversicherung und ihre selbstverwaltete

Trägerin, die Bundesagentur für Arbeit, ist hingegen im Dritten Buch des SGB geregelt (siehe hierzu insbesondere Welti 2015).

Die Selbstverwaltung ist die eigenverantwortliche Verwaltung bestimmter öffentlicher Angelegenheiten durch selbständige öffentlich-rechtliche Organisationseinheiten mit Beteiligung der Betroffenen unter Rechtsaufsicht des Staates (vgl. Schroeder 2006: 259 ff.). Die Selbstverwaltung der „Betroffenen" lässt sich durch drei Merkmale charakterisieren: Sie ist eine (1) öffentlich-rechtliche Körperschaft, gekennzeichnet durch (2) Staatsdistanz sowie (3) Partizipationsorientierung. Den eigentlichen Kern der Selbstverwaltung macht dabei die unmittelbare Beteiligung der Betroffenen durch gewählte Selbstverwaltungsorgane aus. In der Bundesrepublik Deutschland sind gegenwärtig insgesamt ca. 3.400 Menschen ehrenamtlich in den Organen der Selbstverwaltung der Sozialversicherungen tätig (BfS 2018: 18). Bei jedem Versicherungsträger werden in der Regel eine ehrenamtliche Vertreterversammlung – bei den Orts-, Betriebs- und Innungskrankenkassen sowie den Ersatzkassen als Verwaltungsrat: ein Verwaltungsrat – und ein hauptamtlicher Vorstand gebildet. Versicherten- und Arbeitgebervertreter sind in den Primärkassen paritätisch[1] vertreten, in den Ersatzkassen bestreiten die Versichertenvertreter das Feld meist alleine. Die Spielräume der Selbstverwaltung wurden in den letzten Jahren kontinuierlich durch gesetzliche Vorgaben im Leistungsbereich der Sozialversicherungen eingeschränkt. Zugleich wurden sie stärker gefordert, weiter Gruppen jenseits der organisierten Vertreter der Arbeitgeber und Gewerkschaften einzubinden, vor allem die Patienten. Zudem spielt auch die wettbewerbliche Seite der Gesundheitssicherung in den Gremien der Selbstverwaltung eine größere Rolle.

Ihren wichtigsten Einfluss übt die soziale Selbstverwaltung heute vor allem im Innenverhältnis aus, also bei den grundlegenden Personalentscheidungen und der Legitimation der Einnahmen- und Ausgabenpolitik. Bei den Krankenkassen bezieht sich dies gegenwärtig vor allem auf Fragen der Beitragsgestaltung, neuer zusätzlicher Produkte, Bonus- und Anreizregelungen, um besonders leistungsstarke Gruppen als Mitglieder zu binden, sowie auf Kooperationen und Fusionen zwischen den Kassen.

Dieses System der Selbstorganisation in den sozialen Kassen hat nicht nur eine Funktion für die daran indirekt beteiligten Verbände und deren Mikropolitik, es ist auch ein Abbild der politisch-ökonomischen Konfiguration eines nationalstaatlich eingehegten Kapitalismus. In der vergleichenden Kapitalismusforschung

1 Eine Ausnahme ist z.B. die „Hanseatische Ersatzkasse", in der nur Versichertenvertreter den Verwaltungsrat bilden (vgl. Bundesbeauftragte 2018: 82).

besteht Konsens darüber, dass es eigenständige institutionelle Konfigurationen gibt, die im Kontext der Globalisierung und Europäisierung einen maßgeblichen Einfluss auf die ökonomische und soziale Performanz eines einzelnen Landes ausüben, so dass ein einfacher Konvergenzprozess keinesfalls unterstellt werden kann. Zu den Faktoren, die einen besonderen Hang zur Divergenz besitzen, zählen die landesspezifischen Systeme der sozialen Sicherung, die auch das institutionalisierte Ergebnis von Interessenskonflikten sind.

III. Aufgaben, Funktionen und Legitimation der Selbstverwaltung durch Sozialwahlen

Die Träger der Sozialversicherungen sind in Form öffentlich-rechtlicher Körperschaften organisiert und erfüllen öffentliche Aufgaben unter Aufsicht des Staates. Der klassische Kern der Selbstverwaltung ist die Beteiligung von Versicherten- und Arbeitgebervertretern in den Organen der Selbstverwaltung. Meist sind es Akteure der überbetrieblichen Tarifparteien, teilweise aber auch aus der betrieblichen Ebene, die diese Aufgabe wahrnehmen. Legitimiert sehen sich die überbetrieblichen Tarifpartner, weil sie die erwerbsarbeitsbezogene Basis der Sozialversicherungen organisieren und regulieren. Durch die basisbezogene Arbeit der Selbstverwaltung sollen sachgerechte, lebensnahe und solidarische Lösungen realisiert werden, die den Zielen, Ansprüchen und Finanzlagen der Kassen entsprechen. Selbstverwaltung meint die Befugnis der dort handelnden Akteure, die innere Ordnung der Versichertengemeinschaft und die Rechte und Pflichten ihrer Mitglieder im Rahmen der Gesetze in eigener Verantwortung zu regeln. Dadurch kann die jeweilige Sozialversicherung auf veränderte Bedürfnisse und Rahmenbedingungen schnell und flexibel unter Mitwirkung aller Beteiligten reagieren. Sie kann aber auch vorausschauend tätig werden, so etwa auf den Feldern der Gesundheitsvorsorge, der Unfallverhütung und der Rehabilitation.

Die wichtigsten Aufgaben der Selbstverwaltung am Beispiel der GKV liegen erstens in der Beteiligung an der Auswahl des Personals und der Kontrolle der Vorstände (Wahl- und Kontrollfunktion); zweitens in der eigenverantwortlichen Rechtssetzung im Sinne der jeweils zeitgemäßen Satzungsgebung (Rechtssetzungsfunktion). Da die Satzung sozusagen die Verfassung des Versicherungsträgers ist, regelt sie dessen rechtlichen und organisatorischen Aufbau. Eine Satzung ist für alle Zweige der Sozialversicherung gesetzlich vorgeschrieben. Drittens ist die Selbstverwaltung an der Aufstellung der Haushalte und der Kontrolle der Finanzen beteiligt (Budgetfunktion einschließlich Haushaltsbestimmung und -kontrolle). Das früher gegebene Recht, sich an der Beitragsgestaltung zu beteiligen, ist angesichts des Gesundheitsfonds und der Bindung der kassenindividuellen Zusatzbeiträge an den Stand der Rücklagen zu einer nachgelagerten Kompetenz von vorgegebenen Entscheidungen geronnen, die an anderer Stelle getroffen worden sind. Viertens ist nicht zu vergessen, dass die Selbstverwaltungen das Recht haben, die Bedingungen und Notwendigkeiten der Reform des Gesundheitswesens zu kommunizieren und somit eigene Vorschläge zu dessen Weiterentwicklung zu formulieren, ohne dabei die Grenzen der Loyalität zur jeweiligen Institution zu verletzen. Bei dieser Kommunikationsfunktion besteht eine doppelte Loyalität der Akteure, einerseits zu den Herkunftsorganisationen (wie Arbeitgeberverband oder Gewerkschaft) und andererseits zu den Krankenkassen, die sie selbstverwalten.

IV. Sozialversicherungswahlen

Die Mitglieder der Selbstverwaltungsorgane werden alle sechs Jahre durch freie und geheime Sozialversicherungswahlen ermittelt. Von Vorschlagslisten wählen Versicherte und Arbeitgeber die Vertreter ihrer Gruppe jeweils getrennt. Bei der landwirtschaftlichen Unfallversicherung kommt noch die Gruppe der Selbständigen ohne fremde Arbeitskräfte hinzu (vgl. Schroeder 2006: 259).

Wahlberechtigt ist heute jeder, der am Stichtag das sechzehnte Lebensjahr vollendet hat. Wählbar ist, wer darüber hinaus volljährig ist, das Wahlrecht zum Deutschen Bundestag besitzt und im Bezirk des Versicherungsträgers oder nicht mehr als 100 km davon entfernt seine Wohnung hat, sich gewöhnlich dort aufhält oder beschäftigt ist. Daneben sind auch so genannte Beauftragte wählbar, sofern sie von einer der Gruppen vorgeschlagen werden. Ihre Zahl darf ein Drittel der Gruppenmitglieder eines Organs nicht überschreiten. Nicht wählbar sind unter anderem Beschäftigte des Versicherungsträgers. Gewählt wird seit 1974 ausschließlich in Form der Briefwahl.

Die Zahl der Wahlberechtigten stieg seit 1953 kontinuierlich an. Von zunächst ca. 5 Millionen erweiterte sich der Kreis der Wahlberechtigten auf heute 50 Millionen (siehe Tabelle 1). Die hohe Zahl der heute Wahlberechtigten geht in starkem Maße auf einige wenige Träger zurück, insbesondere auf die Rentenversicherung Bund, die 2017 alleine 28,7 Millionen Menschen als Wahlberechtigte zählte. Auch dadurch, dass man das Mindestalter für das aktive Wahlrecht von 21 Jahren auf 16 Jahre absenkte, konnte die Zahl der Wahlberechtigten erhöht werden.

1953 lag die Wahlbeteiligung bei 42,4 %. Bis 1968 sank dieses Niveau bis auf das historische Tief von 20,5 %. Von den 1970er bis in die 1990er Jahre stieg die Wahlbeteiligung bis auf fast 44 %, um bis 2005 wieder auf ca. 31 % abzusinken.

Tabelle 1: Sozialwahlen 1953 bis 2017 – Wahlberechtigte, Wähler, Wahlbeteiligung

Wahljahr	Wahlberechtigte (Mio.)	Wähler (Mio.)	Wahlbeteiligung (%)
1953	5,2	2,2	42,4
1958	10,3	2,8	27,5
1962	16,7	4,4	26,2
1968	28,9	5,9	20,5
1974	23,0	10,1	43,7
1980	32,8	14,4	43,8
1986	35,3	15,5	43,9
1993	45,6	19,8	43,4
1999	46,9	18,0	38,4
2005	44,2	14,3	30,8
2011	49,7	15,0	30,2
2017	50,9	15,5	30,4

Quelle: http://www.sozialwahl.de/statistik.php und eigene Berechnungen(gerundet).

Die Verdopplung der Wahlbeteiligung von 1968 (20,5 %) auf 1974 (43,7 %) ist auf das Einführen der Briefwahl 1974 zurückzuführen; seither werden den Wahlberechtigten automatisch die Unterlagen zugesendet.

Da die Anzahl der Wahlberechtigten stetig wuchs, stieg selbst in Zeiten, in denen die prozentuale Wahlbeteiligung sank, die Zahl der abgegebenen Stimmen an. Dies änderte sich erstmals 1999, als die Anzahl der Wahlberechtigten gegenüber 1993 relativ stabil blieb, aber die Wahlbeteiligung prozentual sank. Das starke Absinken der prozentualen Wahlbeteiligung bedeutete, dass sich gegenüber 1999 im Jahre 2005 ca. 3,7 Millionen weniger Bürger und Bürgerinnen an der Wahl beteiligten. Dies entspricht einem Rückgang von einem Fünftel der Wahlstimmen gegenüber 1999. Insgesamt gingen damit 2005 von ca. 44,2 Millionen Wahlberechtigten etwa 30 Millionen nicht zur Wahl.

Mit der Sozialwahl können die Sozialversicherungen für ihren spezifischen Zwittercharakter zwischen Markt und Staat werben und diesen gesellschaftlich zu legitimieren versuchen. Dies findet jedoch in den meisten Fällen nicht statt: Von den 113 Kassen im Gesundheitswesen, die 2017 existierten, fand in sieben Krankenkassen (5 Ersatzkassen und 2 Betriebskrankenkassen) eine sogenannte Urwahl statt (BfS 2018). Von den 21.3 Millionen Wahlberechtigten gingen 6.5

Millionen zur Wahl was einer Beteiligungsquote von 30.5% entspricht. Indem von den 113 Trägern nur bei 7 Kassen im Gesundheitswesen keine Ur-, sondern eine Friedenswahl stattfindet, wird der Eindruck erweckt, dass die dahinter stehenden Organisationen den freien Wettbewerb scheuen. Eine andere Interpretation konzentriert sich auf die Arbeit der Sozialversicherungen, die weniger über demokratische Input-Legitimation funktioniere, sondern eher durch eine marktorientierte Output-Legitimation. Letztere ist primär darauf konzentriert, dass der Beitragssatz nicht oder nur im Gleichklang mit den anderen Kassen wächst und die Leistungen im Angesichte des medizinisch-technologischen Fortschritts als angemessen erachtet werden. Die Besonderheiten der Sozialwahlen zeigen zugleich die Schwierigkeiten einer öffentlichen Debatte über die komplexe innere Verfasstheit von Sozialversicherung und Selbstverwaltung:

Es kandidieren Vereine und Interessensgemeinschaften, die sich ausdrücklich als „gewerkschaftsunabhängig" bezeichnen. Sie wurden häufig sogar eigens gegründet, um den gewerkschaftlichen Einfluss in der Selbstverwaltung zu schmälern. Darunter treten die meisten mit dem Namen der Versicherungen auf, deren pure Namensgebung schon vertrauenserweckend zu sein scheint, deren Hintergrund aber oft nicht durchschaubar ist. Diesen Listen gelingt es regelmäßig, die Mehrheit der Stimmen auf sich zu ziehen.

- Daneben gibt es eine weitere Gruppe von vergleichsweise intransparenten Vereinen und Interessensgemeinschaften, die in den 1970er Jahren aus einzelnen Gewerkschaften als Reaktion auf die erstgenannte Gruppe gegründet wurden. Ursprünglich wollte man so die Einflussnahme der Gewerkschaften sichern. Aber auch für diese Gruppen gilt: Programme, Personen, Aktivitäten und Arbeitsergebnisse dieser Listen sind vielfach weder den Wählern noch den so genannten Experten wirklich präsent.
- Den Gewerkschaften, die durch ihre transparente Rolle in der Arbeits- und Sozialpolitik am deutlichsten identifizierbar sind, wird in diesem Feld weniger Vertrauen als erwartbar entgegengebracht. Eine Ausnahme bildet Verdi, die sich in diesem Feld in der Vergangenheit meist besser geschlagen hat als die anderen Gewerkschaften.
- Die Interessen der seit den 1970er Jahren verstärkt auftretenden Patientengruppen werden bisher unzureichend in die Arbeit der Selbstverwaltung eingebunden (Schroeder/Hänlein 2010).

V. Debatten um die Reform der Selbstverwaltung im Wandel der Zeit

Die Selbstverwaltung sah sich zu unterschiedlichen Zeiten divergierenden Ansprüchen und Reformbedarfen ausgesetzt, die einerseits auf die gesellschaftlichen Debatten um den Sozialstaat verweisen, andererseits auf die Konflikte in und zwischen den Verbänden. Grob skizziert kann man von vier Debattenzyklen sprechen, in denen sich diese veränderten Herausforderungen widerspiegeln:

1. 1950er Jahre – Selbstverwaltung als Ausdruck der wiedergewonnen Sozialpartnerschaft

Die Selbstverwaltung entwickelte sich in den 1950er Jahren zu einem beachteten Instrument der Sozialpartnerschaft, das eine soziale Symmetrie zwischen Arbeit und Kapital symbolisierte. Sie war und blieb jedoch gleichzeitig immer auch ein auszutarierender Balanceakt zwischen den Interessengruppen und wurde somit immer wieder auch Ort und Instrument im regulierten „Klassenkonflikt". Die ersten Sozialwahlen im Jahre 1953 bildeten die Arena für den hoch engagierten Konflikt um die Frage: Einheits- oder Richtungsgewerkschaften? Damals versuchten Anhänger christlicher Richtungsgewerkschaften, die Sozialwahlen zu einem Plebiszit gegen die Einheitsgewerkschaften zu benutzen. Damit entwickelten sich diese Wahlen zum öffentlichen Vorlauf für die Gründung christlicher Gewerkschaften 1955 (Schroeder 1992).

2. 1970er Jahre – Demokratiedefizit

Im Kontext der beginnenden Krisendiskurse des deutschen Sozialstaates seit Mitte der 1970er Jahre konzentrierte sich das öffentliche Interesse an der Selbstverwaltung auf drei zentrale Problembereiche: Erstens wurde kritisiert, dass der zunehmend stärker verrechtlichte deutsche Sozialstaat sich sukzessive auch auf die Arbeit der Sozialversicherungen ausdehnte. Gemeint war damit auch, dass die Kompetenzen der Selbstverwaltungen zunehmend mehr durch den Gesetzgeber festgelegt und reguliert wurden. Zweitens wurde ein partizipatorisches Defizit moniert, d.h. dass die Beziehung zwischen Selbstverwaltungsorganen und Mitgliedern meist nie über ein formales Verhältnis hinausreichte. Drittens wurde eine Schwäche im Bereich der Interessendurchsetzung gegenüber den Leistungserbringern (Ärzten, Apotheken, Krankenhäusern etc.) identifiziert. Als Gründe hierfür nannte man:

- die fehlende Basisanbindung der Selbstverwaltungsorgane;
- die intransparente und teilweise zersplitterte Organzusammensetzung; man argumentierte, die zersplitterte Organisationsstruktur der Sozialversicherung erschwere die Handlungsmöglichkeiten der Selbstverwaltung in ihren wichtigsten sozialpolitischen Aufgaben;
- die paritätische Vertretungsstruktur der Selbstverwaltung; diese wurde vielfach als Grund für ihre politische Selbstblockade angeführt.

Auch traten angesichts der exorbitant ansteigenden Kosten in dieser Zeit zunehmend Fragen nach der Effizienz in den Vordergrund. „Die Kostenentwicklung im Sozial- und Gesundheitswesen, die – auf die letzten fünf Jahre gemünzt – mit der Bezeichnung ‚Explosion' bedacht wurde, hat Fragen in den Mittelpunkt der politischen Diskussion gerückt, die bisher vorwiegend im Windschatten ökonomischer Wachstumsraten ein kaum hinterfragtes Dasein fristeten: Probleme der Effektivität und der Effizienz sozial- und gesundheitspolitischen Tuns" (Standfest 1977: 35). In den 1970er Jahren können ein fortschreitender sozialstaatlicher Interventionismus und eine Verschiebung der Aufgaben der Sozialversicherung festgestellt werden. Daraus resultierten für die Sozialpolitik zwei Aufgaben: Erstens mussten organisatorische Voraussetzungen geschaffen werden, die der veränderten Risikostruktur und dem Aufgabenwandel unter funktionalen Gesichtspunkten gerecht werden konnten. Und zweitens war nach partizipatorischen Potenzialen und Möglichkeiten zu suchen, die das demokratische Defizit des immer stärker umverteilenden, planenden und lenkenden Sozialstaats ausfüllen konnten. „Die Selbstverwaltung in der Sozialversicherung verfügt theoretisch über das Organisations- und Demokratiepotential, um diese beiden Funktionen ausfüllen zu können" (Standfest 1977: 38).

Resümierend könnte man sagen, dass seit den 1970er Jahren die erhebliche Diskrepanz zwischen den Aufgaben, mit denen die Selbstverwaltung konfrontiert ist, und ihrer geringen Problemlösungsfähigkeit, ins öffentliche Bewusstsein rückte. Da auch die paritätische Besetzung in die Kritik geraten war, wurden zwei Wege für eine Organisationsreform verstärkt diskutiert: Entweder sollte der Gesetzgeber eingreifen, oder die Krise der Organisationsstruktur sollte mit Hilfe von regionalen Arbeitsgemeinschaften der Sozialversicherungsträger mit jeweils zielgerichteter Aufgabenstellung aus eigener Initiative überwunden werden.

3. 1990er Jahre – Zwischen Kostendruck und Effizienzorientierung

Seit den 1990er Jahren sind Fragen nach mehr Effizienz und Wettbewerb mit neuer Schärfe ins Zentrum der Debatten gerückt. Dementsprechend wurden vor dem Hintergrund einer einnahmeorientierten Ausgabenpolitik auch die

Selbstverwaltungen darauf festgelegt, sich stärker denn je auf ein effizienteres Kostenmanagement einzulassen. Besonders pointiert war dabei die Entwicklung im Bereich der gesetzlichen Krankenkassen, wo im Nachgang zum sogenannten „Lahnsteiner Kompromiss" (1992) ein neues Mischungsverhältnis zwischen Staat, Markt und Selbstverwaltung zustande kam. Im Zuge dieses Wandels kamen eine Reihe von Steuerungsinstrumenten zum Einsatz, die für die GKV entweder neu waren oder so ausgebaut wurden, dass sie die Anreizstruktur für die Akteure nachhaltig veränderten (z. B. Einführung der freien Kassenwahl, Einführung von Pauschalen/Individualbudgets). Gemeinsam war diesen Steuerungsinstrumenten, dass sie für die beteiligten Akteure Anreize schaffen sollten, um sich auf der Basis ihrer finanziellen Interessen am Ziel der Ausgaben- und Mengenbegrenzung zu orientieren. Dies bedeutete eine weitere Abkehr vom Prinzip der solidarischen Input-Orientierung des deutschen Selbstversicherungsmodells hin zu einem eher output- und marktorientierten Modell, womit die Kassen den Unternehmen ähnlicher wurden.

Ein weiterer wichtiger Debattenstrang, der schließlich auch gesetzlich geregelt wurde, betraf die „Professionalisierung der Selbstverwaltung" der Krankenkassen: Mit dem 1993 verabschiedeten Gesundheitsstrukturgesetz wurden neue Maßstäbe erlassen. 1996 hat der Verwaltungsrat bei den Krankenkassen die Vertreterversammlung und den ehrenamtlichen Vorstand abgelöst. Seither gibt es einen hauptamtlichen Krankenkassenvorstand. Ähnlich verlief übrigens auch die Entwicklung bei den Kassenärztlichen Vereinigungen. Infolge des Gesundheitsmodernisierungsgesetzes (GMG), das in wesentlichen Teilen am 01.01.2004 in Kraft getreten ist, wirken die Vorstände der Kassenärztlichen Vereinigungen und der Kassenärztlichen Bundesvereinigung seit 2005 hauptamtlich.

4. Seit 2000 – Initiativen für mehr Input-Legitimation und gegen Repräsentationslücken

In den letzten Jahren konzentrierten sich Überlegungen zur Weiterentwicklung der Selbstverwaltung auf zwei Dimensionen: Ein erster Debattenstrang bezieht sich darauf wie man die Zahl der Träger mit Urwahlen (2017: 6%) erhöhen kann. Zudem gibt es eine auch immer wieder öffentlichkeitswirksam geführte Debatte zur Einführung von Onlinewahlen. Mit diesen wird das Ziel verfolgt, mehr Menschen, und damit eine höhere Wahlbeteiligung zu erreichen, um so zugleich die Kosten für die Wahlen perspektivisch zu senken. Die gesetzliche Grundlage dafür ist 2020 gelegt worden, so dass 2023 insbesondere bei den Ersatzkassen und BKKs, die sich wohl weiter für Urwahlen entscheiden, diese Möglichkeit bestünde.

Ein zweiter Debattenstrang setzt an den Repräsentationslücken an und zielt auf eine verstärkte Berücksichtigung von Frauen und Patientenvertretern in der Selbstverwaltung. Beide Ziele werden mittlerweile auch von Seiten der Regierung intensiv gestützt. So initiierte das BMAS 2017 anlässlich der Sozialwahlen eine öffentliche Kampagne zur verstärkten Mandatierung von Frauen in den Gremien der Selbstverwaltung. Tatsächlich stieg der Frauenanteil in den ehrenamtlichen Vorständen, Verwaltungsräten und Vertreterversammlungen 2017 an; wird aber mit etwas mehr als 20 % immer noch als deutlich zu niedrig bewertet (BfS 2018: 73). Im Abschlussbericht der Bundeswahlbeauftragten zu den Sozialwahlen 2017 heißt es deshalb: „Eingereichte Vorschlagslisten dürfen von den Wahlausschüssen nur dann zur Sozialwahl bei dem betreffenden Versicherungsträger zugelassen werden, wenn mindestens ein Drittel der Kandidatinnen und Kandidaten Frauen/Männer sind" (BfS 2018: 222).

VI. Zunahme des staatlichen Einflusses auf die Selbstverwaltungen

In den einzelnen Zweigen der Sozialversicherungen bestehen unterschiedliche Ausprägungen und Einflussmöglichkeiten für die Selbstverwaltung. Auch der Umbau der Selbstverwaltungen verlief keinesfalls gleichgerichtet. Am frühesten und weitreichendsten waren die Einschnitte bei der Selbstverwaltung der Arbeitslosenversicherung. Am bedeutendsten ist nach wie vor die Selbstverwaltung in den Krankenversicherungen, am schwächsten in der Rentenversicherung. Nicht nur die Einflussbereiche der Selbstverwaltungen wurden neu und restriktiver geregelt, auch die Zahl der Selbstverwalter reduzierte sich in allen Bereichen. Ursächlich für die differierende Bedeutung der Selbstverwaltungen ist die Höhe des Staatszuschusses in den jeweiligen Sozialversicherungen.

Das klassische Feld der Selbstverwaltung, in dem eine traditionell hohe Identifikation der Selbstverwalter mit „ihren Kassen" existiert, ist der Bereich der Gesundheitskassen. Insgesamt gibt es derzeit noch 109 Versicherungsträger, die sich auf sechs Kassenarten (AOK, EK, LKK, IKK, BKK und Knappschaft) verteilen; am stärksten vom Fusionsprozess betroffen sind die Betriebskrankenkassen: In kaum einem anderen Politikfeld werden so häufig die gesetzlichen Grundlagen verändert wie in der Gesundheitspolitik (Illing 2017). Womit die GKV und mit ihr auch die Organe der Selbstverwaltung einem ständigen Wandlungsprozess unterworfen sind, der sie vor große Herausforderungen stellt. Dieser Prozess ist unter anderem von Interessenkonflikten zwischen den unterschiedlichen, an Gesundheitsreformen beteiligten Interessengruppen wie Ärzten, Verbänden, Krankenkassen sowie der Pharmaindustrie, aber auch durch die stärker

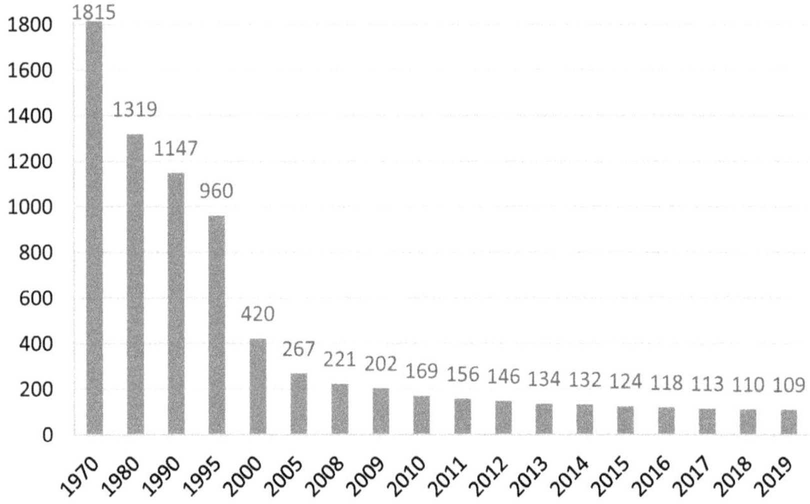

Abbildung 1: Entwicklung der Anzahl Gesetzlicher Krankenkassen seit 1970
Quelle: u.a. AOK Bundesverband (2019: 7).

gewordene Lobby der Patientengruppen, geprägt. Über das Paradigma der kontinuierlichen Stabilisierung der einnahmenorientierten Ausgabenpolitik ist der Druck auf die bestehenden Strukturen erheblich, was man z. B. an der Zahl der Fusionen nachvollziehen kann.

Eine der wichtigsten Veränderungen betrifft die Reform der Bundesausschüsse der Ärzte und Krankenkassen, der Zahnärzte und Krankenkassen und des Koordinierungsausschusses Krankenhaus (Illing 2017: 199). An die Stelle dieser Ausschüsse ist im Januar 2004 ein gemeinsamer Bundesausschuss getreten, der alle Bereiche umfasst. Mit diesem Schritt wurde die Ausweitung der Selbstverwaltung auf den stationären Bereich und die Qualitätssicherung sowie die verstärkte Koordination zwischen den Selbstverwaltungsorganen weitergeführt. Eine qualitative Veränderung ergab sich sodann mit der Einbindung von (nicht stimmberechtigten) Vertretern von Behinderten-, Patienten- und Verbraucherverbänden in diesen Ausschuss. Entscheidungen müssen nicht mehr einstimmig, sondern mit einfacher Mehrheit getroffen werden. Die Kompetenzen des Bundesausschusses wurden sogar weiter ausgebaut, was dem zuständigen Bundesministerium seitdem stets ein Dorn im Auge ist. Außerdem ist der Bundesausschuss Auftraggeber des unabhängigen „Instituts für Qualität und Wirtschaftlichkeit im Gesundheitswesen". Dieses Institut soll Bewertungen von Arzneimitteln vornehmen und Leitlinien für die Behandlung bestimmter Krankheiten vorschlagen, die der Bundesausschuss in seinen Entscheidungen berücksichtigt. Die 2005 gewählte große Koalition hat im Koalitionsvertrag Veränderungen angedacht, die signalisieren, dass die Regierung die Spielräume der Selbstverwaltung einschränken will: „Funktion und Organisation der Steuerung auf Verbandebene und in der gemeinsamen Selbstverwaltung sind neu zu ordnen, damit Entscheidungen schneller, transparenter und zuverlässiger ausfallen."

Die Bedeutung der Selbstverwaltung in der GKV ist in Folge des so genannten „Lahnsteiner Kompromisses" seit Anfang der 1990er Jahre deutlich verändert worden. Während die Selbstverwaltung vorher in halb-öffentlichen, vom Charakter her eher genossenschaftlich organisierten Verwaltungen agierte, muss sie sich seither in effizient handelnden, auf Wettbewerb ausgerichteten Unternehmen bewähren. Bei den Reformen im Gesundheitsbereich ging es vor allem darum, den Umbau der Sozialversicherungen zu marktfähigen Unternehmen, die im Wettbewerb mit anderen stehen, zu beschleunigen. Daraus resultierte eine gesetzliche Vorgabe, die aus den ehrenamtlichen nunmehr hauptamtliche Vorstände machte, womit die Einflussmöglichkeiten des (ehrenamtlichen) Verwaltungsrates beschränkt wurden. Professionalisierung und stärkerer Wettbewerbsdruck unter den Bedingungen struktureller Unterfinanzierung der Kassen bilden seither den Rahmen der Selbstverwaltungsarbeit. Mit dem Gesundheitsfonds und dem Spitzenverband der gesetzlichen Krankenkassen erfolgten 2007 weitere wesentliche Veränderungen im Rahmen der damaligen Gesundheitsreform, die auch unmittelbare Auswirkungen auf die Strukturen und Arbeitsweisen der sozialen Selbstverwaltung hatten (Schroeder/Paquet 2009).

VII. Aktuelle Reformperspektiven zur sozialen Selbstverwaltung aus der klassischen Selbstverwaltung

Die Selbstverwaltung ist angesichts gesellschaftlicher Ausdifferenzierung, zunehmendem Staatseinfluss und selektiver Marktliberalisierung durch spezialisierte Interessen in die Kritik geraten: von links, weil die Selbstverwaltung die Marktliberalisierung nicht nachhaltig einschränke, sondern diesen Prozess eher legitimiere; von Seiten der Verfechter einer stärkeren Privatisierung des Gesundheitssystems, weil mit dieser Institution eine stärkere Marktliberalisierung gehemmt werde. Seitens des Staates wird immer wieder auf Input- und Outputdefizite der Selbstverwaltung verwiesen.

Wie gehen die klassischen Akteure der Selbstverwaltung mit dieser Kritik um? Zwischen den Tarifparteien besteht Konsens darüber, dass die Krankenkassen sich einem stärkeren Wettbewerb aussetzen sollten, wenn so Leistungen verbessert, Kosten stabilisiert und die Effizienz gesteigert werden kann. Gleichwohl stehen sich eine eher offensive Arbeitgeber- und eine eher defensive Gewerkschaftsvariante gegenüber: Die Bundesvereinigung Deutscher Arbeitgeberverbände (BDA) favorisiert ein Wettbewerbskonzept, das die Selbstverwaltungen in allen sozialen Sicherungssystemen als Verwaltungsrätemodell einheitlich ausrichten möchte (Aufsichtsratsmodell) (BDA 2004; erneuert 2019). Diese Option fokussiert stark auf eine von wenigen Beteiligten getragene und an den Binnenstrukturen der Kassen orientierte Kontrollinstanz plus Beteiligung bei der Auswahl des Spitzenpersonals. Eine solche Variante würde die Attraktivität der Selbstverwaltung als betroffenen- und basisbezogene Veranstaltung weiter reduzieren und die Kassen den Unternehmen ähnlicher machen. Denn eine solche Konzeption schränkt die Öffnung zur Gesellschaft weiter ein. So würde nicht nur die Zahl der beteiligten Selbstverwalter drastisch reduziert, sondern auch ihre Kompetenzen. Dagegen sind die Vorstellungen im Bereich der Gewerkschaften ambivalenter und weniger deutlich (DGB 2012; IGM 2012): Einerseits kann man sich vorstellen, dass auch bei den Selbstverwaltungen der Krankenversicherungen eine Kooptation der Akteure durch den Staat stattfindet, so wie es bei der Selbstverwaltung der Bundesagentur für Arbeit schon Praxis ist. Hintergrund für dieses Vorgehen bildet die Einschätzung, dass die Wahlen kaum in der Lage sein werden, eine angemessene Berücksichtigung der gewerkschaftlichen Interessen in Zukunft sicher zu stellen. Darüber hinaus spielt auch eine Rolle, dass man vor dem Hintergrund der prekären Mitgliederentwicklung der letzten Jahre sich vor die Herausforderung gestellt sieht, die eigenen Kräfte zu bündeln. Und dies heißt für die Gewerkschaften: Konzentration aufs Kerngeschäft, welches nicht in der Selbstverwaltung der Kassen liege, sondern in der betrieblichen Mitgliederarbeit. Diese Variante wäre im Ergebnis vermutlich gar nicht so weit entfernt von der BDA-Option. Andererseits halten die Gewerkschaften weiterhin am Leitbild eines bedarfsgerechten und effizient wirtschaftenden öffentlichen Unternehmens mit offenen und konstruktiven Beteiligungsmöglichkeiten fest. Um diesem Ziel näher zu kommen, ist allerdings auch bei ihnen unklar, welche Rolle die Selbstverwaltung als positiver Steuerungsmodus besitzt. Teilweise plädieren sie dafür, die Sozialwahlen bürgernäher zu gestalten, und den Organen der Selbstverwaltung zu mehr Öffentlichkeit zu verhelfen, damit sie tatsächlich als Scharniere zwischen den Versicherten und den Trägern der Versicherungssysteme fungieren und entsprechend wahrgenommen werden können. Defensiv ist dieses Vorgehen der Gewerkschaften einerseits deshalb, weil es auf eine Verteidigung des Status quo hinausläuft und dies bei schwacher öffentlicher Attraktivität und Legitimation der Selbstverwaltungen. Zudem ist unklar, welche Option sich in den Gewerkschaften selbst durchsetzen wird. Es ist auch nicht erkennbar, dass zusätzliche Mittel für eine bessere Selbstverwaltungsarbeit in und außerhalb der Gewerkschaften für sinnvoll erachtet werden.

Der Wandel der Kassen und ihrer Selbstverwaltungen hat ganz konkrete Auswirkungen auf die Akteure in den Selbstverwaltungsorganen. Viele erleben, dass sich ihre Handlungsspielräume in den Sozialversicherungen verkleinern. Manche sprechen auch von einer Entmachtung der Selbstverwaltung. Andere erleben die Veränderungen als angemessene Reaktion auf die Herausforderungen, denen das deutsche Gesundheitssystem ausgesetzt ist. Durch die Aufwertung betriebswirtschaftlichen Denkens geht es „um ein neues Selbstverständnis: Die Akteure sollen gestalten, nicht einfach nur verwalten; an die Stelle exekutiven Handelns tritt unternehmerisches Denken" (Bode 2005). Um den Herausforderungen höherer Effizienz und Professionalität in der GKV gewachsen zu sein, sind Professionalisierungsstrategien für die Selbstverwalter notwendig, wenn sie nicht nur als reaktive Aufsichtsräte wirken sollen, sondern als Vertreter der Versicherten, die deren Bedarfe sensibel und strategisch ambitioniert aufnehmen und vertreten können. Bode hat in einer Untersuchung bei hauptamtlichen Mitarbeitern in den deutschen Krankenkassen beobachtet, dass diese Akteure aufgrund der neuen Herausforderungen ein „konstruktives Identitätsmanagement" (Bode 2005) betreiben müssten, in dem sich weder pure Managementorientierung noch schlichte wohlfahrtsbürokratische Identität als sinnstiftend erweist. Um angesichts des veränderten Steuerungsmixes innovativ wirken zu können, bedürfe es auch einer veränderten strategischen Synthese, um die verschiedenen Handlungslogiken zu verbinden. Dies trifft abgewandelt auch auf die Selbstverwalter zu. Im Folgenden sind einige Reformpunkte aufgelistet, die in der gewerkschaftlichen aber auch in der darüberhinausgehenden politischen Debatte seit etwa zwei Jahrzehnten eine Rolle spielen:

1. Kompetenz- und Anreizoffensive

- Mindestqualifizierung/selbstverpflichtende Weiterbildung der Selbstverwalter*innen (durch anreizorientierte Strukturen wie u.a. Trainee-Programme, Mentorenprogramme, eine „Selbstverwaltungsakademie" etc.)
- Stellenwert der Selbstverwalter in Herkunftsorganisationen durch anerkennende Verfahren aufwerten
- Karriereperspektive für ehren- und hauptamtliche Gewerkschafter im Bereich der Gesundheitspolitik, was auch zum Nutzen der Herkunftsorganisation ist, weil sie auf diese Weise in der Sozialpolitik Expertise aufbauen könnte
- „Freistellungsregelungen für ehrenamtliche Tätigkeiten und Weiterbildung präzisieren". (BfS 2018: 221)

- Einheitliche Steuerrechtliche Bewertung der Aufwandsentschädigung für Mitglieder der Selbstverwaltungsorgane

2. Stärkung der Öffentlichkeitsarbeit und Versichertennähe

- Öffentlichkeitsarbeit ausbauen (z. B. „Patiententag", Geschäftsberichte der Selbstverwaltung, Bedürfnisse und Kritik der Versicherten transparent machen)
- Außendarstellung der aktiven Selbstverwalter*innen stärken bspw. durch Schaffung eines gewählten Sprechergremiums
- Versichertenälteste aufwerten (regionale Anbindung durch ein Netz von Ansprechpartnern stärken)
- Intensive Kooperation mit dem Bundesbeauftragtem für Selbstverwaltung

3. Nutzen der Selbstverwaltung stärken: Widerspruchausschüsse profilieren

- Es hat sich gezeigt, dass vor allem die Arbeit der Widerspruchsausschüsse das besondere Interesse der Selbstverwalter*innen trifft (vdek 2018: 27). Dies sollte entsprechend auch stärker herausgestellt werden, um die versichertenorientierte Arbeit der Selbstverwaltung herauszustellen.
- Ferner betonen die Selbstverwalter*innen in der vdek-Umfrage, den Einfluss auf die Satzungsleistungen und die Wiederherstellung der Beitragsparität als wichtigen Mehrwert ihrer Arbeit.

4. Abbau von Repräsentationslücken und Integration von Betroffeneninteressen aus dem Patienten-/Selbsthilfebereich

- Formelle Einbindung von Vertreter*innen der Patienten- und Sozialverbände in die bestehenden Strukturen
- Daher: Betroffene als „Experten in eigener Sache" durch Forcierung regelmäßiger Beratertreffen und Hearings einbinden
- Frauenquote einführen

5. Revitalisierung der Sozialwahl

- Transparenz der Listen und Mandatsträger erhöhen (Verbot von Wahllisten mit Kassennamen, Abbau von Anforderungen an die Aufstellung von Kandidaten)
- Wahlakt vereinfachen und erweitern (Online Wahl ermöglichen)
- Bekanntheit und Bedeutung stärken (Wahlwerbesendungen)

Diese, keineswegs abschließende, Aufzählung der Reformvorschläge in der politischen Debatte verdeutlicht die Bandbreite der Möglichkeiten für eine Stärkung und Revitalisierung der sozialen Selbstverwaltung. Leider zeigt der Gesetzgeber zuletzt nur wenig Interesse an diesem Ziel und setzt eher auf einen Abbau der Sozialen Sozialverwaltung, wie jüngst beim MDK-Reformgesetz erneut versucht.

VIII. Plurale Selbstverwaltung im deutschen Sozialstaat

Der Mehrwert der Selbstverwaltung – auf verschiedenen Feldern angesiedelt – soll im Kern mit dazu beitragen, die versichertenorientierte Betroffenenperspektive so einzubringen, dass die Arbeit der Sozialversicherungen in vielfältiger Weise an veränderte Bedarfe angepasst, abgesichert, kontrolliert und legitimiert wird. Tatsächlich ist der Bekanntheitsgrad gering und das praktische Zutrauen in den Mehrwert der Selbstverwaltungen wenig ausgeprägt. An der Entwicklung der Selbstverwaltung kann man nachvollziehen, dass und wie sich gesellschaftliche Ausdifferenzierung, demokratische Legitimationsdefizite und der Steuerungsmix des deutschen Sozialstaatsmodells verändert. Der Einfluss des Marktes ist als direkter Steuerungsimpuls aufgewertet worden, ebenso gesellschaftliche Partikularinteressen, wie sie von den Patienten- und Selbsthilfegruppen verkörpert werden; während verfahrensorientierte, sozialpartnerschaftliche Arrangements und deren symbolische Dimension geringer bewertet werden. Die klassischen Akteure der Selbstverwaltung sind deshalb „gezwungen", sich stärker auf gesellschaftliche Ausdifferenzierung, Markt und Wettbewerb einzulassen, um überhaupt die Chance zu haben, allgemeinere und nicht-marktliche Interessen sowie gesellschaftliche Steuerungsimpulse zur Geltung zu bringen. Wie sich die Selbstverwaltung als Steuerungsinstanz entwickelt, hängt von den weiteren Weichenstellungen im politischen Raum ab: Sollte sich beispielsweise im Bereich der Krankenversicherungen ein Finanzierungsmodell durchsetzen, das nicht mehr auf die Erwerbsarbeit rekurriert, sondern primär auf Steuern, so hätte dies auch Auswirkungen auf die Legitimationsbasis für die paritätische Selbstverwaltung. Von Relevanz ist auch, dass die Sozialversicherungssysteme im europäischen Integrationsmodell noch einen Sonderstatus als Non-Profit-Unternehmen genießen. Sollte ihr solidarischer Charakter verloren gehen, würden sie auch europarechtlich der Sphäre des Marktes zugerechnet und steuerrechtlich als normales Unternehmen behandelt. Die (vgl. auch Schroeder (2009): 188 ff.) hier vorgetragenen Überlegungen lassen sich wie folgt zusammenfassen:

1. Die Selbstverwaltung in den Sozialversicherungen ist ursprünglich vor allem deshalb eingeführt worden, um integrativ und sozial-befriedend die Klassenkonflikte im Kaiserreich zu entschärfen. Die partizipativen, sozial-ausgleichenden und symbolischen Aspekte der Sozialpartnerschaft haben im Laufe der Jahre an Bedeutung für die Akzeptanz der Selbstverwaltung verloren. In dem Maße wie explizite Klassenkonflikte zwischen Arbeit und Kapital als gesellschaftlicher Strukturierungsmodus schwächer wurden, weil sozialstaatlich integriert und durch andere Konfliktlagen überlagert, wirkte sich dies auch auf die Funktion und Legitimation der Selbstverwaltungen aus.
2. Wir können beobachten, dass sowohl staatliche Vorgaben als auch wettbewerbliche Parameter als Steuerungsform aufgewertet worden sind. Die gestiegene staatliche Einflussnahme unterstreicht einerseits das Interesse des Staates an einer effizienten finanziellen Steuerung; andererseits werden damit aber auch die Interessen der über den Wettbewerb vermittelten privaten Akteure aufgewertet. Somit können diese beiden scheinbar gegensätzlichen Entwicklungstrends durchaus als sich wechselseitig bedingende Prozesse von De- und Re-Regulierung begriffen werden. Im Ergebnis führen sowohl verstärkte Tendenzen von Staatsnähe wie auch solche von Vermarktlichung dazu, dass sich die Bedeutung und die Funktionen der Selbstverwaltung in den Sozialversicherungen verändern, mithin reduzieren. Diese Entwicklung hat ambivalente Auswirkungen auf die Handlungskorridore der Selbstverwaltung. Einerseits werden die marktbezogenen Mitentscheidungsmöglichkeiten der Selbstverwalter im Sinne effizienzbezogener Haushaltsstrategien der Kassen gestärkt. Andererseits sind politische Ziele im Sinne einer bedarfsbezogenen Agenda schwerer realisierbar, es sei denn, dass sie mit den Zielen des Wettbewerbs vereinbar sind.
3. Solange Sozialversicherungen sich von staatlichen und unternehmerischen Einheiten unterscheiden (Schmidt 2005), werden sie auch spezifische Steuerungsmodi benötigen, um diese exklusive Stellung als eher „genossenschaftliche Unternehmen" im Markt (mit politischem und gesellschaftlichem Auftrag) ausfüllen zu können. Aus dieser Perspektive ist die soziale Selbstverwaltung ein zusätzlicher und notwendiger Beteiligungs- und

Steuerungsmodus, der dieser Spezifik entspricht, indem er gesellschaftliche Beteiligung und Legitimation, wie auch Effizienz und Kontrolle verbessert.

4. Vor diesem Hintergrund ist es notwendig und auch möglich, neue normative und funktionale Begründungen sowie Ziele für die Institution der Selbstverwaltung unter veränderten Bedingungen zu finden. Denkbar ist auch, dass mit der gesellschaftlichen Revitalisierung des Themas soziale Sicherheit und der Zunahme von Verteilungskonflikten die sozial ausgleichende Begründung wieder eine größere Bedeutung dafür erlangen kann, Friktionen abzubauen und Legitimation zu stiften. Sollte jedoch die paritätische, beitragsbezogene Finanzierung zurückgehen und die steuerfinanzierte Basis der Sozialversicherungen weiter an Bedeutung gewinnen, so kann dies auch nachhaltige Auswirkungen auf die Legitimation und Rekrutierung der Selbstverwaltung nach sich ziehen. Insofern sind nicht nur die evolutionär gestiegenen steuerlichen Anteile in den Sozialversicherungen eine Herausforderung, sondern auch die Debatten über das bedingungslose Grundeinkommen.
5. Seit Jahren wird ein Bedeutungsverlust der klassischen, semiprofessionellen Selbstverwaltung festgestellt. Zugleich nähert sich die Arbeit der Selbstverwaltungen dem Funktionsmodell des Aufsichtsrats an. Ob dies jedoch zwangsläufig eine weitere Professionalisierung der Arbeit in der Selbstverwaltung nach sich zieht, ist noch offen. Einerseits führt die Tatsache, dass die Zahl der Selbstverwaltungen und damit der Selbstverwalterinnen abgenommen hat, dazu, dass es einfacher wird, die dafür notwendigen Personen zu finden. Feststellbar ist allerdings auch, dass der Stellenwert dieser ehrenamtlichen Arbeit in den Verbänden nachgelassen hat. Um diesen negativen Entwicklungen für die klassische Selbstverwaltungsarbeit der Versicherten zu begegnen, werden Verbesserungen in folgenden Feldern diskutiert: Sozialwahlen, Öffentlichkeitsarbeit und Rekrutierung ehrenamtlicher Verwaltungsräte, Qualifizierung und Vernetzung der Mitglieder von Selbstverwaltungsorganen mit anderen gesellschaftlichen Initiativen.
6. Da sich neben den Vertreterinnen der Beschäftigten und der Arbeitgeberinnen auch Leistungsempfängerinnen und Betroffenengruppen (Selbsthilfe- und Patientinnengruppen) stärker um Einfluss im Bereich der Selbstverwaltungen bemühen, ist auf Seiten der Versicherten auch von mehr Interessenvielfalt, Wettbewerb und Friktionen zwischen den Gruppen auszugehen. Eine weitere Herausforderung für die Selbstverwaltungsarbeit besteht also auch darin, die gesellschaftliche Ausdifferenzierung der unterschiedlichen Interessen aufzunehmen, und sich für deren Integration zu engagieren. Andersfalls können Repräsentationslücken dazu beitragen die Legitimationsschwäche der sozialen Selbstverwaltung weiter zu vertiefen.

Aus alledem ergibt sich folgendes Resümee: Nicht nur die sozialen Sicherungssysteme, sondern auch die Selbstverwaltung haben sich verändert und werden sich weiter wandeln, vor allem deshalb, weil die Sozialversicherungen neben der politischen Ökonomie des Landes eine maßgebliche Rolle für die Legitimation des politischen Systems einnehmen. So hat sich die Legitimation der Sozialversicherungen im Hinblick auf die Referenzgruppen bereits verändert: Die sukzessiv abschmelzende Relevanz von verbändegetragener Selbstregulation im Rahmen des sozialstaatlichen Korporatismus ist bereits weit fortgeschritten. Da der Staat heute weniger stark als vor der deutschen Einheit auf die Verbände von Arbeit und Kapital rekurrieren kann, ist er im Zuge gesellschaftlicher Ausdifferenzierung und damit einhergehender Ansprüche anderer gesellschaftlicher Gruppen und Interessen daran orientiert, jene Gruppen stärker einzubinden, die ihre Ansprüche besonders pointiert und spezialisiert stellen. Dazu zählen vor allem die vielfältig organisierten und vernetzten Patientengruppen. Damit ist die Rolle der ursprünglich tragenden Kräfte aus dem organisierten Konfliktbereich von Arbeit und Kapital nicht erloschen. Im Gegenteil: Da sie nach wie vor jene Gruppen repräsentieren, die das größte Gewicht verkörpern und am stärksten das Allgemeine verkörpern, liegt es an ihnen, Brücken zu den spezialisierten Interessen aufzubauen. Zugleich könnten sie mit diesen in neue Bündnisse einsteigen, bzw. sich als Konfliktpartner mit deren Ansprüchen im Sinne eines Ausgleiches zwischen der Logik des Allgemeinen und der Logik des Besonderen (Reckwitz 2018) auseinandersetzen. Die Akteursvielfalt ist innerhalb der Gesellschaft gewachsen. Dies sollte sich auch innerhalb der Selbstverwaltung widerspiegeln, wenn sie weiterhin auch im Sinne gesellschaftlicher Repräsentativität und Legitimität wirken will. Tatsächlich ist die Selbstverwaltung pluraler denn je. Dies bietet durchaus Möglichkeiten, das Verhältnis von Mehrheits- und Minderheitsinteressen in ein demokratisch und sozial ausbalanciertes Verhältnis zu bringen. In diesem Sinne wäre die Selbstverwaltung auch in Zukunft eine wichtige Plattform, um die gesellschaftlichen Bedarfe in den Sozialversicherungen abzubilden und sie demokratisch abzusichern.

Literaturverzeichnis

Aertzeblatt.de (2019): Ersatzkassen warnen vor Abschaffung der sozialen Selbstverwaltung. Online verfügbar unter www.aerzteblatt.de/nachrichten/103177/Ersatzkassen-warnen-vor-Abschaffung-der-sozialen-Selbstverwaltung (abgerufen am: 19.1.2020).

AOK Bundesverband (2019): Zahlen und Fakten 2019. Online verfügbar unter www.aok-bv.de/imperia/md/aokbv/aok/zahlen/zuf_2019_web.pdf (abgerufen am: 19.1.2020.

Bundesvereinigung der Deutschen Arbeitgeberverbände (BDA 2004): Aufsichtsfunktion stärken – Autonomie erweitern. Positionspapier zur Reform der sozialen Selbstverwaltung. Berlin.

Bandelow, N C (2005): „Akteure und Interessen in der Gesundheitspolitik: Vom Korporatismus zum Pluralismus?", in: Wichard Woyke (Hrsg.): *Verbände*. Schwalbach/Taunus: Wochenschau-Verlag, 83-110.

Blank, F (2017): Selbstverwaltung, Gewerkschaften und Patientenorganisationen (Reihe WSI-Study Nr. 8), Wiesbaden 2017.

Bieback, KJ (2015): Soziale Selbstverwaltung – Geschichte und Programm, in: Rixen S., Welskop-Deffaa E. (Hrsg.) Zukunft der Selbstverwaltung. Wiesbaden: Springer VS, 11-30.

Bode, I (2005): „Von Bürokraten zu Managern? Identitätsmanagement im Organisationswandel von Krankenkassen", *Arbeit* 3/2005: 191-205.

Bundesbeauftragte für die Sozialwahlen (BfS 2018): Schlussbericht der BfS zu den Sozialwahlen 2017, Berlin.

DGB (2012): Soziale Selbstverwaltung systemgerecht weiterentwickeln – Anforderungen des DGB an die Reform der Sozialen Selbstverwaltung. Online verfügbar unter www.dgb.de/themen/++co++d9a0a81a-2a5a-11e2-a60c-00188b4dc422, (abgerufen am: 19.01.2020).

Dimmel, N/Schmid, T (2019): Selbstverwaltung. Die demokratische Organisation der sozialen Daseinsvorsorge, Wien: ÖGB-Verlag.

Felix, D (2001): „Verwaltungsrat und Vorstand in der gesetzlichen Krankenversicherung – Aufgaben und Befugnisse", in: Friedrich E. Schnapp (Hrsg.): *Funktionale Selbstverwaltung und Demokratieprinzip – am Beispiel der Sozialversicherung*. Frankfurt/Main: Lang, 43-64.

FB Sozialpolitik IGM, Funktionsbereich Sozialpolitik beim IG Metall-Vorstand (2005): „Die Ergebnisse der Sozialwahlen 2005. Eine Analyse und Bewertung aus gewerkschaftlicher Sicht", *Soziale Sicherheit* 7-8/2005, 246-253.

Gerlinger, T (2002): *Korporatismus und Wettbewerb als Instrumente politischer Steuerung im Gesundheitswesen*. Wissenschaftszentrum Berlin für Sozialforschung, Arbeitsgruppe Public Health. Discussion Paper P 02-204. Berlin.

Gerlinger, T (2019): Gemeinsame Selbstverwaltung: Bedingungen der Aufgabenwahrnehmung, *Sozialer Fortschritt* 68 (6/7), 519-536.

Hansen, E/Heisig M/Leibfried, S/Tennstedt, F (1981): *Seit über einem Jahrhundert... Verschüttete Alternativen in der Sozialpolitik*. Köln: Bund-Verlag.

IG Metall Vorstand Funktionsbereich Sozialpolitik (2012): Perspektiven der sozialen Selbstverwaltung Vorschlag der IG Metall für ein „Pflichtenheft" in der gesetzlichen Krankenversicherung. Online verfügbar unter www.sopo-info.de/grafiken/Ausgabe27/2012-06-04_IGM_Perspektiven-der-sozialen-Selbstverwaltung_Vorschlag-der-IG-Metall-fuer-ein-Pflichtenheft_final.pdf, (abgerufen am 20.01.2020).

Illing, F (2017): Gesundheitspolitik in Deutschland. Eine Chronologie der Gesundheitsreformen der Bundesrepublik. Wiesbaden: Springer VS.

Klenk, T (2005): „Die Organisationsreform in der gesetzlichen Rentenversicherung – Eine Betrachtung aus politikwissenschaftlicher Perspektive", *Zeitschrift für Sozialreform* 51: 94-127.

Klenk, T (2008): Modernisierung der funktionalen Selbstverwaltung. Universitäten, Krankenkassen und andere öffentliche Körperschaften. Frankfurt: Campus Verlag.

Köpke, KH/Nürnberger, I (2004): „Aufgaben und Chancen für die Selbstverwaltung – Am Beispiel der Rehabilitation in der Rentenversicherung", *Soziale Sicherheit* 12/2004: 426-432.

Marienfeld, L (2017): GKV-Selbstverwaltungsstärkungsgesetz: Aufsicht im Umbruch, in: dms – der moderne Staat Heft1, S. 133-151.

Nullmeier, F/Haarmann, A/Klenk, T/Weyrauch, Ph (2012): Entwicklungstendenzen sozialer Selbstverwaltung. In: Haarmann, A/Klenk, T (Hrsg.): *Abkehr vom Korporatismus? Der Wandel der Sozialversicherungen im europäischen Vergleich*. Frankfurt am Main: Campus , 525-561.

Pressel, H (2012): *Der Gesundheitsfonds: Entstehung – Einführung – Weiterentwicklung – Folgen*. Wiesbaden: Springer VS.

Reckwitz, A (2018): Die Gesellschaft der Singularitäten. Zum Strukturwandel der Moderne. 5. Auflage. Berlin, Berlin: Suhrkamp.

Rosenbrock, R/Gerlinger, T (2004): *Gesundheitspolitik. Eine systematische Einführung*. Bern: Huber.

Rzesnik, N (2001): „Überlegungen zur Erhöhung der Akzeptanz der Selbstverwaltung", *Kompass – Zeitschrift für Sozialversicherung im Bergbau*, 111/5-5: 124-131.

Schmidt, MG (2000): „Immer noch auf dem ‚mittleren Weg'? Deutschlands Politische Ökonomie am Ende des 20. Jahrhunderts", in: Roland Czada; Hellmut Wollmann (Hrsg.), *Von der Bonner zur Berliner Republik*. Leviathan Sonderheft 19/1999. Wiesbaden: Westdeutscher Verlag, 491-513.

Schmidt, MG (2005): *Sozialpolitik in Deutschland. Historische Entwicklung und internationaler Vergleich*. Wiesbaden: Verlag für Sozialwissenschaften.

Schmuhl, HW (2003): *Arbeitsmarktpolitik und Arbeitsverwaltung in Deutschland 1871-2002*. Institut für Arbeitsmarkt- und Berufsforschung. Beiträge IAB 270. Nürnberg.

Schroeder, W (1992): *Katholizismus und Einheitsgewerkschaft*. Bonn: Dietz-Verlag.

Schroeder, W (2000): Das Modell Deutschland auf dem Prüfstand. Zur Entwicklung der industriellen Beziehungen in Ostdeutschland (1990 – 2000). Wiesbaden: Westdeutscher Verlag.

Schroeder, W (2006): Selbstverwaltungskorporatismus und neuer Sozialstaat, *Zeitschrift für Sozialreform* 52 (2), 253-271.

Schroeder, W (2008): Zur Reform der sozialen Selbstverwaltung in der Gesetzlichen Krankenversicherung – Kasseler Konzept. Düsseldorf: Hans-Böckler-Stiftung.

Schroeder, W/Hänlein, A (2010): Patienteninteressen im deutschen Gesundheitswesen. In: Clement, U/Nowak, J/Scherrer, C/Ruß, S (Hrsg.): Public Governance und schwache Interessen. Wiesbaden: Verlag für Sozialwissenschaften, 47-61.

Schroeder, W/Paquet, R (2009*): Gesundheitsreform 2007. Nach der Reform ist vor der Reform*. Wiesbaden: Verlag für Sozialwissenschaften.

Standfest, E (1977): *Sozialpolitik und Selbstverwaltung. Zur Demokratisierung des Sozialstaats*. Köln: Bund-Verlag.

Streeck, W (1999): „Der deutsche Kapitalismus: Gibt es ihn? Kann er überleben?“, in: ders., *Korporatismus in Deutschland. Zwischen Nationalstaat und Europäischer Union*. Frankfurt/Main: Campus, 13-40.

Verband der Ersatzkassen e.V. (vdek 2018): Was uns antreibt: Engagiert in der Selbstverwaltung. Eine Befragung von Selbstverwalterinnen und Selbstverwaltern der Ersatzkassen. Online verfügbar unter www.soziale-selbstverwaltung.de/fileadmin/user_upload/Studie_Kernergebnisse.pdf, (abgerufen am 19.1.2020).

Verband der Ersatzkassen e.V. (vdek 2019): Erklärung des Gesamtvorstandes des vdek. Online verfügbar unter www.vdek.com/presse/pressemitteilungen/2019/gvo-entmachtung-soziale-selbstverwaltung/_jcr_content/par/download_1762760619/file.res/Erkl%c3%a4rung%20des%20Gesamtvorstandes%20des%20vdek%20final%20clean.pdf, (abgerufen am 19.1.2020).

Welti, F (2015): Korporative Beteiligung und pluralistische Beteiligungsrechte, in: Rixen, S/Welskop-Deffaa, E (Hrsg.): *Zukunft der Selbstverwaltung*. Wiesbaden: Springer VS, , 87-100.

von Wulffen, M (2005): Die Bedeutung der Selbstverwaltung in der Gesetzlichen Krankenversicherung, Rede zur Verabschiedung des neunten

Verwaltungsrats des AOK-Bundesverbandes am 8. November 2005. Online verfügbar unter: http://www.aok-bv.de/imperia/md/content/aokbundesverband/dokumente/pdf/politik/wulffen.pdf (abgerufen am 23.5.2006).

Bernard Braun

Mehrwert der Selbstverwaltung durch spezifische Prozesse der Kommunikation und des Wissensmanagements!?

> *„Die Soziale Selbstverwaltung (SSV) ist einer der Grundpfeiler des deutschen Sozialstaatsmodells. Das im Grundgesetz verankerte System der Selbstverwaltung innerhalb des vom Gesetzgeber vorgegebenen Rahmens funktioniert seit Jahrzehnten praktisch geräuschlos und so gut wie krisenfrei. In der Öffentlichkeit sind die SSV und ihre Arbeit dennoch weitgehend unbekannt." (anonyme Darstellung der Selbstverwaltung)*

I. Eine notwendige Differenzierung der Fragestellung

Eine der Fragen, die auf der wissenschaftlichen Tagung des „Instituts für Europäische Gesundheitspolitik und Sozialrecht" (ineges) an der Goethe-Universität Frankfurt am Main zum Thema „Mehrwert der Selbstverwaltung" untersucht und beantwortet werden sollte, lautete: „Wie prägen die Verfahrens- und damit die spezifischen Kommunikationsformen der sozialen Selbstverwaltung den Prozess der gesellschaftlichen Auseinandersetzung – etwa zwischen Versicherten, Sozialpartnern, Akteuren und Wettbewerbern – über sozialpolitische Fragen?" (Auszug aus dem Tagungsprogramm).

Um beantworten und dann auch noch beurteilen zu können, ob durch die Kommunikationsformen der selbstverwalteten Sozialversicherungsträger ein sozialpolitischer Mehrwert geschaffen wird, müssen sie und ihr struktureller und organisatorischer Rahmen den genannten Akteuren überhaupt bekannt sein. Jedes fehlende, fehlerhafte oder nur wenigen Personen oder Personengruppen verfügbare Wissen über die spezifische Form und Struktur der selbstverwalteten Sozialversicherung[1], ihre handlungserweiternden oder -begrenzenden

---

1 Wenn beispielsweise eine Mehrheit der Bevölkerung „den Staat" oder den jeweiligen Gesundheitsminister für den alleinigen oder in allen Fragen entscheidenden Akteur im deutschen Gesundheitssystem hält oder – gefördert durch die Selbstdarstellung einiger Krankenkassen als Unternehmen mit Dividendenzahlung (dabei geht es aber

normativen Grundlagen oder die ebenfalls normierte Art und Weise des Zustandekommens ihrer wichtigsten Entscheidungen beeinflusst nicht nur die Möglichkeit wissenschaftlicher Antworten. Vielmehr beeinflusst dies im Fall der Gesetzlichen Krankenversicherung (GKV) unter anderem auch das Verbleiben in ihr[2], ihre Akzeptanz als gerechte[3] und auch künftig verlässliche Einrichtung zur Absicherung im Krankheitsfall samt einem dementsprechenden Verhalten[4] und die Unterstützung von politischen Initiativen zur Stärkung ihrer Prinzipien.

Nahezu alle der dazu durchgeführten und in den folgenden Abschnitten vorgestellten Studien zeigen, dass eine große Mehrheit der Versicherten und der wissenschaftlichen wie sozialpolitischen Öffentlichkeit kein oder kein hinreichendes Wissen über wesentliche Merkmale der selbstverwalteten Sozialversicherung oder gar die dortigen Kommunikations- und Wissensprozesse haben.

---

um die Rückerstattung zu viel erhobener Beiträge) – meint, ihre Krankenkasse sei ein Wirtschaftsunternehmen à la Allianz, ist dies nicht nur von theoretischer Bedeutung, sondern fördert ein falsches und folgenreiches Bild der Grundzüge gesellschaftlicher Auseinandersetzung über sozialpolitische Fragen. Dass insbesondere die GKV noch nicht einmal eine durch das Äquivalenzprinzip bestimmte „Versicherung" ist, sondern eine Art einkommensabhängiger, bedarfsorientierter und solidarisch-sozialausgleichender Fonds, ist den meisten Akteuren nicht ausreichend klar.

2 2018 waren 8,4 Prozent oder 6,1 Millionen der beitragszahlenden GKV-Mitglieder freiwillig versichert und hätten damit theoretisch ihre Mitgliedschaft jederzeit kündigen und in die private Krankenversicherung wechseln können. Da die meisten freiwilligen Mitglieder ein höheres Einkommen haben und damit auch einen überdurchschnittlichen Beitrag zahlen, würde ihr Austritt aus einer gesetzlichen Krankenkasse deren finanzielles Solidarpotenzial beeinträchtigen.

3 Mehrere repräsentative Befragungen in den Nullerjahren und danach zeigten, dass konstant mindestens 80 Prozent der befragten Krankenversicherten die durch das Nebeneinander von einkommensbasierten Beiträgen und Bedarfsorientierung getragene solidarische Umverteilung zwischen Gesunden und Kranken, Jungen und Alten sowie zwischen Personen mit niedrigem und höherem Einkommen für gerecht halten – darunter auch diejenigen Personen, die über viele Jahre hinweg Beiträge zahlen ohne Leistungen in Anspruch zu nehmen. Wenn es um die Umverteilung zwischen Kinderlosen und Familien mit Kindern geht, sank dieser Anteil auf etwas unter 70 Prozent (vgl. Braun/Marstedt 2010: 306 und auch genereller ebd.: 251 ff.).

4 Auch wenn von einigen Ökonomen immer weiter die Gefahr von quantitativ relevantem Missbrauch, also einer Inanspruchnahme ohne gesundheitlichem Bedarf durch die als „homo oeconomicus" definierten Sozialversicherungs-Versicherten behauptet wird, gab und gibt es dafür keine empirischen Belege – unabhängig von der fragwürdigen Vorstellung, dass das Liegen in Krankenhausbetten oder das Schlucken von Medikamenten gesunden Menschen einen anzustrebenden Nutzen bereitet.

Ob diese Prozesse mehrwertschaffend sind oder nicht, lässt sich also mangels Transparenz nicht oder nur mit erheblichen Einschränkungen sagen.

Aufgrund dieser Ausgangssituation beschäftigt sich dieser Aufsatz vorrangig damit, den fehlenden oder geringen Wissensstand über die selbstverwaltete Sozialversicherung darzustellen, und aufgrund der dazu fehlenden Transparenz nicht oder nur wenig mit dem Zustand der Kommunikation und des Wissensmanagements innerhalb der selbstverwalteten Sozialversicherung und ihrer möglichen Außenwirkung. Dem schließt sich ein Überblick über die objektiven und subjektiven Gründe an, welche die Intransparenz über und durch die selbstverwaltete Sozialversicherung oder eine Art Autismus dieser Einrichtungen verursachen und fördern. In diesem Zusammenhang wird dann doch noch darauf eingegangen, ob die bekannten internen Kommunikationsprozesse und das Wissen über sie Mehrwert für sozialpolitische Debatten außerhalb der Organe der Sozialversicherungsträger schaffen könn(t)en.

II. Warum und wozu Kommunikation?

Neben der für soziale Verhältnisse grundlegenden allgemeinen Bedeutung von Kommunikation und Wissen gibt es für sie einen speziellen Anlass: „Kommunikation findet ihren Anlass [...] typisch im Nichtwissen. [...] Sie lebt, könnte man auch sagen, von ungleich verteiltem Wissen/Nichtwissen." (Luhmann 1997: 40).

Untersucht man den Bereich der sozialen Sicherung bzw. der Sozialversicherungsträger näher (vgl. dazu den folgenden Abschnitt), findet sich dort eine Fülle von Nicht- und Fehlwissen sowie Wissens-Asymmetrien. Dies wirkt sich sowohl auf die Wahrnehmung des Charakters dieser Institutionen und des Zustandekommens von spürbaren Entscheidungen, die Akzeptanz ihrer Entscheidungen, die Inanspruchnahme ihrer Leistungen, die Nutzung praktischer Alternativen zur Mitgliedschaft in der GKV bzw. einer einzelnen gesetzlichen Krankenkasse, auf die Gesundheit und Lebensqualität der Versicherten und letztlich auch auf die Debatte über gesellschaftspolitische Alternativen sowie die Qualität der sozialen Beziehungen aus.

III. Nichtwissen und ungleich verteiltes Wissen über Strukturen und Akteure im Gesundheitssystem Deutschlands

1. Kassenwahlfreiheit und Kassenwechsel

Nachdem auch nach rund einem Jahrzehnt der Kassenwahlfreiheit – einer der größten strukturverändernden Reformen der GKV nach 1949 – nur relativ wenige GKV-Versicherte die Möglichkeit genutzt hatten, ihre Kasse zu wechseln[5] und – wie von den Befürwortern der Kassenwahlfreiheit erwartet – Verbesserungen des Leistungsangebots erreichen[6], versuchte eine repräsentative Befragung von GKV-Versicherten im Jahr 2006, Gründe für dieses Verhalten zu erfahren (Braun et al. 2008, Böcken et al. 2006). Um zu überprüfen, ob es sich dabei um ein Einmalphänomen handelte, wurden die Fragen im Jahr 2010 erneut gestellt.

Alle vier der für die Entscheidung für oder gegen einen Kassenwechsel als relevant erachteten und in den Befragungen vorgegebenen Annahmen beantworteten 2006 nur 20 Prozent der Befragten richtig: Nur 41 Prozent verneinten richtigerweise die Behauptung, beim Kassenwechsel zwischen gesetzlichen Krankenkassen gingen angesparte Beiträge verloren, was tatsächlich nur beim Wechsel zwischen privaten Krankenversicherungsunternehmen der Fall ist. Immerhin 74 Prozent sagten, es treffe nicht zu, dass langjährig Versicherte mehr Leistungen erhielten als Neuversicherte. 71 Prozent bejahten zutreffend die These, Alte und Kranke zahlten in der GKV dasselbe wie Junge und Alte. Aber lediglich 50 Prozent der befragten Nichtwechsler waren sich sicher, dass Kassen keine neuen Mitglieder ablehnen dürfen.

Vier Jahre später war der Anteil der befragten GKV-Versicherten mit Fehlannahmen oder Nichtwissen zu wichtigen Systemcharakteristika bei zwei von drei von ihnen gestiegen oder auf hohem Niveau gleichgeblieben. Der Anteil der Befragten, der meinte, langjährig Versicherte würden mehr Leistungen erhalten,

5 Daran hat sich auch aktuell nichts geändert. Analysen des auch in den Niederlanden seit vielen Jahren möglichen, aber nur von einem Bruchteil der Krankenversicherten genutzten Kassenwechselgeschehens (Arentz 2018: 16) legen den Schluss nahe, dass das den hohen Erwartungen an den Umfang und die Wirkung des Wechsels zugrundeliegende Verhaltensmodell (Stichwort: nutzenmaximierender „homo oeconomicus") zumindest für diesen Bereich nicht zutrifft oder maßlos überschätzt wird.

6 Tatsächlich spielte dies bei vielen der oft jungen und gesunden Kassenwechsler nur eine untergeordnete Rolle. Entscheidend war für diese Gruppe die Höhe des Beitrags.

war von 26 Prozent auf 34 Prozent gestiegen, und nach wie vor waren fast 60 Prozent der Meinung beim Kassenwechsel zwischen GKV-Kassen gingen angesparte Beiträge verloren. Einzige positive Veränderung war die deutliche Erhöhung des Anteiles der Befragten, die bejahten, dass Alte und Kranke dasselbe an Beiträgen bezahlen wie Junge und Gesunde, von 71 Prozent auf 81 Prozent (Braun/Marstedt 2010).

2. Wissen über Gesundheitsgesetze

Da Gesetze häufig den Erhalt alter Versorgungsleistungen verbessern oder auch neue Leistungen enthalten, ist ihre Bekanntheit eine Voraussetzung für die Wahrnehmung des Gesundheitswesens als bedarfsorientiert und gerecht, seine Akzeptanz und letztlich auch für die Nutzung seiner Möglichkeiten im Bedarfsfall. Eine 2015 zum Bekanntheitsgrad verschiedener in den Jahren davor teilweise mit großer öffentlicher Resonanz, verabschiedeter Gesetze durchgeführte bevölkerungsrepräsentative Befragung (Bandelow et al. 2015) zeigt folgendes Bild: Das 2013 verabschiedete Patientenrechtegesetz kannten 47 Prozent der Befragten, der Anteil der Kenner*innen sank auf 30 Prozent, wenn es um das Arzneimittelmarktneuordnungsgesetz aus dem Jahr 2010 ging, beim GKV-Wettbewerbsstärkungsgesetz von 2007 auf 19 Prozent und beim GKV-Versorgungsstrukturgesetz von 2011 auf 17 Prozent. Das nichtexistierende PKV-GKV-Konvergenzgesetz „kannten" aber auch 11 Prozent.

Für die möglicherweise verständnis- und handlungsfördernde Wirkung von Gesetzen ist aber nicht nur oder bereits die Kenntnis ihrer oft juristischen und technisch formulierten Bezeichnung entscheidend[7], sondern vor allem die Vertrautheit mit ihren konkreten Inhalten. Selbst beim relativ gut bekannten Patientenrechtegesetz trifft dies nur auf 8 Prozent zu (Bandelow et al. 2015: 40).

Eine weitere Befragung nach der Kenntnis eines Bündels von Leistungen und Strukturen des GKV-Gesundheitssystems aus dem Jahr 2014 (Bandelow et al. 2015) zeigt ein deutliches Gefälle zwischen eher durch Erfahrung als durch Kommunikation und Wissensmanagement bei den Befragten präsenten Kenntnissen und solchen wo weniger Erfahrung die Kenntnisquelle ist als Kommunikation.

7 Dass dies auch den Verfassern von Gesetzen bewusst ist, zeigen die in den letzten Jahren etwas verständlicher und inhaltlicher formulierten Bezeichnungen einiger Gesetze (z.B. Gute-Kita-Gesetz). Ob dies aber wirklich ihre Bekanntheit, die Kenntnis ihrer Regelungen und ihre bedarfsgerechte Nutzung verbessert, muss erst empirisch belegt werden.

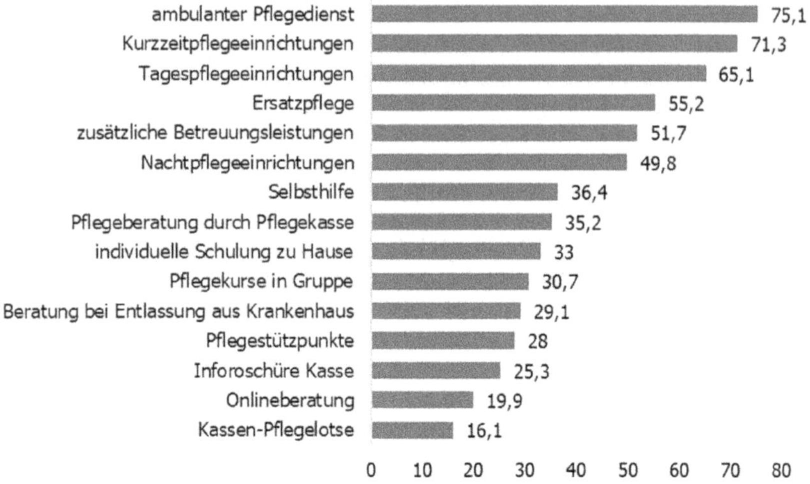

Abbildung 1: Kenntnisstand von pflegenden Angehörigen über pflegebezogene Leistungen (Anteil der Befragten mit Kenntnis in Prozent) (n=261).

So wussten 95 Prozent der Befragten, dass die Praxisgebühr abgeschafft und 88 Prozent, dass eine elektronische Versichertenkarte eingeführt werden sollte. Von der Einführung des Gesundheitsfonds wussten dann nur noch 48 Prozent, dass Kassen fusionieren können 36 Prozent, vom Landärztegesetz 32 Prozent, der Nutzenbewertung bei neuen Arzneimitteln noch 17 Prozent, der Einrichtung des Spitzenverband Bund der GKV 14 Prozent und von der Existenz des für die Qualitätsbewertung von Leistungen der GKV zuständigen Instituts für Qualität und Wirtschaftlichkeit im Gesundheitswesen (IQWiG) nur noch 9 Prozent der Befragten.

3. Kenntnis von gesundheitsbezogenen Leistungen

Die Bedeutung der bisherigen Beispiele für Nichtwissen und Wissensgefälle und die daraus resultierenden Anforderungen an Kommunikation könnten dadurch relativiert werden, dass manche Gesetze erst dann wahrgenommen und bekannt werden, wenn ein Leistungsbedarf existiert. Eine Befragung von pflegenden Angehörigen aus dem Jahr 2016 (Braun 2016) zeigt aber(Abbildung 1:

Abbildung 1), dass ein Großteil der zur Verfügung stehenden Unterstützungsleistungen, nur einem kleinen Anteil jener Personen bekannt ist, die sie benötigen (könnten) und auch für den Erhalt berechtigt sind. Selbst die im Pflegealltag

von pflegenden Angehörigen enorm wichtigen Leistungen eines ambulanten Pflegedienstes oder die Leistungen der Kurzzeit- und Tagespflege sind zwischen einem Viertel und einem Drittel der pflegenden Angehörigen nicht bekannt. Mit dafür verantwortlich könnte sein, dass zwischen rund 94 Prozent und 65 Prozent der pflegenden Angehörigen auch die Existenz eines Pflegelotsen und der Beratungsmöglichkeit durch die Pflegekasse nicht bekannt war.
Für Wissenslücken von großer praktischer Bedeutung für Leistungsempfänger und -erbringer liefert die empirische Forschung über „health literacy" oder Gesundheitskompetenz in der deutschen Bevölkerung zahlreiche weitere Belege (vgl. dazu z. B. Zok 2014; Schaeffer et al. 2016; Schaeffer et al. 2017; Schaeffer et al. 2018).

Für die GKV-Versicherten zeigte z. B. eine 2013/14 durchgeführte repräsentative Umfrage zur Messung der Gesundheitskompetenz mit einem international erprobten Fragebogen einen „allgemeinen Gesundheitskompetenz-Wert (Score) von 31,9. Dieser deutsche Durchschnittswert liegt unter dem Index-Wert von 33,8, der in einem europaweiten Ländervergleich im Rahmen des European Health Literacy Surveys (HLS-EU) berechnet wurde. Nach der standardisierten HLS-EU-Skala weisen sieben Prozent der GKV-Versicherten eine ausgezeichnete und 33,5 Prozent eine ausreichende Gesundheitskompetenz auf. Bei 45,0 Prozent der GKV-Versicherten ist der Kenntnisstand hingegen problematisch, bei 14,5 Prozent unzureichend. Der Unterschied zum EU-Durchschnitt geht vor allem auf Fragen rund um die Themen Krankheitsbewältigung und Prävention zurück: Hier zeigt sich, dass mehr als die Hälfte der GKV-Versicherten Schwierigkeiten hatten, gesundheitsrelevante Informationen zu finden, zu verstehen, zu beurteilen und umzusetzen." (Zok 2014: 1). Daran hat sich in vergleichbaren weiteren Untersuchungen nichts geändert. Dies war auch der Grund für den seit 2018 vorliegenden „Nationalen Aktionsplan Gesundheitskompetenz" (Schaeffer et al. 2018) über dessen Sinn und praktische Wirkung erst künftige Untersuchungen Auskunft geben können.

4. Wissen über Selbstverwaltung

Ein wichtiger Anlass für Kommunikation und Wissensmanagement im eingangs dargestellten Sinn existiert schließlich ausgerechnet in Gestalt des seit Jahrzehnten konstant geringen Stand des Wissens über die Existenz und Tätigkeit der Selbstverwaltung als einem konstitutiven Merkmal der Sozialversicherung seit ihrem Bestehen (im Falle der GKV also seit 1883) und möglichem Modell für die sozialpolitischen Auseinandersetzungen.

1975, also ein Jahr nach der Sozialwahl 1974, hatten in einer repräsentativen Befragung nur 30 Prozent der Sozialversicherten schon einmal von der „Selbstverwaltung der Versicherten" bei den Trägern gehört. Nur 46 Prozent der Versicherten war die Existenz der Sozialwahlen bekannt (infas 1977).

In zwei weiteren Befragungen in den Jahren 2004 und 2005, also kurz vor und im Sozialwahljahr 2005, hatten trotz beträchtlicher Werbemaßnahmen zwischen rund 50 Prozent und 70 Prozent der Versicherten keine Kenntnis über die Sozialwahlen (zit. nach Braun et al. 2009: 147).

In einer 2010, d. h. im Vorfeld der Sozialwahl im Jahr 2011, durchgeführten Befragung von 1.520 GKV-Versicherten (Braun/Marstedt 2010), war 552 der Befragten oder 36 Prozent der Verwaltungsrat als Selbstverwaltungsinstitution bekannt. Noch 176, das sind 12 Prozent aller Befragten und 32 Prozent der Befragten, denen der Verwaltungsrat bekannt war, gaben an, ihnen sei auch die Arbeit des Verwaltungsrats bekannt. Welchen praktischen politischen (Mehr-) Wert das Wissen über die Selbstverwaltung besitzt, zeigt sich an einem weiteren Ergebnis dieser Befragung. So erklärten zunächst 54 Prozent aller Befragten, sie seien „alles in allem" sehr oder eher für das ihnen zuvor inhaltlich erklärte Prinzip von Selbstverwaltung und Sozialwahlen. Neben diesem für sich unerwartet positiven Resultat ist aber schon der Anteil von 27 Prozent, die diese Frage nicht beantworteten, ein wichtiger Hinweis welchen (Mehr)-Wert mehr Kommunikation und Wissen über Selbstverwaltung haben könnte. Mit wachsendem Wissen über die Selbstverwaltung steigt nämlich der Anteil der GKV-Versicherten, die sehr oder eher für die Repräsentation ihrer Interessen durch die Selbstverwaltung sind auf 71 Prozent, wenn der Verwaltungsrat zumindest bekannt ist, und auf 83 Prozent, wenn auch etwas über die Arbeit des Verwaltungsrats bekannt ist.

Dass die Kommunikation und das Wissen über Selbstverwaltung wichtig sind und auch keineswegs erfolglos sein müssen, zeigt eine Umfrage zum beabsichtigten Wahlverhalten[8] der Krankenversicherten vor der Sozialwahl 2017 (Techniker Krankenkasse 2016). Selbst die 9 Prozent der Befragten, die eine Mitsprache durch Sozialwahlen für unwichtig halten oder die nicht vorhaben, an der Wahl teilzunehmen, finden zu mehr oder weniger deutlich über 80 Prozent, dass Versicherte gehört werden und diese ihre Versicherung kontrollieren sollten. Mehr Kommunikation und Wissen über den Mitwirkungsalltag durch Selbstverwaltung könnte also einen Teil der Nichtwähler zur Teilnahme an der nächsten Wahl motivieren.

---

8 Bei der Techniker Krankenkasse gibt es in der Regel Urwahlen, weshalb die Frage nach dem Wahlverhalten beabsichtigtes reales Verhalten misst.

Die Bereitschaft und Fähigkeit der Selbstverwaltung, vorhandene Wissensgefälle durch aktives Wissensmanagement abzumildern oder zu beseitigen, hängt nicht nur von der subjektiven Einstellung, Haltung, Fähigkeit und Fertigkeit der Selbstverwalter ab, sondern wird auch durch Wissens- und Verständnisbarrieren oder Asymmetrien in ihrem Handlungsbereich beeinflusst. Nicht- oder unvollständiges Wissen besteht also auch bei Akteuren der Selbstverwaltung, die über ihre Handlungsbedingungen kommunizieren oder Wissensmanagement organisieren sollten.

5. Kommunikations- und Wissensdefizite bei Selbstverwaltern

In einer Studie über die Praxis der Widerspruchsausschüsse in der Sozialversicherung (Höland/Welti 2019) findet der Rechtswissenschaftler Höland (2019: 54) „zahlreiche Hinweise auf das Vorhandensein eines mehr oder weniger ausgeprägten Wissensgefälles" zum Nachteil der dort aktiven Selbstverwalter.

In diesem Zusammenhang weisen die Autoren auf die dafür u. a. verantwortliche Komplexität der Ressource Wissen hin, die nicht nur die Kommunikation zwischen ehrenamtlichen Akteuren der Selbstverwaltung und hauptamtlichen professionellen Beschäftigten der Versicherungsträger erschwert, sondern am Ende auch die Existenz und die Funktionsfähigkeit eines Wissensmanagements der Selbstverwaltung ver- oder behindert.

Die Bedingungen der Wissensaneignung und der wissensbasierten Kommunikation stellen sich demnach bei Sozialversicherungsträgern folgendermaßen dar: „Neben den kodifizierten, publizierten und einfach vermittelbaren expliziten Wissensfragmenten besteht eine Fülle von nicht stets präsenten, aber aktivierbaren Elementen von Erfahrungs-, Hintergrund- und Kontextwissen sowie dem Wissen um die Anwendung von Wissen, also gleichsam dem ‚Wissen-Wissen'. Erzeugt, kommuniziert und gespeichert werden solche stillen Wissensschichten innerhalb von Organisationen, in unserem Forschungsbeispiel innerhalb der Verwaltung der Sozialversicherungsträger. Implizites Wissen ist weitgehend in Wahrnehmungsmustern, Heuristiken, Handlungsroutinen, taktischem und strategischem Geschick aufgehoben, aber auch in intuitivem Handeln. Es kann über einzelne Personen hinaus zum Bestandteil des Dienst- oder Organisationswissens werden und sich in entsprechenden Entscheidungskulturen wiederfinden. In die so beschaffenen Wissensräume kann nur vordringen, wer in die Organisation sozialisiert ist. Nur wer durch dauerhafte Mitarbeit in der Organisation in das innere Wert- und Verhaltensgefüge und damit auch in das nur 'innen' vorhandene stille Wissen hineinwächst, wird mit den Verwaltungsabläufen und Entscheidungsbegründungen mithalten können. Nur ein Teil des in der Organisation vorhandenen impliziten Wissens wird sich für Externalisierung eignen und an außenstehende Personen wie die ehrenamtlichen Mitglieder von Widerspruchsausschüssen vermittelt werden können." (Höland 2019: 52).

Alles in allem bestanden oder bestehen also im Kontext der selbstverwalteten Sozialversicherung zahlreiche Anlässe für mehr und andere Kommunikation und ein anderes Wissensmanagement über und durch sie.

IV. Kommunikation und Wissensmanagement über und durch die selbstverwaltete Sozialversicherung

Bei genügend Anlässen für Kommunikation und Wissensmanagement stellt sich die Frage, ob und wie sie praktisch aufgegriffen wurden und damit der „Prozess der gesellschaftlichen Auseinandersetzung [. . .] über sozialpolitische Fragen" (Auszug aus dem Tagungsprogramm) geprägt wurde?

Wer diese Frage empirisch beantworten will, bewegt sich auf einer sehr schmalen, lückenreichen, mehr oder weniger aktuellen, meist nicht repräsentativen und brüchigen Basis und tut sich beim Versuch, Beispiele für gelungene Kommunikation zu finden, sehr schwer. Dies liegt zum einen an dem bereits vor vielen Jahren wissenschaftssoziologisch beklagten eigentümlichen Desinteresse der Sozialwissenschaften an der Sozialversicherung. Daran ändert sich selbst dann nichts, wenn z. B. in den 1960- und 1970er Jahren eine intensive wissenschaftliche wie politische Debatte über soziale Mitbestimmung stattfand oder seit einigen Jahren über die Bedeutung zivilgesellschaftlicher Mitbestimmung und Teilhabe debattiert wird. Zum anderen spielt dabei außerdem die anhaltende Abneigung von Sozialversicherungsträgern und ihrer Selbstverwaltung eine Rolle, sich an unabhängigen wissenschaftlichen Untersuchungen zu beteiligen oder auch unabhängig davon ein umfassendes Wissensmanagement zu betreiben. Kommt es überhaupt zu Untersuchungen, handelt es sich meistens um welche in der Gesetzlichen Krankenversicherung (GKV).

1. Das Interesse der Sozialwissenschaften

Obwohl sich die Soziologie, die Sozialpolitik und die Institutionen der selbstverwalteten Sozialversicherungsträger „weitgehend nebeneinander entwickelt" (Tennstedt 1977: 484) haben, stellte Christian v. Ferber fest, „dass selbst große soziologische Fachbereiche in der Bundesrepublik kaum Anstrengungen unternehmen, sich die sozialpolitische Dimension als einen selbstverständlichen Schwerpunkt zu erschließen" (v. Ferber 1977: 27). Zum anderen erschwert der stetig wachsende Grad der Verrechtlichung, die ausgeprägte Formalisierung von internen Abläufen und der damit verbundene „Schwund“ des sozialen Gehalts von Sozialverwaltungsentscheidungen und -bescheiden[9] und die in den 1970er Jahren mit der Kostendämpfungs- und Beitragssatzstabilitätspolitik beginnende Finanzialisierung der Sozialversicherungsträger (vgl. dazu u.a. Tennstedt 1976 sowie den gesamten Band von Murswieck 1976) das Verständnis sozial- oder sozialversicherungspolitischer Strukturen und Vorgänge und dient auch als Material, mit dem die Träger die mit ihrem Handeln verbundenen Herrschaftsverhältnisse vor allzu großer Neugier und Kritik abschotten.

Dass das gerade skizzierte Desinteresse aber nicht ausschließlich ein innerwissenschaftliches Problem war und ist, zeigt der folgende Hinweis: „Von Seiten der ‚Praktiker' werden diese Tendenzen leider dadurch unterstützt, daß sie bei Tagungen und Gutachten – quasi als legitimierende Dekoration – möglichst vielbeschäftigte ‚Berühmtheiten' hören anstatt langfristige, sachdienliche und kontinuierliche Forschung im sozialstaatlichen Interesse zu stimulieren, die zur Aufhebung oder Minderung der mit der Verrechtlichung und Ökonomisierung einhergehenden Fiktionen und Herrschaftsbeziehungen beitragen könnte.“ (Tennstedt 1976: 155).

2. Kommunikation durch Beteiligung an wissenschaftlichen Untersuchungen

Eine Möglichkeit zu kommunizieren und ein möglicher Bestandteil von Wissensmanagement ist die Bereitschaft, unabhängige wissenschaftliche Untersuchungen über sich selbst zuzulassen, sich daran aktiv zu beteiligen und die Veröffentlichung von Ergebnissen zu fördern.

Fasst man die unabhängig von der Fragestellung und der erkennbaren Bedeutung einer möglichst hohen und damit repräsentativen Beteiligung tatsächliche Beteiligung von Akteuren der selbstverwalteten Sozialversicherung zusammen, beteiligten sich wenn überhaupt meist nur mehr oder weniger weit unter 50 Prozent von ihnen an standardisierten Befragungen oder stellten Materialien zur Verfügung. Dies ist neben forschungsökonomischen Limitationen auch ein Grund für die in einigen empirischen Projekten gewählte Vorgehensweise die Stichprobe für Befragungen nicht mehr zufällig zu generieren und/oder nur noch eine geringe Anzahl von Personen oder Institutionen zu befragen.

9 „Die Verwaltungsbescheide sind nicht unter dem Gesichtspunkt der Verständlichkeit für das Publikum abgefaßt, sondern unter dem der Unanfechtbarkeit gegenüber der Gerichtsbarkeit, von der allein ‚Sanktionen' drohen.“ (Tennstedt 1976: 153).

An einer 2005 zu ihren Erfahrungen in der Selbstverwaltung und der Selbstbewertung ihrer Qualifikation und Tätigkeit durchgeführten schriftlichen Befragung von Versichertenvertretern mit mindestens sechs Jahren Selbstverwaltungspraxis in der GKV beteiligten sich 42,3 Prozent der Befragten aus Innungs-, Orts- und Ersatzkrankenkassen. Wegen einer mehr oder weniger offenen gemeinsamen Blockadehaltung von hauptamtlicher Verwaltung und leitenden Verwaltungsratsmitgliedern auf Bundesebene beteiligten sich dagegen nur wenige Selbstverwalter aus sehr wenigen Betriebskrankenkassen. Die Gesamtbeteiligungsrate sank damit unter 20 Prozent (Braun et al. 2007: 366).

An einer 2007 durchgeführten Befragung von 299 Sozialversicherungsträgern zu den von ihnen genutzten Kommunikationswegen und -instrumenten beteiligten sich 141 oder 47,2 Prozent dieser Träger. Von allen befragten gesetzlichen Krankenkassen antworteten 37,5 Prozent, wobei die Antwortrate zwischen 68,8 Prozent bei den Allgemeinen Ortskrankenkassen und 29,8 Prozent bei den Betriebskrankenkassen schwankte (Braun et al. 2009: 154).

Auf die im selben Jahr an 288 Sozialversicherungsträger gerichtete Bitte, Materialien zur Verfügung zu stellen, in denen seit der Sozialwahl 1999 über die Selbstverwaltung und die Sozialwahlen informiert wurde, reagierten 56 oder 19,4 Prozent von ihnen mit mehr oder weniger umfangreichen Zusendungen von Zeitschriften, Flugblättern oder anderen Materialien. Von den angeschriebenen gesetzlichen Krankenkassen reagierten 10,5 Prozent, wobei auch hier die Rücklaufquote von 50 Prozent bei den Ersatzkassen bis zu 5,9 Prozent bei den Innungskrankenkassen reichte. Die damit angezeigte fehlende Bereitschaft, sich zu beteiligen, oder dies mangels Materialien gar nicht zu können, ist umso kritischer zu bewerten, weil den Trägern bekannt war, dass die Bitte, Materialien zur Verfügung zu stellen, im Rahmen eines Gutachtens über Sozialwahlen und Selbstverwaltung für das Bundesministerium für Arbeit und Soziales (BMAS) erfolgte, Nichtbeachtung also möglicherweise zu kritischen politischen Schlussfolgerungen führen könnte. Obwohl dies nicht zwingend ist, bestand ein deutlicher Zusammenhang zwischen der Bereitschaft, Materialien zuzusenden, und der Durchführung von Urwahlen für die Selbstverwaltung (Braun et al. 2009: 161).

Eine 2014/2015 durchgeführte empirische Studie über die „soziale Selbstverwaltung als ein Instrument zur Schaffung von sozialer Gerechtigkeit und Sicherheit am Beispiel von Leistungen zur Teilhabe der Sozialversicherung – Rehabilitation" (Köpke/Welti 2017: 5) verzichtete von Anfang an auf die Befragung oder Interviews mit einer größeren Grundgesamtheit. Stattdessen legten sich die Forscher mittels qualitativer Kriterien auf eine Gesamtheit von 24 zu befragenden Personen aus allen Sozialversicherungsträgern fest, die ihres

Erachtens „als repräsentativ für alle in den Gremien der Sozialversicherungsträger tätigen Selbstverwalterinnen und Selbstverwaltern angesehen werden kann“ (Köpke/Welti 2017: 53). Um an diese 24 Personen heranzukommen, baten die Forscher „die führenden versicherten- und arbeitgeberseitigen Vertreter in den Spitzenverbänden bzw. Spitzenorganisationen der gesetzlichen Sozialversicherung bis zu 10 Selbstverwalterinnen und Selbstverwaltern zu benennen, die interviewt werden könnten. Diese Bitte führte zu knapp 50 Vorgeschlagenen, die dann „mit einem Kurz-Fragebogen um nähere Angaben zu Grunddaten ihrer Selbstverwaltertätigkeit gebeten“ wurden. Die abschließende Auswahl der 24 Interviewpartner*innen erfolgte dann erneut kriterienbasiert (Köpke/Welti: 54). Ob durch die Interviews mit diesen mehrfach „ausgesiebten“ Personen wirklich ein repräsentativer und belastbarer Einblick in die Innenwelt der mit dem Thema Rehabilitation befassten Selbstverwalter*innen gewonnen werden konnte, ist fraglich.

Eine im Jahr 2016 durchgeführte schriftlich standardisierte Befragung von ehrenamtlichen Selbstverwaltern und hauptamtlichen Mitgliedern von Widerspruchsausschüssen, denen bei den Sozialversicherungsträgern die eigenverantwortliche Entscheidung über Widersprüche übertragen werden kann zeigt, dass sich an vielen der transparenzverhindernden und kommunikationsbeeinträchtigenden Bedingungen nur wenig geändert hat (Höland/Welti 2019).

Dies beginnt damit, dass für die Forscher*innen die „Größe der Grundgesamtheit, d. h. der Anzahl der dort tätigen Personen unbekannt“ war, nur 78 von 168 oder 46,4 Prozent der um die Mitteilung der Anzahl ihrer Widerspruchsausschussmitglieder gebetenen Sozialversicherungsträger diese mitteilte und sich dann „von den Sozialversicherungsträgern [...] alle angesprochenen Zweige außer der Unfallversicherung[10] an der Erhebung beteiligt [haben]“ (Böttcher und Höland in: Höland/Welti 2019: 18/19; 44). Auf der Basis der gelieferten Daten und der aus den Satzungen ermittelten Zahlen von Ausschüssen und Mitgliedern schätzen die Forscher*innen ihre Grundgesamtheit auf „1.000 bis 1.200 Widerspruchsausschüsse mit 3.000 bis 3.500 Mitgliedern“. Der Rücklauf war mit 978 auswertbaren Fragebögen einerseits aus Sicht der Forscher*innen „erfreulich hoch“, bewegt sich aber je nach geschätzter Größe der Grundgesamtheit zwischen 28 Prozent und 33 Prozent (Höland in Höland/Welti 2019: 44).

10 Ihr Verband empfahl offen, sich nicht an der Untersuchung zu beteiligen.

Selbst wenn Beteiligungsraten von weit über 50 Prozent nicht unbedingt nötig sind, um von repräsentativen Ergebnissen ausgehen zu können[11], reduzieren Raten, die mehr oder weniger weit unter der 50 Prozent-Marke liegen, die Aussagekraft der jeweiligen Untersuchung erheblich.

Wegen dieser Schwierigkeiten für repräsentative Untersuchungen in Grundgesamtheiten und aus forschungsökonomischen Gründen entscheiden sich einige Forschergruppen von Anfang an für eine nicht zufällige Auswahl der Befragten (z.B. Köpke/Welti 2017 – siehe weiter oben) und eine geringe Anzahl von letztlich befragten Personen (z.B. Baumeister et al. 2013 – Näheres siehe weiter unten).

Das gegenüber wissenschaftlichen Untersuchungen und der Kommunikation mit ihrer Umwelt eher abweisende Verhalten von Trägern und Selbstverwaltern geht mit einem geringen und dazu inhaltlich verkürzten Interesse an Wissen über die Präferenzen, Einstellungen, Wahrnehmungen und Erfahrungen ihrer Versicherten einher. So wurde eine zuletzt 1971 (!! – Hervorhebung durch den Verfasser) (Kaufmann et al. 1971) im Auftrag des BMAS durchgeführte wissenschaftlich unabhängige Studie über den Zustand des Verhältnisses von Versicherungsträgern und Versicherten – und damit eine Fundgrube für die Kommunikations- und Wissensmanagementpraxis – nie wiederholt.

Die stattdessen durchgeführten Zufriedenheitsbefragungen und die nahezu unüberschaubare Anzahl von Auftrags-Rankings und -Zertifikaten mit diversen Alleinstellungsindikatoren („Bester Kundendienst des Jahres“) sind reines Marketing und reduzieren die Wirklichkeit auf wenige oberflächliche Aspekte.

Auch der spätestens mit der Weiterentwicklung und Erweiterung ihrer alten (Reichsversicherungsordnung) durch eine neue (Sozialgesetzbuch V) normative Grundlage im Jahr 1989 erfolgende weitere quantitative und qualitative Auf- und Ausbau des Personal- und Sachbestands der GKV ging nur zögerlich und punktuell mit der „Entwicklung publikumsorientierter Subsysteme mit der Fähigkeit zur Rezeption von Informationen über die kognitiven, affektiven und bedürfnismäßigen Merkmale der Versicherten, [der] verstärkte[n] Berücksichtigung derartiger Informationen in den Prozessen der Entscheidungserarbeitung und [dem] Bemühen, sich zum Anwalt des Versicherten und seiner Bedürfnisse zu machen, auch ohne daß die Verwaltung von dem Umweltsektor Versicherte abhängig ist“ (Hegner 1971: 67, zitiert nach Tennstedt 1976: 153) einher.

11 Dies gilt aber nur dann, wenn exakte Kenntnisse über die Quantität und qualitative Zusammensetzung der Grundgesamtheit z. B. der Selbstverwaltungsmitglieder vorliegen. Dies ist aber im Bereich der Selbstverwaltung häufig nicht der Fall.

Trotz aller evidenter Erkenntnisse und trotz der durch das SGB V vor allem zur Sicherung der Qualität gesundheitlicher Leistungen etablierten und ebenfalls im erweiterten Sinn selbstverwalteten Institutionen (vor allem der Gemeinsame Bundesausschuss), wissenschaftlichen Institute (vor allem das Institut für Qualität und Wirtschaftlichkeit im Gesundheitswesen (IQWiG) und das Institut für Qualitätssicherung und Transparenz im Gesundheitswesen (IQTIG)) und Prozeduren spielen Patientenpräferenzen als Endpunkte für die Bewertung des Nutzens von Leistungen und die evidenzbasierte gemeinsame Entscheidungsfindung noch nicht einmal in der Gesundheitsforschung und praktisch bei keiner versorgungspolitischen Entscheidung eine entscheidende Rolle.

3. Kommunikation und Wissensmanagement über und durch Selbstverwaltung im Zeitraum 1999-2005

Im Nachgang zur Sozialwahl 1999 forderte der Bundesbeauftragte für die Durchführung der Sozialwahlen in seinem Abschlussbericht zu den Wahlen u. a.: „Es ist vielmehr Aufgabe der Politik, der Sozialversicherungsträger und ihrer Selbstverwaltung sowie der sie tragenden Organisationen, den Versicherten, nicht zuletzt aber auch den Medien, die Selbstverwaltung auch zwischen den Wahlen näher zu bringen und damit nicht nur für ausreichende Informationen Sorge zu tragen, sondern auch für Akzeptanz zu werben. Geschieht dies nicht, wird sich auch in Zukunft nichts ändern. Ein Tätigwerden erst bei der nächsten Wahl ist zu spät. Mangelnde Information und damit einhergehende fehlende Akzeptanz lässt sich nicht erst im Wahlverfahren herstellen“ (Der Bundeswahlbeauftragte 1999: 37f.).

Dass diese Hinweise nicht zu einer grundlegenden Veränderung der Kommunikation zwischen Selbstverwaltung, den Versicherten und der Öffentlichkeit geführt haben, zeigt sich darin, dass sich auch der Abschlussbericht zu den Sozialwahlen 2005 schwerpunktmäßig mit der Notwendigkeit und den Methoden von Information und Kommunikation beschäftigte.

Konkret empfiehlt der Bericht z. B. eine „bessere Presse- und Öffentlichkeitsarbeit während (! – Hervorhebung durch die Verfasser) der gesamten sechs-jährigen Amtszeit“, die „Veröffentlichung des Haushalts/Geschäftsberichts des Versichertenträgers in einer allgemeinen für den Versicherten verständlichen Form“, eine „verbesserte Kommunikation mit den Versicherten, z. B. durch Informationsveranstaltungen, Symposien, Sprechstunden mit der Gelegenheit zum Meinungsaustausch zwischen Leistungserbringern, Sozialmedizinischem Dienst und den Versicherten“ und die „Veröffentlichung eines Rechenschaftsberichts über die Arbeit“ (Der Bundesbeauftragte 2005: 75).

Als Bestandteil eines vom BMAS beauftragten Gutachtens über die Modernisierung der Sozialwahlen/Selbstverwaltung (Braun et al. 2009: 153ff.) wurde in den Jahren 2007 und 2008 die Kommunikationswirklichkeit der und über Selbstverwaltung sowohl durch eine schriftlich standardisierte Befragung der Sozialversicherungsträger als auch durch eine Inhaltsanalyse von Informationsmaterialien der Träger für den Zeitraum seit der Sozialwahl 1999 und im Zeitraum vor und nach der Sozialwahl 2005 untersucht.

Wie bereits weiter oben dargestellt, war die Bereitschaft der Träger, zu antworten bzw. Materialien zur Öffentlichkeitsarbeit der Selbstverwaltungsorgane und über ihre Tätigkeit zur Verfügung zu stellen, trotz der Kenntnis des Auftraggebers und des Zwecks der Untersuchung sehr gering.

Für jedwede Art der Kommunikation zwischen der Selbstverwaltung und den Versicherten wurden von 85 Prozent und 84 Prozent der sich an der Untersuchung beteiligenden Krankenkassen Mitgliederzeitschriften und die Homepage der Kasse genutzt. Eine eigenständige Homepage der Selbstverwaltung existierte aber nur bei Kassen mit über zwei Millionen Versicherten. Als „sonstige" Kommunikationswege werden von 33 Prozent der Kassen Trägerveranstaltungen, Betriebsversammlungen oder Geschäftsberichte genannt. Die Informationsvermittlung und Berichterstattung waren aber nicht kontinuierlich. So erfolgte die Berichterstattung in den meist viertel- oder halbjährlich erscheinenden Mitgliederzeitschriften bei 31,4 Prozent und die Berichterstattung per Internet bei 45,5 Prozent der Kassen „unregelmäßig". 13,1 Prozent der Kassen, darunter überproportional die zum Teil kleinen Betriebskrankenkassen, gaben an, über Selbstverwaltung nur zum Sozialwahltermin zu informieren. Direkt postalisch erreichbar waren 30 Prozent der Selbstverwaltungen nicht, und bei 40 Prozent der Kassen war dies nicht per E-Mail möglich.

Zusammengefasst bedeutete dies für die Mitte der Nullerjahre, „dass bei den Selbstverwaltungsorganen der Träger die notwendigen Voraussetzungen, um in einen Kommunikationsprozess mit möglichst allen Versicherten der Kasse einzutreten, noch längst nicht flächendeckend geschaffen" (Braun et al. 2009: 159) waren.

Von den insgesamt 299 um Unterlagen gebetenen Sozialversicherungsträgern schickten 61 oder 20,4 Prozent entsprechende Materialien. Von den 248 gesetzlichen Krankenkassen sandten 26 oder 10,5 Prozent die erbetenen Unterlagen, darunter 50 Prozent der angeschriebenen Ersatzkassen und 37,5 Prozent der AOKen. Am geringsten war mit 6,8 Prozent (14 von insgesamt 205 existierenden Innungskrankenkassen) der Rücklauf der Betriebskrankenkassen. Bei den antwortenden Trägern handelte es sich höchstwahrscheinlich um eine stark positiv verzerrte Teilgruppe.

Inhaltlich fanden sich zwar in den Mitgliederzeitschriften und den Internetauftritten einiger Krankenkassen Hinweise auf die Existenz der Selbstverwaltung und die dort aktiven Personen, doch relativ selten und nicht kontinuierlich anschauliche Berichte zu deren Tätigkeit. Hinzu kamen erhebliche Unterschiede zwischen den Kassenarten. Dabei war die Transparenz über die Listenzugehörigkeit von Selbstverwaltern und deren Programme und Ziele bei den Ersatzkassen mit Sozialwahl besser – aber auch nicht optimal – als bei den AOKen, in denen meistens seit Jahrzehnten keine Urwahlen mehr stattgefunden haben.

Berichte über Entscheidungen/Beschlüsse des Selbstverwaltungsorgans deckten thematisch die gesetzlich vorgeschriebenen „Pflicht"aufgaben ab. Für die Erkennbarkeit der Selbstverwaltung als Vertretungsorgan der Versicherteninteressen leisten solche – häufig in einem amtlichen Bekanntmachungsstil gehaltenen – Berichte wenig. Sie vermitteln eher den Eindruck, dass hier ein Verwaltungsorgan[12] seiner Arbeit nachgeht. Selten werden Entscheidungen der Selbstverwaltung ausführlich begründet, Hintergründe dargestellt oder die politischen Dimensionen thematisiert. Auch fehlen Anknüpfungspunkte an die verschiedenen Interessenlagen der Versicherten. Dazu könnte natürlich auch beitragen, dass Sozialversicherungsträger damals wie heute nichts, wenig, nur Einseitiges (z. B. Wechselbereitschaft, Zufriedenheit mit vorhandenen Strukturen und Leistungen) und unregelmäßig Erhobenes über die Interessen und Präferenzen ihrer Versicherten und vor allem der bei ihnen versicherten Patient*innen wissen. Selbst wenn es hier in den letzten Jahren einige „weiße Schafe" gibt (siehe z. B. die Reports aus dem Wissenschaftlichen Institut der Ortskrankenkassen (WIdO) oder die Gesundheitsreports einiger Ersatzkassen oder des BKK-Bundesverbands), ist deren Beitrag zur Kommunikation der Selbstverwaltung mit den Versicherten und der Öffentlichkeit unklar und ihre Rezeption wie Wirkung über den Marketingzweck hinaus mangels Evaluation unbekannt.[13]

---

12 Diese Wahrnehmung wird durch die für die Selbstverwaltung eigentlich falsche Bezeichnung als „Verwaltung" gefördert. Genau dies sollte das Selbstverwaltungsorgan Verwaltungsrat in der GKV nämlich nach der Selbstverwaltungsreform in den 1990er Jahren nicht mehr sein. Es sollte stattdessen laut des § 197 SGB V ausgestattet mit „Kontroll- und Aufsichtsfunktion" als „Legislativorgan" mit der „Entscheidungsbefugnis in allen grundlegenden Fragen (Leitlinienkompetenz)" agieren (Becker/Kingreen 218: 1840).

13 Dies gilt strenggenommen aber auch für zahlreiche andere systematische Analysen des Geschehens im Handlungsfeld von Sozialversicherungsträgern und darauf bezogene Empfehlungen. So ist z. B. für die seit 1987 mit wenigen Ausnahmen jährlich erschienenen Berichte des Sachverständigenrats zur Begutachtung der Entwicklung im Gesundheitswesen (so seine aktuelle Bezeichnung) trotz zahlreicher wichtiger, exklusiv und

In den Internetauftritten erscheint die Selbstverwaltung in den allermeisten Fällen nur als Nebenaspekt der Organisation des Trägers. Eigene Bereiche des Organs/der Organe im Internet, in denen Berichte über deren Aktivitäten zusammenlaufen, sind die Ausnahme. Die Öffentlichkeitsarbeit im Zuge der Durchführung von Urwahlen ist grundsätzlich ausreichend. Als völlig ungenügend muss jedoch die Öffentlichkeitsarbeit um Friedenswahlen, d. h. Nichtwahlen (Näheres siehe weiter unten), herum bezeichnet werden. Im günstigsten Fall wird den Versicherten gegenüber kommuniziert, warum Friedenswahlen durchgeführt werden (i. d. R. wird auf die bewährte Arbeit des bisherigen Organs verwiesen, das ohne die hohen Kosten einer Urwahl weiter amtieren solle[14]), und den Versicherten vor den Wahlen in Erinnerung gerufen, welche Listen überhaupt antreten. Oft bleibt es aber bei einer oder zwei Randnotizen vor der Wahl und der Vorstellung des neu konstituierten Organs nach der Wahl.

Auch der mögliche Einwand, nicht die Selbstverwaltung, sondern die hauptamtlichen Mitarbeiter*innen der Träger hätten nicht geantwortet, ändert an der kritischen Einschätzung zum Wissensmanagement der Selbstverwaltung nichts. Offensichtlich konnten sich die hauptamtlichen Mitarbeiter*innen der Träger, die nicht antworteten, sicher sein, mit der Verweigerung von Antworten auf Fragen zur Selbstverwaltung keine Probleme mit dieser zu bekommen.

Unerwartet geringe Antwortbereitschaft gab es selbst dann, wenn es um ein gerade für die Versicherten- und damit in der Regel Arbeitnehmervertreter wichtiges Thema wie das des betrieblichen Gesundheits- und Arbeitsschutzes ging. So befragte das Wissenschaftszentrum Berlin (WZB) im Jahr 1985 800 Betriebskrankenkassen schriftlich zu den bei ihnen durchgeführten Aktivitäten

---

auch diskursiv dargestellten Themen (z. B. Schnittstellen und Kooperation, integrierte Versorgung) noch nie eine umfassende Wirkungsanalyse erfolgt. Die Selbstverwaltung, obwohl ein konstitutives Merkmal des Gesundheitswesens, war in den Berichten dieses Sachverständigenrats in über 30 Jahren noch nie ein spezielles Thema.

14 Unabhängig davon, dass dies kein zwingendes Argument dafür ist, eine aktive Legitimation zu verhindern, verlieren auch die Kosten bei näherer Betrachtung ihre Begründungsstärke. So hat die Sozialwahl 2017 laut des Schlussberichtes des Bundeswahlbeauftragten für die Durchführung der Sozialwahlen (Der Bundeswahlbeauftragte 2018: 46 ff.) rund 59,3 Millionen Euro gekostet, d. h. knapp 10 Millionen Euro pro Tätigkeitsjahr der Selbstverwalter und 1,17 Euro pro Wahlberechtigten. Dies sind, egal mit welchen anderen Kosten in der GKV sie verglichen werden (z. B. die Summe aller Ausgaben oder der Gehälter der hauptamtlichen Vorstandsmitglieder), sehr geringe Beträge.

des vorbeugenden arbeitsweltbezogenen Gesundheitsschutzes. Es antworteten insgesamt 470 Betriebskrankenkassen (Rosenbrock/Hauss 1985).

Ob und in welcher Weise sich am Kommunikationsverhalten der Selbstverwaltung seit Mitte der Nuller Jahre etwas geändert hat, kann mangels aktuellerer inhaltlich und methodisch vergleichbarer standardisierter Erhebungen nicht überprüft werden bzw. ist nur mit großen inhaltlichen Einschränkungen und Unsicherheit möglich.

Über die Kommunikationswege der Selbstverwaltung und ihre Nutzungshäufigkeit liefern z. B. erst wieder im Jahr 2012 mündliche Interviews mit 57 überwiegend in Bayern tätigen Selbstverwaltungsmitgliedern (darunter 49 Versichertenvertreter) Informationen (Baumeister et al. 2013).

Danach werden von den in gesetzlichen Krankenkassen tätigen Interviewten immer noch Kassenmagazine (von 27 oder 47,3 Prozent) und Internetauftritte (von 14 oder 24,6 Prozent) am häufigsten als von und für die Selbstverwaltung genutzten Kommunikationswege genannt. In etwas mehr als der Hälfte bzw. in rund Dreiviertel der Krankenkassen werden aber von ihren Selbstverwaltern selbst diese Wege nicht erwähnt, existieren also wahrscheinlich auch nicht bemerkbar. Alle anderen Kommunikationswege werden nur noch von deutlich weniger Selbstverwalter*innen genannt. Newsletter per E-Mail und Briefe/Flyer nennen fünf oder 8,8 Prozent aller Selbstverwalter, Kommunikation in Gewerkschaftsveranstaltungen und durch Aushänge 4 oder 7 Prozent. Tagungen, Betriebsversammlungen, Außendienstler, Stammtische, Intranet oder Vertrauensleute werden von drei und weniger Prozent der Selbstverwalter als Kommunikationswege oder -foren genannt. Drei oder 5,8 Prozent der Interviewten sagen, in ihrer Krankenkasse hätten sie keinen Kontakt zu Versicherten und diese würden nichts über ihre Existenz und Arbeit erfahren. Die Ergebnisse sind umso problematischer, als den überhaupt gesprächsbereiten Selbstverwaltern von den Forscher*innen ein „durchgängig hohe[s] Maß an Motivation, Zuversicht und Engagement" (Baumeister et al. 2013: 3) attestiert wurde, es sich also um eine positiv verzerrte Gruppe handelt.

Auch wenn das Kommunikationsgebaren und Wissensmanagement über und durch die Selbstverwaltung seitdem nicht mehr im Mittelpunkt von Studien stand, zeigen eher beiläufige Ergebnisse, dass sich an deren generellem Zustand bis heute nichts geändert hat.

So fassen Köpke und Welti (2017) die Äußerungen der von ihnen zum Thema Rehabilitation interviewten Selbstverwalter so zusammen: „'Tue Gutes und rede darüber'. Dass diese Spruchweisheit in der alltäglichen Arbeit der Selbstverwaltung kaum gelebt wird, ist in den Interviews [...] bekundet worden." (Köpke/Welti 2017: 120).

Wird nicht nur die Kommunikationspraxis zwischen selbstverwalteten Sozialversicherungsträgern und Versicherten im Allgemeinen untersucht, sondern auch in speziellen Konstellationen, wird ihr mangelhafter Zustand bestätigt.

So zeigt die bereits erwähnte 2016 im Auftrag der Hans-Böckler-Stiftung durchgeführte Untersuchung der Praxis von Widerspruchsausschüssen bei den Sozialversicherungsträgern (Höland/Welti 2019) erstmalig[15], dass und wie 3.000 bis 3.500 Selbstverwalter in 1.000 bis 1.200 gesetzlich als vorgerichtliche Instanz vorgeschriebenen Widerspruchsausschüssen im Jahr 2014 knapp 400.000 der insgesamt fast 822.000 erhobenen Widersprüche von Versicherten gegen Bescheide der vier Sozialversicherungszweige – also eine Art von Kommunikation der Versicherten mit ihren Versicherungsträgern – beraten und entscheiden. Dass mehr als die Hälfte der Widersprüche nicht in den Widerspruchsausschüssen beraten, sondern vorher durch Abhilfe durch die Trägerverwaltung oder durch Rücknahme des Widerspruchs durch den Versicherten geklärt wurden, kann als mittelbare Wirkung der Ausschüsse gewertet werden. Sozialrechtlich betrachtet greifen die Widerspruchsausschüsse differenziert in den Verlauf von strittigen Fragen zwischen Versicherten und Trägern ein. Ohne hier auf das Geschehen detailliert einzugehen (vgl. dazu ausführlich Höland/Welti 2019), beträgt in allen Versicherungszweigen „der Anteil der stattgebenden Widersprüche seit Jahren weniger als drei Prozent“ (Höland 2019: 158)[16], und trotzdem „schwankt der Anteil der klageweise angegriffenen Widerspruchsbescheide um die 20-25 Prozent, mit erheblicher Variation nach Versicherungszweigen, Streitgegenständen und Jahren“ (Höland 2019: 161/62).

Organisationssoziologisch betrachtet bestehen aber „Zweifel an der Befriedungswirkung der Tätigkeit von Widerspruchsausschüssen“, und zwar wegen „der weitgehend fehlenden Kommunikation zwischen Ausschüssen und Widerspruchsführern“ (Pitschas 2019: 99).

Die genauere Betrachtung der „Kommunikationsstrukturen der Widerspruchsausschüsse“ zeige, dass „sie ... die Kommunikation im Widerspruchausschuss zu Lasten der Widerspruchsführenden [beschränken[. Nicht nur, [...] dass ‚unbekannt‘ sei, ‚inwieweit die Verwaltung im Abhilfeverfahren mit

15 Dies ist insofern verwunderlich und unterstreicht gleichzeitig den großen Wert dieser Untersuchung, weil seit vielen Jahren die Arbeit der Selbstverwalter in den Widerspruchsausschüssen immer dann als äußerst nützlich betont wird, wenn am Nutzen der Selbstverwaltung gezweifelt wird, ohne dass aber bisher die Selbstverwaltung selbst etwas zur Transparenz beigetragen hätte.

16 Interessanterweise schätzen viele Selbstverwalter in Widerspruchsausschüssen diesen Anteil deutlich (bis 25 Prozent) höher ein (Höland 2019: 158).

den Versicherten kommuniziert' (Fischer/Welti). Mehr als die Hälfte der zu diesem Punkt befragten RichterInnen führen [...] die Vielzahl der Klagen auf das Gefühl der Versicherten zurück, nicht ernstgenommen zu werden" (Pitschas 2019: 112/13), und niemand habe den Klagenden die Rechtslage richtig erklärt. Insgesamt könne daher „von einer Ausrichtung der Arbeit des [Widerspruchsausschusses] am Leitbild ‚kommunikativer Verwaltung' [...] offenkundig nicht zu sprechen" (Pitschas 2019: 113) sein.

Angesichts der für den Erhalt neuer Gesundheitsleistungen als GKV-Leistung entscheidenden Bedeutung des Gemeinsamen Bundesausschuss als Organ der Gemeinsamen Selbstverwaltung wäre ein bestmögliches und verbindliches Wissensmanagement von Beginn an angebracht gewesen.

Aber erst 15 Jahre nachdem der Gemeinsame Bundesausschuss (G-BA) im Gesetz zur Modernisierung der gesetzlichen Krankenversicherung (GMG) von 2004 zum Organ der Gemeinsamen Selbstverwaltung oder „kleinen Gesetzgeber" gemacht wurde, begannen sich politische Zweifel zu regen, ob das bisherige Kommunikationsverhalten und Wissensmanagement des G-BA in Gestalt monatlicher im Prinzip öffentlich zugänglicher Sitzungen in Berlin und der Veröffentlichung umfangreicher Dokumente auf der Website des G-BA für alle Interessent*innen barrierefrei, verständlich und inhaltlich angemessen ist.

Erst das Gesetz zur Reform des Medizinischen Dienstes der Krankenversicherung (MDK) führt ab 2020 ein, dass zur Verbesserung der Transparenz der Beschlüsse des G-BA seine öffentlichen Sitzungen live im Internet übertragen werden und in einer Mediathek für einen späteren Abruf zur Verfügung stehen müssen (Deutscher Bundestag 2019).

Die Kommunikation darüber, dass der G-BA keineswegs uneingeschränkt[17], politisch unantastbar[18] und unkritisch betrach-

17 Siehe dazu z. B. die folgende Feststellung des Bundesverfassungsgerichts: „Denn es ist nicht ausgeschlossen, dass der Gemeinsame Bundesausschuss für eine Richtlinie hinreichende Legitimation besitzt, wenn sie zum Beispiel nur an der Regelsetzung Beteiligte mit geringer Intensität trifft, während sie für eine andere seiner Normen fehlen kann, wenn sie zum Beispiel mit hoher Intensität Angelegenheiten Dritter regelt, die an deren Entstehung nicht mitwirken konnten." (Beschluss des Bundesverfassungsgerichts vom 10. November 2015 – 1 BvR 2056/12).

18 Siehe dazu einen der jüngsten Versuche des Gesundheitsministers *Jens Spahn*: „Ich finde, wenn es eine neue Behandlungsmethode gibt, haben die Patientinnen und Patienten das Recht, sehr schnell zu erfahren: Ist diese neue Methode sinnvoll und wird sie von den Kassen übernommen oder nicht? ... Aber dann und wann ziehen sich Entscheidungen des Gemeinsamen Bundesausschusses über viele Jahre hin. Das will

tet[19] wird, erfolgt nahezu vollständig unöffentlich und/oder ist nur wenigen Expert*innen verständlich.

Zwei aktuelle Gesetze zeigten schließlich, dass und wo der Gesetzgeber Mängel des bisherigen Beratungs- und Entscheidungsalltags der Selbstverwaltung sieht, und diese u. a. durch die Beteiligung weiterer und anderer Mitkommunizierenden und -entscheider zu beseitigen hofft. Die anfängliche Absicht, in den Verwaltungsrat des reformierten Medizinischen Dienst der Krankenversicherung (MDK) auch Patientenvertreter und Vertreter der Pflegenden aufzunehmen und damit den Einfluss der bisherigen durch Ur- oder Friedenswahlen legitimierten Selbstverwalter zu reduzieren, landete zwar nicht mehr im verabschiedeten Gesetz, weist aber auf die selbst von Selbstverwalter*innen beklagte mangelnde Nähe der traditionellen Selbstverwaltungsmitglieder zu den von ihnen Vertretenen hin.

Mit dem Anfang 2020 verabschiedeten Gesetz für einen fairen Kassenwettbewerb in der gesetzlichen Krankenversicherung (Fairer-Kassenwettbewerb-Gesetz, GKV-FKG) wurden zudem die Vorstellungen der Bundesregierung zur Zusammensetzung der Entscheidungsorgane im GKV-Spitzenverband Bund und zur Relativierung des Einflusses des ehrenamtlichen Verwaltungsrats Gesetz. Die Begründung für die als notwendig erachtete Einführung eines neuen „Lenkungs- und Koordinierungsausschusses mit zehn hauptamtlichen Vorstandsmitgliedern der Krankenkassen“, ohne den der Verwaltungsrat keine Entscheidungen treffen kann, enthält implizit eine Fülle von Kritikpunkten an der bisherigen Praxis: „Durch die Schaffung eines neuen Gremiums beim GKV-Spitzenverband wird eine bessere organisatorische Verbindung von operativem Geschäft auf der Ebene der Mitgliedskassen und Wahrnehmung der gesetzlichen Aufgaben des GKV-Spitzenverbandes erreicht. Der neue Lenkungs- und Koordinierungsausschuss, der aus Vorstandsmitgliedern der Mitgliedskassen gebildet wird, stellt einen kontinuierlichen Informationsfluss sicher und ermöglicht eine schnellere Meinungsbildung der Mitgliedskassen zu versorgungspolitischen Entscheidungen des Vorstandes des GKV-Spitzenverbandes, die künftig grundsätzlich der Zustimmung des Lenkungs- und Koordinierungsausschusses bedürfen. Ziel ist es, die Transparenz zwischen der operativen Ebene und dem

---

ich ändern – es soll eine Frist geben, innerhalb derer der G-BA zu einer Entscheidung kommen muss. Ich denke an zwei Jahre.“ (Spahn, Interview im WESER KURIER vom 4. Mai 2019).

19 Beispielsweise für das Fehlen seiner aktiven Legitimation durch die von seinen Entscheidungen Betroffenen oder wegen der eigentümlichen Konstruktion, zwar Patientenvertreter mitberaten, aber nicht mitentscheiden zu lassen.

GKV-Spitzenverband zu verbessern, die fachliche Expertise der Mitgliedskassen stärker in den Entscheidungsprozess des Vorstandes einzubringen und damit auch die Akzeptanz bei den Mitgliedskassen für das Handeln des GKV-Spitzenverbandes zu stärken. Darüber hinaus sind Regelungen zur Stärkung einer angemessenen Repräsentanz von Frauen im Vorstand, im Lenkungs- und Koordinierungsausschuss sowie auch im Verwaltungsrat des GKV-Spitzenverbandes vorgesehen" (Deutscher Bundestag 2019a: 3).

V. Gründe der Kommunikationsschwäche der Selbstverwaltung

1. Grenzen und Schwächen der Selbstwahrnehmung

Der langjährige und vielfältige Verzicht auf eine eigene oder eigenständige Kommunikation der Selbstverwaltung über ihre ordnungspolitische Bedeutung und deren Umsetzung gegenüber den Versicherten ihrer Träger oder der sozialpolitischen Öffentlichkeit bzw. die relative Einfallslosigkeit diesbezüglich hat eine Vielzahl von externen und internen, subjektiven wie objektiven Gründen. Insbesondere wenn es um interne Gründe geht, wird allerdings schon deren Kenntnisnahme durch die geringe Transparenz über den Alltag der Selbstverwaltung erschwert.

Ein wesentlicher Grund ist das geringe Selbstbewusstsein oder die schwache Selbstwirksamkeitsüberzeugung vieler Selbstverwalter. Trotz u. a. durch zahlreiche unbestimmte Rechtsbegriffe im SGB V seit 1989 eingeräumter Ansatzpunkte für Aktivitäten der Selbstverwaltung und einer Art „Leitlinienkompetenz" (Becker/Kingreen 2018: 1840) für „Entscheidungen [. . .] von grundsätzlicher Bedeutung" (§ 197 Abs. 1 Satz 1b SGB V) wird die Kommunikation von Selbstverwaltern über ihre Handlungsmöglichkeiten durch Klagen bestimmt, der Gesetzgeber nähme ihnen immer mehr Handlungsmöglichkeiten weg[20], oder

20 Dass dies geschehen ist und auch aktuell geschieht, stimmt, ist aber oft kein grundloses Wegnehmen von Gestaltungsrechten, sondern auch Folge des Nichthandelns oder langer Verzögerungen bei der Umsetzung gesetzlicher Ziele durch die Selbstverwaltung. Dies gilt z. B. für die Vereinbarung von Hausarztverträgen in allen GKV-Kassen, die Einführung der elektronischen Gesundheitskarte oder die Festlegung von Personaluntergrenzen in der stationären Pflege. Dort hat „die Selbstverwaltung" alleine oder zusammen mit anderen Akteuren, wie z .B. der Deutschen Krankenhausgesellschaft (DKG) oder der eigens gegründeten Gesellschaft für Telematikanwendungen der Gesundheitskarte mbH (gematik) selbst nach vielen Jahren und enormen Kosten keine praktischen Lösungen zustande gebracht.

es sei unklar was die im SGB V nicht näher bestimmte „Leitlinienkompetenz“ bedeute und erlaube. Anstatt die unbestimmten Möglichkeiten zu nutzen, erwarten nicht wenige Selbstverwalter stattdessen paradoxerweise detaillierte Vorgaben des Gesetzgebers.

Ein weiterer Grund ist die Selbstwahrnehmung von Selbstverwaltern über ihre Rolle bei der Initiierung von unbestreitbar wichtigen Aktivitäten ihrer Krankenkasse. Im Vorfeld der Sozialwahl 2005 wurden dazu überwiegend gewerkschaftlich organisierte Versichertenvertreter in der Selbstverwaltung, die mindestens bereits eine Wahlperiode von sechs Jahren tätig waren, befragt.[21] Selbst wenn nach Initiativen bei der betrieblichen Gesundheitsförderung gefragt wurde, gaben nur 27 Prozent an, allein initiativ geworden zu sein. Bei vielen weiteren Sachgebieten lag der Anteil der aktiv gewordenen Selbstverwalter*innen noch wesentlich niedriger: 8 Prozent waren es bei der Qualitätssicherung von GKV- und Pflegeversicherungsleistungen und 5 Prozent bei lebensweltlicher Primärprävention. Initiativ zu sein bedeutet lediglich, ein Thema ausdrücklich und mit Vorrang auf die Handlungsagenda der Kasse zu setzen und gegebenenfalls im Rahmen der Aufstellung des Haushaltsplans ausreichend Ressourcen zur Verfügung zu stellen, nicht aber sich um die laufende Umsetzung zu kümmern. Wenn 25,6 Prozent der langjährig tätigen Versichertenvertreter einen Qualifikationsbedarf zu den Bedarfslagen der Versicherten angeben, erklärt dies sowohl die geringe Initiativkraft als auch was eine Folge mangelnder Kommunikation mit den Versicherten sein kann.

2. Mangelnde aktive Legitimation durch Urwahlen

Ein nachhaltiger und für die Mehrheit der Selbstverwaltungsmitglieder und zig Millionen von GKV-Mitgliedern naturgegeben erscheinender Grund für den Mangel oder die geringe Qualität von Kommunikation und Wissensmanagement ist das Fehlen, die Vernachlässigung oder gar der vorsätzliche Verzicht auf die alle sechs Jahre notwendige demokratische Legitimation der Selbstverwaltungsmitglieder durch Urwahlen und die dafür notwendige Kommunikation über Selbstverwaltung. Dies geschieht durch die legale, aber demokratietheoretisch paradoxe Möglichkeit, die eigentlich kommunikationsfördernde Klippe der Legitimation durch regelmäßige Wahlen durch Absprachen zwischen den Trägern von Vorschlagslisten aktiv zu umgehen und dies auch passiv hinzunehmen.

21 Wegen der Blockade der Befragung von Selbstverwaltern aus betrieblichen Krankenkassen (BKK) durch hauptamtliche und ehrenamtliche Akteure im BKK-Bundesverband, sind die Ergebnisse dieser Befragung aber nicht repräsentativ.

Es geht um die durch den § 46 Abs. 2 SGB IV ermöglichten so genannten „Friedenswahlen“[22]. Da Wahlen – und natürlich besonders die Wahl zwischen Alternativen – dafür gedacht und geeignet sind, besondere Aufmerksamkeit für die Existenz der durch Wahlen zu legitimierenden Einrichtung, die Aktivitäten der bisher Gewählten vor der Wahl und die Absichten der zur Wahl stehenden Gruppen oder Individuen für die Zeit nach der Wahl zu wecken, verzichten Entscheidungen für „Friedenswahlen“ darauf, einen herausragenden einmaligen Anlass für Kommunikation bzw. einen wichtigen Bestandteil von Wissensmanagement zu nutzen (vgl. zur kontroversen Bewertung der Möglichkeit und des Nutzens von stattfindenden Sozialwahlen zuletzt Braun et al. 2017 und Paquet 2018). In der derzeit letzten Sozialwahl 2017 konnten von den rund 55 Millionen potenziell wahlberechtigten GKV-Mitgliedern nur 21,45 Millionen oder 39 Prozent tatsächlich wählen. Es handelt sich um Mitglieder von 2 Betriebskrankenkassen und 5 Ersatzkassen. Abgesehen von den Mitgliedern der Ersatzkassen, die historisch schon fast alle und immer ihre Selbstverwalter*innen wählen konnten, gab es diese Gelegenheit für zig Millionen von Mitgliedern von Betriebs-, Orts- oder Innungskrankenkassen während ihrer gesamten jahre- oder jahrzehntelangen Mitgliedschaft noch nie.

Selbst dann, wenn – mit oder ohne Sozialwahlen – die Selbstverwaltung Kommunikation zu ihren Pflichtaufgaben zählen würde, existieren strukturelle Gründe für inhaltliche Schwächen oder Leerstellen. Auch wenn die sozial repräsentative Zusammensetzung eines Repräsentativorgans wie des Verwaltungsrats nicht zwingende Voraussetzung und auch keine Garantie dafür ist, dass die Anliegen möglichst vieler der Repräsentierten zur Geltung kommen und kommuniziert werden, gibt es im Bereich der Selbstverwaltung mehrere Bedingungen, die die Aufmerksamkeit für bestimmte Gruppen und ihre Themen eher verringern. So dürfen Nicht-Beitragszahler, d. h. meist weibliche mitversicherte Familienangehörige weder aktiv noch passiv an den Sozialwahlen teilnehmen. Dieses Festhalten an einer historisch längst überholten paternalistischen Alleinverdiener- und Bestimmerwelt („Wer zahlt, bestimmt!“) und die Ignoranz der Mitbetroffenheit von Mitversicherten durch Entscheidungen oder Nichtentscheidungen der Selbstverwalter führen dazu, dass rund 3,5 Millionen nicht erwerbstätige Ehefrauen oder Heranwachsende auch 2017 kein Wahlrecht hatten.

22 „Wird aus einer Gruppe nur eine Vorschlagsliste zugelassen oder werden auf mehreren Vorschlagslisten insgesamt nicht mehr Bewerber benannt, als Mitglieder zu wählen sind, gelten die Vorgeschlagenen als gewählt.“ (§ 46 Abs. 2 SGB IV).

3. Kontrafaktische Dominanz des Arbeitsweltbezugs

Hinzu kommt ein weiteres historisches Relikt, das zwar durch die in den §§ 48, 48a, b und c SGB V kodifizierte Dominanz von Arbeitnehmer- und Arbeitgebervereinigungen legalisiert ist, aber nur noch wenig mit der sozialen Wirklichkeit der Repräsentierten zu tun hat. Über lange Zeiten entsprach die Dominanz des Arbeitsweltbezugs der Selbstverwalter*innen der großen Bedeutung von Arbeitswelt für die Mehrheit der GKV-Versicherten. Seit vielen Jahren verändert sich allerdings die Zusammensetzung der GKV-Versicherten und ihre Nähe und Betroffenheit zur und durch die Arbeitswelt erheblich. 2018 waren von den 72,8 GKV-Versicherten 39,8 Millionen oder 54,7 Prozent erwerbstätig, 16,9 Millionen oder 23,2 Prozent waren Rentner und 22,1 Prozent waren nicht erwerbstätig, d. h. Mitversicherte ohne aktuellen oder direkten Arbeitsweltbezug (vdek 2019). Der arbeitsweltdominierte Status quo bei den Repräsentant*innen in der Selbstverwaltung kann insbesondere bei Gewerkschaftsvertreter*innen zu einem Konflikt zwischen Patienten- und Beitragszahlerinteressen führen.[23] Dem Interesse, durch u. U. ausgabensteigernde Initiativen bestimmte Leistungen für Patient*innen zu erreichen, steht das Interesse beitragserhöhende Ausgaben zu vermeiden oder zu mindern gegenüber, die Abzüge von in Tarifauseinandersetzungen errungenen Arbeitslöhnen darstellen.

---

23 Diese Art von Interessenkonflikten und die damit verbundenen komplexen Rollen- und Verhaltensanforderungen existiert nicht nur bei Selbstverwalter*innen, sondern auch bei Betriebsräten. Tietel (2006) beschreibt die Situation für diese Interessenvertreter so: „Betriebsräte stehen heute mehr denn je in einem paradoxen Spannungsfeld: Sie sollen Beschäftigteninteressen vertreten, sich gegen das Management durchsetzen und dessen neuen Strategien nicht naiv auf den Leim gehen, aber doch auch den Unternehmenserfolg auf schwieriger werdenden globalen Märkten im Auge behalten, Arbeitsplätze sichern, sich zuweilen sogar als »Co-Manager« verstehen. Sie sollen die homogene Stimme der Belegschaft sein, aber doch auch unterschiedliche Mitarbeitergruppen repräsentieren, vielfältigen Erwartungen genügen, Konflikte schlichten. Sie wollen sich vielfach auf die Hilfe ihrer Gewerkschaft stützen und solidarisch mit ihr sein, aber nicht ihr verlängerter Arm im Betrieb." Um einseitige Interessenvertretung zu vermeiden und handlungsfähig zu bleiben, benötigen Betriebsräte als Ergebnis der Untersuchungen von Tietel und in Kenntnis ihrer Handlungsschwächen auch als Selbstverwalter eine so genannte triadische Kompetenz mit entsprechenden Kommunikationsfähigkeiten. Ob die Sozialversicherungs-Selbstverwalter*innen darüber verfügen, ob und welche Rolle sie in Schulungen spielen und ob sie von Nutzen sind, wurde bisher nicht untersucht.

4. Krankenkassen als „hybride Organisationen“

Das gerade beschriebene Interessen-Spannungsfeld wird seit der Einführung der Kassenwahlfreiheit und der Möglichkeit, dass Krankenkassen insolvent und dann aufgelöst werden können, noch durch das zusätzliche, nicht selten prioritäre Interesse an der (Weiter-)Existenz des „Unternehmens“ auf dem Krankenkassen“markt“ erweitert.

„Indem die Krankenkassen dazu angehalten sind, Strategien für das Überleben auf dem Versicherungsmarkt zu entwickeln, werden sie zu „hybriden Organisationen“ (Bode 2003), die sich unterschiedlichen, häufig widersprüchlichen Anforderungen ausgesetzt sehen: Sie sollen im Sinne ihrer Versicherten eine hochwertige Versorgung organisieren, dabei nach dem Grundsatz der Solidarität handeln, zugleich die Ausgaben begrenzen (u.a. durch den Grundsatz der Beitragssatzstabilität des § 71 SGBV) und sich gegenüber anderen Kassen in der Konkurrenz um Versicherte behaupten. Seither zeichnet sich im Selbstverständnis der Kassen ein Bedeutungsverlust des Solidargedankens[24] ebenso ab wie eine verstärkte Ausrichtung an ökonomisch-rationalen Handlungs- und Legitimationsmustern, wettbewerbsstrategischen Überlegungen und den damit einhergehenden gesundheitspolitischen Positionierungen“ (Gerlinger et al. o.J.: 3). Dazu passt die folgende Selbstbewertung eines Selbstverwalters: „Wir sind stellvertretend tätig, das muss immer der Grundsatz sein: was nützt, was dient, was hilft es den Versicherten. Und dann reden wir natürlich über Haushaltspläne und Kosten, aber dadurch rückt natürlich der/die Betroffene aus dem Fokus.“ (Selbstverwalter in Baumeister et al. 2013: 50).

5. Konzentration der gesetzlichen Krankenkassen

Und auch eine weitere massive strukturelle Veränderung der GKV, nämlich die Verringerung der Anzahl der GKV-Kassen, ist eine Bedingung, welche die Kommunikation quantitativ wie qualitativ erschwert oder das Ende traditioneller Kommunikationsformen bedeutet. Die Anzahl der GKV-Kassen sank allein in diesem Jahrhundert von 420 im Jahr 2000 auf 109 Anfang 2019 (vdek

24 Eine Studie über Selbstverwaltung und Rehabilitation fasst ihre Interviews mit Selbstverwaltern ganz ähnlich zusammen: „Die Entwicklung aus legislativem ‚Regelungsgebaren‘ sowie dem Abbau der Zahl der Versicherungsträger und der verantwortlichen Akteure bekommt durch Verdichtung im exekutiven und administrativen Geschehen einen steigend belastenden Trend. Das könnte dazu führen, dass die Versicherten als Ursprung und Grund sozialer Sicherung zunehmend aus den Augen geraten.“ (Köpke/Welti 2017: 112).

2019). Dies führte parallel zu einer kontinuierlichen Verringerung der Anzahl von Selbstverwalter*innen. Seit der Sozialwahl 2017 gibt es insgesamt noch 753 Arbeitgeber- und 1.091 Versichertenvertreter*innen in der GKV (Der Bundeswahlbeauftragte 2018: 75ff.). Die Äußerung eines Selbstverwalters einer großen bundesweiten Krankenkasse „Welchen Kontakt habe ich zu 3,7 Mio. Versicherten?" Baumeister et al. 2013: 49) weist auf die quantitativen Grenzen traditioneller und auf die Notwendigkeit anderer Kommunikationsformen hin. Die Abnahme der Anzahl von Krankenkassen und der Anzahl von Selbstverwaltern geht mit der bereits an anderer Stelle erwähnten ständigen Zunahme neuer, in kurzen Zeitabständen novellierter und häufig komplexer werdenden gesetzlichen Vorschriften einher.[25]

Die bereits in der Vergangenheit zur Lösung schwindender Versichertennähe und damit einhergehender Kommunikationsschwierigkeiten dezentralen und zusätzlich zur Selbstverwaltung arbeitenden und kommunizierenden Einrichtungen von Versichertenältesten, Vertrauensleuten und Regional- oder Bezirksbeiräten waren und sind nicht flächendeckend vorhanden. Bezeichnend ist, dass es weder über die Verbreitung noch die Arbeit und Wirkung derartiger Einrichtungen genügend Informationen gibt.

6. Selbstverwalter als „policy entrepreneur" und Multi-Interessenvertreter?

Neben den vielen objektiven strukturellen Bedingungen für das Handeln der Selbstverwaltung spielen auch subjektive Bedingungen, d. h. die soziodemografischen Merkmale, Erfahrungen, Handlungsfähigkeit und Haltungen wie Einstellungen der in ihr tätigen Personen eine wichtige Rolle. „Von herausragender Bedeutung für erfolgreiches Handeln von Versichertenvertretungen ist die Existenz engagierter, selbstbewusster, sachkundiger und erforderlichenfalls auch konfliktbereiter Versichertenvertreter. Mögen die Rahmenbedingungen für versichertenbezogene Initiativen noch so günstig und entsprechende ‚Politikfenster' geöffnet sein, so bedarf es doch der Personen, die bereit und in der Lage sind, durch dieses Fenster zu gehen. Bei ihnen handelt es sich um jenen Typus des ‚policy entrepreneur' (Kingdon 1984), dessen es bedarf, um vorhandene

25 „Das Auseinanderklaffen von Umfang, Inhalt und Struktur der Normen zur Gewährleistung sozialer Sicherheit auf der einen und der Anzahl der Selbstverwalter, die mit den Trägern diese Sicherheit gewährleisten sollen, auf der anderen Seite. Beide Entwicklungen fallen erheblich auseinander, verlaufen geradezu diametral." (Köpke/Welti 2017: 110).

Problem- und Politikströme für die Durchsetzung von – in diesem Fall versichertenbezogenen – Veränderungen zu nutzen, oder, wie Kingdon es ausdrückt, „[...] to push their pet solutions, or to push attention to their special problems" (Kingdon 2003: 165; zit.aus Gerlinger et al. o.J.: 4).

Auch wenn es dazu keine systematische Untersuchung gibt, weisen mehrere Studien darauf hin, dass oft und besonders die maßgeblichen Selbstverwalter neben oder zusätzlich zur Tätigkeit in der Selbstverwaltung eines Sozialversicherungsträgers noch andere thematisch ähnliche neben- und hauptamtlichen Tätigkeiten z. B. in den Selbstverwaltungsorganen anderer Sozialversicherungsträger, in betrieblichen Personalvertretungen sowie in den Sozialpolitikressorts von Gewerkschaften oder Arbeitgeberverbänden ausüben. Dies kann Synergieeffekte fördern, aber auch zu Arbeitsüberlastung führen und die überlasteten Personen vom Gang durch ein oder mehrere der oben genannten „Fenster" abhalten.

7. Gesundheitspolitische Gesetzesflut

Eine die Kommunikationsbereitschaft und -fähigkeit und das Wissensmanagement über und durch Selbstverwaltung hemmende Bedingung stellt die besonders nach dem ersten Kostendämpfungsgesetz im Jahr 1977 rasch zunehmende Flut[26] von in kurzen Zeitabständen (Motto: Nach der Reform ist vor der Reform) konzipierten und verabschiedeten Gesundheitsgesetzen und gesetzesverändernden Verordnungen dar. Seit 2008 wurden 115 gesundheitspolitische Änderungsgesetze und Verordnungen verabschiedet und allein im Spätsommer 2019 existieren 8 noch nicht in Kraft getretene Gesetze und Änderungen von Regelungen vorheriger Gesetze (laut buzer.de vom 18.9.2019).

8. Kassenwahlfreiheit und Wettbewerb

Zu einem der auf Dauer bedeutendsten Gründe, der einen möglichen Mehrwert für die soziale Krankenversicherung durch eine gut kommunizierende Selbstverwaltung quantitativ und qualitative schwächt, gehören die Folgen der durch das Gesundheitsstrukturgesetz seit 1993 bzw. 1996 eingeführten Kassenwahlfreiheit und damit des Wettbewerbs zwischen den Krankenkassen. Die Umwidmung der

26 Die umfangreiche Verabschiedung neuer oder Überarbeitung alter Gesundheitsgesetze war aber auch schon vor 1977 ein Charakteristikum der GKV. Zwischen 1924, dem Jahr der Neubekanntmachung der RVO, und dem Jahr 1973 waren es 205 neue Gesundheitsgesetze und zwischen 1950 und 1973 immerhin schon 92 (Tennstedt 1976: 164).

Mitglieder und de facto-Shareholder[27] zu Kunden verändert das Verhältnis der Krankenkassen zu ihnen massiv, und dies betrifft auch die Art und den Inhalt wie mit ihnen kommuniziert wird. Im Bemühen zumindest so genannte „schlechte Risiken", d. h. chronisch kranke Personen mit geringen Beiträgen nicht zusätzlich zu gewinnen oder sie sogar zu verlieren und stattdessen möglichst viele so genannte „gute Risiken", also junge, gesunde und einkommensstarke Mitglieder zu halten oder zu gewinnen, sind trotz aller Versuche, dem gegenzusteuern (z.B. durch die diversen Reformen des Risikostrukturausgleichs), die Höhe des Zusatzbeitrags, „guter Service" und Angebote für die „guten Risiken" dominante und nachhaltige Wettbewerbselemente.

Dies zeigt u.a. der Bericht des Bundesversicherungsamts (BVA) zur 25-jährigen Existenz des Wettbewerbs in der GKV (Bundesversicherungsamt 2018. Dort heißt es u. a.: „Es ist zu vermuten, dass Wirksamkeit, Qualitätssicherung und Wirtschaftlichkeit der Leistungen in der Regel eher eine untergeordnete Rolle spielen. So bieten die Krankenkassen etwa keine Zusatzleistungen im Bereich der Rehabilitation an. Dafür schaffen sie aber gezielt Angebote, deren medizinische Wirksamkeit nicht sicher nachgewiesen oder Regelleistungen kaum überlegen ist. [...] Eine wesentliche Verbesserung der Versorgung im Hinblick auf einen Qualitätswettbewerb erscheint aus hiesiger Sicht fraglich. [...], dass Krankenkassen ihre Bonusprogramme vorwiegend dazu nutzen, junge, gesunde sowie sportliche Versicherte anzusprechen und an sich zu binden. Zudem ist der Nutzen vieler angebotener Bonusprogramme nicht hinreichend qualitätsgesichert."

9. Selbstverwaltung als Konsensarena

Eine weitere strukturelle Bedingung für die Arbeit der Selbstverwaltung, der Konsenszwang zwischen Versicherten- und Arbeitgebervertretern aber auch zwischen unterschiedlichen Vereinigungen von Versichertenvertretern, führte u. a. zu einem mehr oder weniger aufwändigen aber strikt nichtöffentlichem System der Vorabklärung strittiger Fragen und Positionen in Kommissionen oder Gesprächen der beiden alternierenden Verwaltungsratsvorsitzenden. Dies reduziert die Kommunikation nach außen auf Ergebnismitteilungen oder Verlautbarungen. Für den Bereich der arbeitsweltbezogenen präventiven Maßnahmen des Gesundheitsschutzes identifizierten Wissenschaftler des Wissenschaftszentrums Berlin (WZB) in ihrer Untersuchung der Präventions-Aktionen in 470 Betriebskrankenkassen eine so genannte „Konsensfalle". Obwohl selbstverwaltete Krankenkassen auch schon vor der normativen Verpflichtung oder Ermächtigung für

27 Auch wenn eine Analogie zu Aktienunternehmen falsch ist, ergibt sich diese Begrifflichkeit aus der Antwort auf die Frage, wem die gesetzlichen Krankenkassen gehören.

solche Aktionen (heute z. B. durch die §§ 20, 20b, 20c SGB V) dafür als „gesundheitspolitische Regieinstanz" (Hauss et al. 1985: 124) prädestiniert waren, existierten und existieren eine Fülle von Faktoren, die den „Handlungsraum und damit die Bearbeitungskapazität der Kasse Schritt für Schritt [ein]engen" (Hauss et al. 1985: 156) und als Konsensfalle wirken. Sie hat zur Folge, dass bereits vor Handlungsentscheidungen „wegen des faktischen Konsenszwangs [...] nur solche Projekte erfolgversprechend vorgeschlagen oder gar umgesetzt werden können, die die Interessen der jeweils anderen Seite nicht ernsthaft tangieren" (Hauss et al. 1985: 156/57).

Die geradezu existentiellen Zwänge stellte der Gesundheitswissenschaftler Thomas Gerlinger in einer Studie über die Selbstverwaltung auf der Basis von Selbstverwalteräußerungen so dar: „Die beschriebene Konsenskultur wird neben der Stimmenparität auch durch die Einbettung der sozialen Selbstverwaltung in das Regulierungssystem der gesetzlichen Krankenversicherung begünstigt. Der Staat hat mit den Sozialversicherungsträgern selbständige Verwaltungseinheiten geschaffen, ihnen Aufgaben übertragen und sie mit hoheitlichen Befugnissen ausgestattet (BVerfG 39, 313). Die Sozialversicherungsträger nehmen ihre Aufgabe als organisatorischer Teil der Staatsgewalt und unter Staatsaufsicht wahr [...]. Daher ist die soziale Selbstverwaltung in der Sozialversicherung auch um den Erhalt ihrer selbst willen darauf angewiesen, ihre Handlungsfähigkeit durch die Bereitschaft zu Kompromissen unter Beweis zu stellen; eine dauerhaft oder überwiegend unterlegene Bank würde das Interesse an einer Partizipation an diesem Regulierungsmodus verlieren [...]. Bei einer ausbleibenden Kompromiss- und Handlungsfähigkeit könnte der Staat auch sein Interesse am Erhalt dieses korporatistischen Arrangements verlieren, denn eine der zentralen Funktionen dieses Arrangements besteht für ihn ja gerade darin, durch die vorgelagerte Partizipation gesellschaftlicher Gruppen die Legitimation staatlichen Handelns zu erhöhen. [...] Veto-Macht spielt in der sozialen Selbstverwaltung mithin eine eigentümliche Rolle: Auf der einen Seite ist sie aufgrund der Stimmenparität allgegenwärtig; auf der anderen Seite wird in konkreten Entscheidungsprozessen von ihr kaum Gebrauch gemacht – dies allein schon deshalb, weil alle Akteure, um die Veto-Macht wissend, antizipierend bemüht sind, Kompromisse zu erarbeiten" (Gerlinger et al. o.J.: 11/12). Zu dieser bereits kommunikationshemmenden Kultur der Entscheidungsfindung fügt der Wettbewerb noch hinzu, dass über geplante Leistungsinitiativen vor einer gewissen „Marktreife" weder mit den Versicherten geschweige denn in der Öffentlichkeit kommuniziert und diskutiert werden kann.

Die für Deutschland historische Grundentscheidung des Staates, u. a. die oft mit widersprüchlichen und konfliktbehafteten Entscheidungen verbundenen

Aufgaben einer Krankenversicherung weder dem Markt noch der Abteilung eines Ministeriums , sondern einer im Rahmen von Gesetzen agierenden Selbstverwaltung durch Versicherte und Arbeitgeber zu übertragen[28], beinhaltet aber auch, dass nicht nur der Staat bzw. die jeweilige Regierung aus den größten Konflikten und Auseinandersetzungen über Krankenversicherungsleistungen herausgehalten wird bzw. sich heraushalten kann. Die Selbstverwaltung besitzt zusätzlich eine „Geschäftsordnung", die die Akteure zu einem möglichst konfliktfreien oder jedenfalls öffentlich konfliktfreien Konsens und zu einer „ ‚stillen' Sozialpartnerschaft" (Blank 2017: 24) zwingt, welche viele Themen, die darin zum Ausdruck kommenden Interessen und die Entscheidungsfindungsprozesse, kurz das Innenleben der Selbstverwaltung, bewusst unsichtbar macht. Wenn dann noch Friedenswahlen zum Normalfall von „Legitimation" werden, existiert nahezu keine einfache Gelegenheit bzw. auch keine Notwendigkeit mehr, den Wert von Selbstverwaltung anschaulich darzustellen und darüber mehrwertstiftend zu kommunizieren. Der „Wert", nämlich das Besetzen der Verwaltungsratssitze entsteht auch ohne großen kommunikativen Aufwand oder ein anspruchsvolles Wissensmanagement.

10. Desinteresse an Transparenz – Das Recht auf Nichtwissen

Die bereits weiter oben erwähnte Befragung von Sozialversicherungs-Versicherten im Jahr 1975 (infas 1977) zeigte auch, dass Informationsmängel über die Sozialversicherungsträger oder Desinteresse an ihrer Existenz und ihrem Handeln nicht unbedingt nur auf fehlender Kommunikation durch die Träger beruht. Eine zusätzliche Rolle spielt auch ein erklärtes Desinteresse der Versicherten an Informationen und Wissen und dem mit ihrer Aneignung verbundenen Transaktionsaufwand oder z. B. die prioritäre Rolle persönlicher Erfahrungen von Peer-Personen beim Umgang mit ihrer sozialen Umwelt.[29]

28 Diese Grundkonstellation existiert im Großen und Ganzen auch noch 137 Jahre nach der Weichenstellung im Jahr 1883. Aktuell formuliert der § 29 SGB IV sie so: „Die Träger der Sozialversicherung (Versicherungsträger) sind rechtsfähige Körperschaften des öffentlichen Rechts mit Selbstverwaltung. (2) Die Selbstverwaltung wird, soweit § 44 nichts Abweichendes bestimmt, durch die Versicherten und die Arbeitgeber ausgeübt. (3) Die Versicherungsträger erfüllen im Rahmen des Gesetzes und des sonstigen für sie maßgebenden Rechts ihre Aufgaben in eigener Verantwortung."

29 So spielen z. B. bei der Auswahl von Arztpraxen oder Krankenhäusern Erfahrungen von Verwandten, Freunden oder Nachbarn konstant eine größere Rolle als wissensbasierte Informationsplattformen.

Auf die Frage, über welche Einrichtung der Sozialversicherung sie vor allem gerne mehr Informationen hätten, sagten 48 Prozent der Befragten, sie wollten über keinen der Träger mehr informiert werden. Die Indifferenz gegenüber den Institutionen ist am geringsten, wenn es um die Rentenversicherung geht. 35 Prozent hätten gerne über sie mehr Informationen. Dieser Anteil sank bei der Krankenversicherung auf 14 Prozent und lag bei den beiden restlichen Trägern Unfall- und Arbeitslosenversicherung noch darunter (Infas 1977: 218).

Sowohl die Mitgliederzeitschriften der Träger als auch andere Printmedien wurden dementsprechend nur von einer Minderheit der Versicherten als Informationsquelle genutzt. 71 Prozent der Befragten gaben an, Artikel in Tageszeitungen etc. zu Sozialversicherungsthemen nur selten oder nie zu lesen. Und 67 Prozent von ihnen bezogen Zeitschriften ihrer Träger entweder nicht oder lasen sie nicht (Infas 1977: 219/20). Beim gesamten Informationsverhalten gab es schließlich erhebliche soziale Unterschiede, d. h., Angehörige mittlerer und oberer Sozialschichten informierten sich deutlich intensiver über Sozialversicherungsbelange als Angehörige unterer Schichten. Da letztere oft häufiger und intensiver auf die Leistungen von Sozialversicherungsträger angewiesen sind und dabei Wissen über sie hilfreich sein kann, verfügen Personen mit dem höchsten Bedarf paradoxerweise über die geringste Menge an Wissen und Personen mit geringem Nutzungsbedarf über das meiste Wissen.

Die Infas-Forscher*innen versuchten sich diese Ergebnisse folgendermaßen zu erklären: Die Sozialversicherungsträger würden „als Einrichtungen eingeschätzt [. . .], deren Funktionstüchtigkeit zwar ein hohes ‚Systemvertrauen' entgegengebracht wird, zu denen man sich jedoch in großer Distanz befindet. Mit der Beitragszahlung hält der normale Versicherte die Existenzrisiken für ausreichend abgedeckt, deren mögliches Eintreten man ebenso verdrängen möchte, wie man sich für Einzelheiten der sozialen Sicherung nicht interessiert. Soziale Sicherheit scheint als ‚Dienstleistung' spezialisierter Institutionen begriffen zu werden." (Infas 1977: 219). Mitwirkungsrechte würden zwar angesichts der gleichzeitig wahrgenommenen starken Rolle des Staates abstrakt für wichtig gehalten, aber selbst dann, wenn die Mitwirkungsmöglichkeiten bekannt sind, dominiere ein „technokratisches Bewusstsein" darüber, dass Entscheidungen als Gegenleistung zum Beitrag von Experten getroffen würden (Infas 1977: 232). Dies könnte auch erklären, warum es von den zig Millionen Krankenversicherten, die per „Friedenswahlen" von der Sozialwahl ausgeschlossen werden, keine nennenswerte Missbilligung oder gar Widerstand gibt.

11. Nichtwahrnehmung von Selbstverwaltung in regierungsamtlichen Ratgebern

Dafür, dass Selbstverwaltung für viele Sozialversicherte praktisch unbekannt und unsichtbar ist, ist aber nicht nur die Selbstverwaltung selbst verantwortlich. So wird beispielsweise in der aktuellen Ausgabe des Ratgebers für Patientenrechte der Bundesregierung die soziale Selbstverwaltung in den einzelnen Kassen und ihren Verbänden überhaupt nicht erwähnt (BMG et al. 2019). Die gemeinsame Selbstverwaltung im Gemeinsamen Bundesausschuss und die ärztliche Selbstverwaltung werden immerhin beiläufig in wenigen Worten genannt.

VI. Entzug oder Erschweren des Anrechts auf Kommunikation und Wissen

Existiert in selbstverwalteten Sozialversicherungsträgern selbst aus Sicht von Selbstverwaltungsakteuren eine Tendenz, nicht oder zu wenig über positive Effekte ihres Handelns zu berichten, mangelt es nicht an Beispielen für ein Wissens- oder Transparenzmanagement, das der interessierten oder betroffenen Öffentlichkeit aktiv und mit „gutem Gewissen" Wissen und Kommunikation über personale und sachliche Strukturen oder Entscheidungen verweigert.

Ein erstes aktuelles Beispiel ist die Kommunikation verschiedener Träger über die erheblich überteuerten Kontrastmittel bei Magnetresonanztomographie (MRT)- und Computertomographie (CT)-Untersuchungen. Die Erbringer dieser Untersuchungen erwerben diese Mittel auf einer vertraglichen Grundlage mit der GKV direkt bei den Herstellern dieser Mittel. Journalistische Recherchen von NDR, WDR und Süddeutscher Zeitung (vgl. dazu Berndt/Grill 2019a) deckten erhebliche Differenzen zwischen dem Einkaufspreis und der von radiologischen Leistungserbringern mit der GKV abgerechneten Pauschale auf. Zu dem Problem zu hoher Preise tritt, dass damit finanzielle Anreize existierten, MRT-Untersuchungen durchzuführen, die gesundheitlich unnötig sind. Nach dem Bekanntwerden dieser Situation erklärte die AOK Plus lapidar: „Die vereinbarten Konditionen unterliegen unseren Betriebs- und Geschäftsgeheimnissen" – ähnlich reagierte z. B. die AOK Rheinland/Hamburg. Die sonst durchaus veröffentlichungsfreudige AOK Baden-Württemberg beauftragte als Erstes eine Anwaltskanzlei zu prüfen, ob und wie das Informationsfreiheitsgesetz umgangen werden könne, auf das sich Anfragen zu weiteren Details der vertraglichen Vereinbarungen zwischen MRT-Erbringern und Krankenkassen gestützt hatten. Das Ergebnis eines Treffens von Anbietern, Nutzern und Krankenkassen fasste der Chef des Radiologenverbandes so zusammen: „Die Selbstverwaltung funktioniert! Es besteht kein Handlungsbedarf von Seiten des Gesetzgebers und wurde von keinem der Teilnehmer gefordert." (siehe dazu Berndt/Grill 2019b und NDR 2019). Wie z. B. die wiederum zuerst journalistischen Recherchen und Veröffentlichungen über die so genannten „implant files" (z.B. Herzschrittmacher, Silikonimplantate) zeigen (siehe den Überblick in Süddeutsche Zeitung 2018), ist zu befürchten, dass es sich bei den Verstößen gegen das Wirtschaftlichkeitsgebot und der billigenden Inkaufnahme gesundheitlicher Nachteile durch die Kontrastmittel bei bildgebenden Untersuchungen nicht um einen Einzelfall handelt, sondern es durchaus noch weitere, bisher eben nicht durch Journalisten entdeckte Ereignisse oder Zustände existieren, die trotz eines eindeutig bestehenden öffentlichen Versicherten- und Patienteninteresses geheim gehalten werden.

Ein zweites Beispiel (vgl. dazu Zeit-Online 2019) außerhalb der GKV zeigt, welche internen Bedingungen ihres Handlungsfeldes einige Selbstverwaltungsakteure für vorrangig gegenüber einer öffentlichen Debatte über publik gewordene Entscheidungen erachten. Es geht um die Mehrheitsentscheidung des Verwaltungsrates der Bundesagentur für Arbeit als Selbstverwaltungsorgan aus Arbeitgeber-, Gewerkschafts- und Staatsvertreter*innen, auf Initiative des Arbeitgebervertreters eine auf Vorschlag desselben Vertreters eingestellte Vorständin wegen angeblicher[30] Tätigkeitsmängel zu entlassen. Zur Entlassung kam es, weil im Verwaltungsrat sowohl die Arbeitgebervertreter als auch die Versicherten-/Gewerkschaftsvertreter – darunter eine damals noch stellvertretende Vorsitzende des Deutschen Gewerkschaftsbundes (DGB) – für die Entlassung stimmten. Dass die nichtöffentliche Begründung für die Entlassung nicht inhaltlich zwingend war, belegt das Stimmverhalten der Staatsvertreter, die der Entlassung nicht zustimmten. Als Begründung dafür, dass ausgerechnet führende Gewerkschaftsvertreter, die in anderen Zusammenhängen außerordentliche Entlassungen von Arbeitnehmern äußerst kritisch bewerten und zu vermeiden suchen, dieser Entlassung zustimmten, diente die Erklärung, dies entspräche den „Gepflogenheiten"[31] in einem konsensorientierten Selbstverwaltungsorgan.

---

30 Ohne hier auf Details einzugehen, war die Bewertung der Tätigkeit der Vorständin umstritten, d. h., zahlreiche Beschäftigte und auch andere Mitglieder des Verwaltungsrates teilten die Vorwürfe des Arbeitgebervertreters nicht. Außerdem zeigt der unsachliche Umgang dieses Selbstverwalters mit der Vorständin, dass auch persönliche Faktoren eine Rolle spielten.

31 „Eine Gepflogenheit ist eine zur Gewohnheit gewordene, oft unreflektierte Verhaltensweise, die durch häufige Wiederholung zur Konvention geworden ist und gepflegt wird." (Wikipedia https://de.wikipedia.org/wiki/Gepflogenheit).

Blockiere man eine derartige Entlassung, könne es bei nächster Gelegenheit zu einer Art Revanche der Arbeitgebervertreter bei einer Personalfrage kommen, die man durch das kooperative Verhalten in Falle der Vorständin zu vermeiden suche.

Das dritte Beispiel ist ein mehrjähriger und durch alle Instanzen geführter Rechtsstreit zwischen einem Pharmaunternehmen und dem Gemeinsamen Bundesausschuss als dem seit 2004 existierenden Organ der gemeinsamen Selbstverwaltung. Er zeigt in aller Breite, an welche Grenzen Kommunikation und Wissensmanagement über die Arbeit der Selbstverwaltung stößt und welche Argumente und Szenarien dabei herangezogen werden. Das Pharmaunternehmen wollte vom G-BA unter Hinweis auf das für Behörden geltende Informationsfreiheitsgesetz im Zusammenhang mit der Änderung eines Therapiehinweises Auskünfte zu dem Wirkstoff Montelukast erhalten, der in einem von ihm vertriebenen Arzneimittel enthalten ist. Erhalten wollte die Firma vor allem den Namen, Titel, akademischen Grad, Berufs- und Funktionsbezeichnung sämtlicher Mitglieder des Unterausschusses Arzneimittel sowie Namen, Titel, akademischen Grad, Berufs- und Funktionsbezeichnung sämtlicher Personen, die als Gutachter und Sachverständige tätig waren, die Sitzungsprotokolle aller Beratungen des Unterausschusses Arzneimittel, soweit sie Montelukast betreffen, die Voten der Patientenvertreter sowie die tragenden Gründe der beabsichtigten Entscheidung. Dies lehnte der G-BA mit dem Hinweis ab, das Informationsfreiheitsgesetz sei auf ihn nicht anwendbar, da er zum einen keine Behörde sei und zum anderen keine öffentlich-rechtlichen Verwaltungsaufgaben wahrnähme, sondern normsetzend tätig sei – so die Paraphrase seiner Argumente im veröffentlichten Urteil des Oberverwaltungsgerichts Nordrhein-Westfalen (OVG 2014).

Außerdem führte der G-BA als Argument für die Verweigerung der gewünschten Informationen an: „Unabhängig davon seien sämtliche vom Antrag erfassten Informationen einschließlich personenbezogener Daten vom Informationszugang ausgenommen. Dies sei erforderlich, um Versuchen der Einflussnahme durch Dritte entgegenzuwirken. Der Ausschluss gelte nach Abschluss der Beratungen fort, weil anderenfalls bestimmte Meinungsäußerungen einzelnen Mitgliedern des Unterausschusses zugeordnet werden könnten. Die Namen von Gutachtern, die an der Erarbeitung von Therapiehinweisen beteiligt seien, unterlägen [...] der strikten Geheimhaltung. Dem Informationsinteresse der Öffentlichkeit sei durch die Veröffentlichung der tragenden Gründe seiner Entscheidung ausreichend Rechnung getragen." „Zudem bestehe die Gefahr, dass Ausschussmitglieder ohne den Schutz der Vertraulichkeit ihres Namens bei zukünftigen Beratungen fachlich gebotene Meinungsäußerungen aus Furcht unterließen, dass ihre Stellungnahme in der Öffentlichkeit als Ausdruck mangelnder Unabhängigkeit gedeutet werden könnten. [...] Darüber hinaus befürchtet der Beklagte (G-BA), dass Mitglieder der Unterausschüsse in der Öffentlichkeit für unpopuläre Entscheidungen verantwortlich gemacht werden würden." Es bestehe schließlich die Gefahr, dass „betroffene Pharmaunternehmen oder Interessengruppen die Kenntnis der Namen der Ausschussmitglieder nutzen würden, um mit diesen in der Absicht Kontakt aufzunehmen, ihre Interessen gezielt in die laufenden Beratungen einzubringen, und auf zu treffende Sachentscheidungen Einfluss zu nehmen. Auf diese Weise könnten Bindungen oder Abhängigkeiten entstehen, die dazu führen könnten, dass Mitglieder fachlich gebotene Meinungsäußerungen unterließen." (OVG 2014).

Das Oberverwaltungsgericht hat in zweiter Instanz und ohne eine Revision zuzulassen entschieden, der G-BA sei sehr wohl eine Behörde im Sinne des Informationsfreiheitsgesetzes. Alle von dem betroffenen Unternehmen geforderten Auskünfte müsse der Bundesausschuss geben. Dies gälte aber nicht für personenbezogene Daten der in beratender Funktion tätigen Patientenvertreter und den Zugang zu Sitzungsprotokollen.

Die für das OVG maßgeblichen Gründe lauteten (OVG 2014):

- „(solange Meinungsäußerungen nicht einer bestimmten Person zugeordnet werden können) ist ... nicht ersichtlich, inwieweit hierdurch ein unbefangener und freier Meinungsaustausch beeinträchtigt werden soll"
- „Im Übrigen müssen sich die Mitglieder der Unterausschüsse des Beklagten, wie jeder Entscheidungsträger, der Verantwortung für ihr Handeln stellen."
- Und schließlich: „Darüber hinaus darf von Mitgliedern der Unterausschüsse ebenso wie von den Mitgliedern des Plenums und anderen Entscheidungsträgern in Parlamenten, Verwaltung und Justiz erwartet werden, dass diese sich professionell verhalten und etwaigen unlauteren Versuchen der Einflussnahme durch Dritte widerstehen. Dem entspricht, dass der Beklagte (G-BA) nicht vorgetragen hat, dass Mitglieder des Plenums oder die Vorsitzenden der Unterausschüsse, deren Identität bekannt ist, unlauteren Annäherungsversuchen ausgesetzt waren oder solchen Versuchen gar erlegen sind."

VII. Mehrwert von Kommunikation und Wissensmanagement in der selbstverwalteten Sozialversicherung für die sozialpolitischen Diskurse

Wie bereits eingangs dieses Aufsatzes festgestellt, ist es nicht einfach, den Mehrwert der in der selbstverwalteten Sozialversicherung stattfindenden

Kommunikation und des Wissensmanagements zu bestimmen. Dies liegt an der weiter oben dargestellten fehlenden oder mangelhaften Kommunikation über und durch sie gegenüber ihren Versicherten und der kontinuierlichen Abschottung gegenüber der Öffentlichkeit. Dadurch fehlt seit Jahrzehnten ein umfassendes und eindeutiges Wissen über interne Verfahren und Abläufe, die überhaupt kommunizierbar wären. Die wenigen Versuche die Transparenz mit eingeschränkten Methoden doch herzustellen, werfen mehr Fragen auf als Antworten zu liefern. Die bereits vorgestellte Untersuchung zur Arbeit der Widerspruchausschüsse ist einerseits ein gelungener Versuch, Einblicke in die internen Vorgänge von Sozialversicherungsträgern zu gewinnen. Andererseits liefert aber die gewählte und wahrscheinlich einzig mögliche Methodik[32] der Befragung von Selbstverwaltern und hauptamtlichen Vertretern des jeweiligen Sozialversicherungsträger zum Teil unklare oder klärungsbedürftige Ergebnisse. So unterscheiden sich z. B. die Wahrnehmung des Ablaufs der Ausschusssitzungen und der Rolle der Selbstverwaltungsvertreter*innen zwischen den ehren- und hauptamtlichen Befragten erheblich (siehe u.a. Höland 2019: 158).

Wenn trotzdem nach einem Mehrwert der internen Kommunikations- und Wissensprozesse in der selbstverwalteten Sozialversicherung gesucht wird, müssten folgende Fragen genauer geklärt werden: Stellt die immer stärker verrechtlichte Entscheidungsfindung in der selbstverwalteten Sozialversicherung eher einen Schutz vor bürokratischer Willkür dar, oder fördert sie eher die Undurchsichtigkeit von Entscheidungen und die Ohnmacht von Betroffenen gegenüber „denen da oben"? Würde der Konsenszwang mit Ausklammerung potenziell konfliktiver Angelegenheiten in der Sozialversicherung höchstmöglich effektive und effiziente Ergebnisse der Sozialpolitik außerhalb des Sozialversicherungsbereich fördern oder nicht? Milliardenschwere sozialpolitische Leistungen wie die Grundrente sind zwar hilfreich, blenden aber das für die Altersarmut eigentlich verantwortliche Versagen der sozialpartnerschaftlichen Lohnverhandlungen oder die gesetzliche Förderung eines Niedriglohnsektors als Ursache der Einkommensschwäche und späteren Rentenschwäche für große Teile der Bevölkerung und besonders der Frauen aus. Die weitere Übernahme

32 Eine qualitative Alternative könnten teilnehmende Beobachtungen sein. Diese erfordern aber die Zustimmung aller Beteiligten/Beobachteten, haben Datenschutzhürden zu überwinden, und zugänglich dürften dann auch nur formelle Sitzungen und nicht die informellen Zusammenkünfte zur Kommunikation, zum Wissensaustauschs und zur Vorbereitung von Entscheidungen sein.

dieser Art der konsensualen aber lediglich symptomorientierten Bearbeitung wichtiger sozialpolitischen Fragen stellt keinen Mehrwert dar.

VIII. Fazit

So wichtig die größtmögliche Transparenz über seine Strukturen, normativen und organisatorischen Bedingungen, Akteure und internen Kommunikationsformen und Wissensströme wie Entscheidungen für ein selbstverwaltetes Sozialversicherungssystem und die Antwort auf die Ausgangsfrage dieses Aufsatzes sind, so zeigt eine Analyse, dass über viele Jahre und gefördert durch zahlreiche objektive und subjektive Bedingungen die transparenzfördernde Kommunikation und Wissensvermittlung über dieses System für die breite Mehrheit der Versicherten und der Öffentlichkeit blockiert oder erschwert und die Intransparenz billigend in Kauf genommen wurde und wird. Bei der Analyse einiger Gründe für die Kommunikationsschwäche zeigt sich, dass es selbst dann, wenn mehr Transparenz bestünde, ein Transfer der internen Kommunikations- und Wissensverfahren der real existierenden selbstverwalteten Sozialversicherung in die sozialpolitischen Auseinandersetzungen nicht mehrwertvergrößernd wirkt oder wirken kann. Möglich wäre dies u. E. erst nach gravierenden Änderungen vieler ihrer strukturellen und personalen Bedingungen.

Literaturverzeichnis

Achinger, H (1966): Soziologie und Sozialreform. In: Soziologie und moderne Gesellschaft. Verhandlungen des 14. Deutschen Soziologentages vom 20. bis 24. Mai 1959 in Berlin. Stuttgart. 2. Auflage.

Arentz, C (2018): Die Krankenversicherung in den Niederlanden seit 2006. Analyse der Reform und ihrer Auswirkungen. Köln.

Bandelow, N/Eckert, F/Rüsenberg, R (2015): Blackbox Gesundheitspolitik. Die (Un-)Bekanntheit wichtiger gesundheitspolitischer Entscheidungen in der Wählerschaft. In: Böcken, J/Braun, B/Meierjürgen, R (Hrsg.). Gesundheitsmonitor 2015. Gütersloh: 37-56.

Baumeister, K/Hartje, A/Knötig, N/Wüstrich, Th (2013): Soziale Selbstverwaltung in der gesetzlichen Krankenversicherung. Arbeitspapier 277 der Hans Böckler Stiftung. Düsseldorf.

Becker, U/Kingreen, Th (Hrsg.) (2018): Kommentar zum SGB V Gesetzliche Krankenversicherung. 6., neu bearbeitete Auflage. München.

Berndt, C/Grill, M (2019a): Die dubiosen Millionengeschäfte der Radiologen. In: Süddeutsche Zeitung vom 1. August 2019. https://www.sueddeutsche.de/gesundheit/radiologie-kontrastmittel-abrechnung-1.4548896 – zuletzt aufgerufen 18.3.2020.

Berndt, C/Grill, M (2019b): Krankenkassen verschwenden 200 Millionen Euro im Jahr. In: Süddeutsche Zeitung vom 13.9.2019. https://www.sueddeutsche.de/politik/krankenkassen-kontrastmittel-radiologen-1.4599727 – zuletzt aufgerufen 12.1.2020.

Blank, F (2017): Selbstverwaltung, Gewerkschaften und Patienten-Organisationen. WSI-Study Nr. 8. Düsseldorf.

Böcken, J/Braun, B/Amhof, R/Schnee, M (2006): Gesundheitsmonitor 2006. Gütersloh.

Bode, I (2003): Multireferenzialität und Marktorientierung? Krankenkassen als hybride Organisationen im Wandel. In: Zeitschrift für Soziologie 32, Heft 5, 435-453.

Braun, B (1987): Selbstverwaltung in der gesetzlichen Krankenversicherung – Ein Konzept zwischen Selbsthilfe, Betroffenenorientierung und Staatsregulierung am Beispiel präventiven Arbeits- und Gesundheitsschutzes. In: Fricke, W/Johannson, K/Krahn, K/Kruse, W/Peter, G/Volkholz, V (Hrsg.) (1987). Jahrbuch Arbeit und Technik in Nordrhein-Westfalen. Bonn: 181-196.

Braun, B (2016): Lebens- und Arbeitsbedingungen von pflegenden Angehörigen. (unveröffentlichte Befragungsergebnisse). Bremen.

Braun, B/Marstedt, G (2010): Wie bürgernah sind Selbstverwaltung und Sozialwahlen? Newsletter Gesundheitsmonitor 3/2010.

Braun, B/Greß, S/Lüdecke, D/Rothgang, H/Wasem, J (2007): Funktionsfähigkeit und Perspektiven von Selbstverwaltung in der GKV. Ergebnisse von Umfragen bei Selbstverwaltern und Versicherten. In: Soziale Sicherheit 11/2007: 365-373.

Braun, B/Greß, S/Rothgang, H/Wasem, J (Hrsg.) (2008): Einfluss nehmen oder aussteigen? Theorie und Praxis von Kassenwechsel und Selbstverwaltung in der Gesetzlichen Krankenversicherung. Berlin.

Braun, B/Klenk, T/Kluth, W/Nullmeier, F/Welti, F (2009): Modernisierung der Sozialwahlen. Baden-Baden (kostenlos erhältlich über die Website www.forum-gesundheitspolitik.de).

Braun, B/Klenk, T/Nullmeier, F (2017): Sozialwahlen und Selbstverwaltung 2017. In: Gesundheit und Sozialpolitik Heft 6: 36-43.

Braun, B/Buitkamp, M (2005): Ergebnisse einer Analyse zur Bekanntheit und Verankerung von Sozialwahlen und Selbstverwaltung in der GKV. In: Soziale Sicherheit 3/2005: 77-80.

Braun, B/Marstedt, G (2010): Die GKV, das unbekannte Wesen. Newsletter Gesundheitsmonitor Nr. 4/2010. Gütersloh.

Braun, B/Marstedt, G (2010): Gesundheitspolitik auf dem Prüfstand. In: Böcken, J/Braun, B/Landmann, J (Hrsg.) (2010): Gesundheitsmonitor 2010. Gütersloh: 119-352.

Bundesministerium für Gesundheit (BMG), Bundesministerium der Justiz und für Verbraucherschutz, Beauftragter der Bundesregierung für die Belange der Patienteninnen und Patienten sowie Bevollmächtigter für Pflege (2019): Informiert und selbstbestimmt, Ratgeber für Patientenrechte, Berlin. https://www.bundesgesundheitsministerium.de/fileadmin/Dateien/5_Publikationen/Praevention/Broschueren/Ratgeber_Patientenrechte_02-2019.pdf – zuletzt 14.12.2019.

Bundesversicherungsamt (2018): Sonderbericht 25 Jahre Wettbewerb in der Gesetzlichen Krankenversicherung. https://www.bundesversicherungsamt.de/fileadmin/redaktion/Presse/2017/20180404Sonderbericht_web.pdf – zuletzt 26.11.2019.

Der Bundeswahlbeauftragte (1999): Schlussbericht der Wahlbeauftragten über die allgemeinen Wahlen in der Sozialversicherung im Jahre 1999. Berlin.

Der Bundeswahlbeauftragte (2005): Schlussbericht der Wahlbeauftragten über die allgemeinen Wahlen in der Sozialversicherung im Jahre 2005. Berlin.

Der Bundeswahlbeauftragte (2018): Schlussbericht der Wahlbeauftragten über die allgemeinen Wahlen in der Sozialversicherung im Jahre 2017. Berlin. https://www.bmas.de/SharedDocs/Downloads/DE/Thema-Soziale-Sicherung/Sozialwahlen/schlussbericht-sozialwahlen-2017.pdf?__blob=publicationFile&v=1 – zuletzt aufgerufen 19.1.2020.

Deutscher Bundestag (2019): Beschlussempfehlung und Bericht des Ausschusses für Gesundheit (14. Ausschuss) zu dem Gesetzentwurf der Bundesregierung – Drucksachen 19/13397, 19/13547 – Entwurf eines Gesetzes für bessere und unabhängigere Prüfungen (MDK-Reformgesetz). Drucksache 19/1487. http://dipbt.bundestag.de/dip21/btd/19/148/1914871.pdf – zuletzt aufgerufen 13.1.2020.

Deutscher Bundestag (2019a): Gesetzentwurf der Bundesregierung Entwurf eines Gesetzes für einen fairen Kassenwettbewerb in der gesetzlichen Krankenversicherung (Fairer-Kassenwettbewerb-Gesetz – GKV-FKG). Drucksache 19/15662. http://dipbt.bundestag.de/dip21/btd/19/156/1915662.pdf – zuletzt aufgerufen 20.1.2020.

Ferber, Chr v. (1977): Soziologie und Sozialpolitik. In: Ferber, Chr v/Kaufmann, FX (Hrsg.) (1977): Soziologie und Sozialpolitik. Opladen.

Gerlinger, Th/Knötig, N/Lückenbach, CD/Staender, J/Wüstrich, Th (2016): Soziale Selbstverwaltung in Krankenkassen. HBS-Workingpaper Nummer 15. Düsseldorf.

Gerlinger, Th/Knötig, N/Lückenbach, CD/Staender, J/Wüstrich, Th (o.J.): Erfolgsbedingungen patienten- und versichertenorientierter Selbstverwaltung durch Arbeitnehmervertreter (unveröffentlichter Entwurf).

Gerlinger, Th/Wüstrich, Th/Knötig, N/Lückenbach, CD/Staender, J (2016): Ergebnisbericht zum Forschungsvorhaben „Soziale Selbstverwaltung in der gesetzlichen Krankenversicherung: Erfolgsbedingungen patienten- und versichertenorientierter Selbstverwaltung durch Arbeitnehmervertreter", Bielefeld.

Grill, M (2019): Krankenkassen verschwenden Millionen. Tagesschau vom 13.9.2019. https://www.tagesschau.de/investigativ/ndr-wdr/radiologen-kontrastmittel-105.html – zuletzt aufgerufen 12.1.2020.

Hauss, F/Göckenjan, G/Rosenbrock, R (1985): Betriebskrankenkassen und Prävention. Unveröffentlichter Schlussbericht. Berlin (WZB).

Hegner, F (1971): Organisationssoziologische Implikationen des Verhältnisses zwischen Versicherungsträgern und Versicherten. In: Kaufmann, FX et al. (1971). Zum Verhältnis zwischen Sozialversicherungsträgern und Versicherten. Forschungsvorhaben im Auftrage des Bundesministers für Arbeit und Sozialordnung. Manuskript. Bielefeld.

Höland, A (2019): Widerspruchsausschüsse in der Sozialversicherung – rechtssoziologische Erkenntnisse und Fragen. In: Höland, A/Welti, F (2019): 38-59.

Höland, A (2019): Zur Empirie des Widerspruchsverfahrens und der Streitbehandlung in der Sozialversicherung. In: Höland/Welti, F (2019): 148-164.

Höland, A/Welti, F (Hrsg.) (2019): Recht und Praxis der Widerspruchsausschüsse in der Sozialversicherung. Bestandsaufnahme und Wirkungsanalyse. Study 411 der Hans Böckler Stiftung. Düsseldorf (diverse Aufsätze) (https://www.boeckler.de/pdf/p_study_hbs_411.pdf).

infas (1977): Die Selbstverwaltung in der Sozialversicherung – Ihre Bedeutung für die Versicherten. Untersuchung im Auftrag des Bundesministeriums für Arbeit und Sozialordnung, in, Bogs/Ferber/Tennstedt, Aufgaben und Funktion der Selbstverwaltung in der Sozialversicherung, Bd. 1, 1977: 201-255.

Kingdon, JW (1984/2003): Agendas, Alternatives, and Public Policies. New York.

Köpke, KH/Welti, F (2017): Soziale Selbstverwaltung und Rehabilitation. Untersuchung von Optimierungsmöglichkeiten in der Sozialversicherung. Projekt-Abschlussbericht. Kassel/Düsseldorf (https://www.boeckler.de/pdf_fof/99530.pdf).

Luhmann, N (1997): Die Gesellschaft der Gesellschaft. Frankfurt/Main.

Murswieck, A (Hrsg.) (1982): Staatliche Politik im Sozialsektor. München.

NDR (2019): Bayern und Brandenburg senken Preise für Kontrastmittel deutlich ab. Pressemitteilung vom 13.9.2019. https://www.presseportal.de/pm/69086/4374825 - zuletzt aufgerufen 12.1.2019.

OVG (Oberverwaltungsgericht) Nordrhein-Westfalen (2014): OVG Nordrhein-Westfalen, Urteil vom 15.01.2014 - 8 A 467/11 - https://openjur.de/u/676333.html - zuletzt aufgerufen 12.1.2020.

Paquet, R (2018): Mit Urwahl alles gut für die Selbstverwaltung? Auch die neue Bundesregierung sieht das anders. In: Gesundheit und Sozialpolitik Heft 2: 62-65.

Pitschas, R (2019): Konflikte, Rechtsschutz und Wirklichkeiten im Verfahren der sozialversicherungsrechtlichen Widerspruchsausschüsse – eine verwaltungswissenschaftliche Perspektive. In: Höland, A/Welti, F (2019): 98-114.

Rosenbrock R/Hauss F (Hrsg.) (1985): Krankenkassen und Prävention. Berlin.

Schaeffer, D/Hurrelmann, K/Bauer, U/Kolpatzik, K (Hrsg.) (2018): Nationaler Aktionsplan Gesundheitskompetenz – Die Gesundheitskompetenz in Deutschland stärken. Berlin.

Schaeffer, D/Pelikan, JM (Hrsg.) (2017): Health Literacy: Forschungsstand und Perspektiven. Bern: 127-234.

Schaeffer, D/Vogt, D/Berens, EM/Hurrelmann, K (2016): Gesundheitskompetenz der Bevölkerung in Deutschland – Ergebnisbericht. Bielefeld: Universität Bielefeld.

Schroeder, W (2008): Zur Reform der sozialen Selbstverwaltung in der Gesetzlichen Krankenversicherung – Kasseler Konzept. Düsseldorf.

Süddeutsche Zeitung (2018): Implant Files. Das gefährliche Geschäft mit der Gesundheit. https://projekte.sueddeutsche.de/implantfiles/politik/implant-files-sueddeutsche-de-e952128/ – zuletzt aufgerufen am 24.1.2020.

Techniker Krankenkasse (2016): Die Wahl haben. TK-Studie zur Sozialwahl 2017. Hamburg.

Tennstedt, F (1976): Zur Ökonomisierung und Verrechtlichung in der Sozialpolitik. In: Murswieck, A (Hrsg.) (1982): Staatliche Politik im Sozialsektor. München: 139-165.

Tennstedt, F (1977): Sozialwissenschaftliche Forschung in der Sozialversicherung. In: Ferber, Chr v/Kaufmann, FX (Hrsg.) (1977): Soziologie und Sozialpolitik. Opladen.

Tietel, E (2006): Betriebsräte in der sozialen und emotionalen Zwickmühle. Reihe: Forschung aus der Hans-Böckler-Stiftung, Mitbestimmung und wirtschaftlicher Wandel, Bd. 79. Berlin.

vdek (2019): Daten zum Gesundheitswesen: Versicherte. https://www.vdek.com/presse/daten/b_versicherte.html – zuletzt 9.12.2019.

Zeit-Online (2019): Bundesagentur wirft Vorstandsmitglied Valerie Holsboer raus. 12. Juli 2019. https://www.zeit.de/news/2019-07/12/bundesagentur-wirft-vorstandsmitglied-holsboer-raus – zuletzt aufgerufen 12.1.2020.

Zok K (2014). Unterschiede bei der Gesundheitskompetenz Ergebnisse einer bundesweiten Repräsentativ-Umfrage unter gesetzlich Versicherten. In: WIdO-Monitor 2/2014. Berlin.

Axel Olaf Kern

Sozialversicherungswahlen als Fundament der Selbstverwaltung in der GKV?

I. Vorbemerkung

Mit diesem Beitrag soll der Blick nicht auf das Ergebnis der bestehenden Selbstverwaltung in der Gesetzlichen Krankenversicherung (GKV) in Bezug auf die Versorgungsqualität für die Versicherten gerichtet werden. Vielmehr wird betrachtet, wie Selbstverwaltung im Ursprung bei den Sozialversicherungsträgern und hier speziell bei den Krankenkassen gestaltet ist vor dem Hintergrund des Ergebnisses der Sozialwahlen im Jahr 2017.

II. Selbstverwaltung

In Deutschland gilt das Prinzip der Selbstverwaltung, wonach entsprechend gesetzlicher Rahmenbedingungen von den Versicherten und Beitragszahlern sowie Vertretern der Arbeitgeber in Krankenkassen und deren Verbänden die Sicherstellung der gesundheitlichen Versorgung organisiert wird und dies auf Landes- und Bundesebene gemeinsam mit Organisationen der Leistungserbringer. Sie sind verpflichtet, die medizinische Versorgung der Bevölkerung in eigener Verantwortung unter staatlicher Aufsicht zu gestalten. Die gesetzlichen Krankenkassen und die Kassenärztlichen bzw. Kassenzahnärztlichen Vereinigungen sind hoheitlich handelnde Körperschaften des öffentlichen Rechts.

Das Fundament der Sozialen Selbstverwaltung der Krankenkassen bilden die aus Vertretern von Arbeitgebern und Arbeitnehmern zusammengesetzten Verwaltungsräte der Krankenkassen.[1] Die Zusammensetzung der Verwaltungsräte der jeweiligen Krankenkassen erfolgt im Rahmen der Sozialwahlen, die

---

1 Die Selbstverwaltung der Sozialversicherung für Landwirtschaft, Forsten und Gartenbau umfasst neben Vertretern der Versicherten und Arbeitgeber auch die Gruppe der Selbstständigen ohne fremde Arbeitskräfte. Allerdings wird hier nicht gesondert ein Verwaltungsrat gewählt, da die Organisation der Kranken- und Pflegekasse mitübernommen wird. Ebenso übernimmt die Selbstverwaltung der Deutschen Rentenversicherung Knappschaft-Bahn-See die Verwaltung der zugehörigen Kranken- und Pflegekasse.

erstmals im Jahr 1953 stattfanden.[2] Diesen kommt neben einem hohen Maß an sozialpolitischer Bedeutung in Bezug auf die Sicherstellung der Versorgung der Versicherten mit Gesundheitsleistungen[3] auch ein ebenso hohes Maß an wirtschaftspolitischer Verantwortung zu. Diese Verantwortung ergibt sich daraus, dass sich die Beitragssatzhöhe infolge der paritätischen Finanzierung der Beiträge durch Arbeitgeber und Arbeitnehmer unmittelbar auf die Lohnkosten der Unternehmen und die verfügbaren Einkommen der Versicherten auswirkt. Allerdings wurde diese Verantwortung für den Beitragssatz, welcher sich in dem krankenkassenindividuellen Ausgleich von Einnahmen und Ausgaben im Rahmen des Umlageverfahrens ausdrückt, mit der Einführung des Gesundheitsfonds im Jahr 2009[4] wesentlich beschnitten. Seitdem wird der weitaus größte Teil der Beitragsleistung der Versicherten parlamentsgesetzlich gemäß § 241 SGB V festgesetzt. Im Sinne der hoheitlichen Selbstverwaltung bleibt dem Verwaltungsrat auf der Seite der Einnahmen lediglich, den krankenkassen-individuellen Zusatzbeitragssatz gemäß § 242 SGB V als Rest der Beitragssatzautonomie zu bestimmen.[5] Zudem erfolgt die Beitragsbemessung für freiwillige Mitglieder seit Einführung des Gesundheitsfonds nicht mehr von den einzelnen Krankenkassen durch Satzung, sondern einheitlich durch den GKV-Spitzenverband. Damit ist das wesentliche Element sowohl aus wettbewerbspolitischer Sicht als auch in Bezug auf die Verantwortung für die Lohnkosten der Unternehmen nicht mehr in Händen der Selbstverwaltung der Krankenkassen.

Die Höhe des Beitragssatzes, der unter staatlicher Regie festgesetzt wird, bestimmt sich somit entsprechend der Zahl der Erwerbstätigen sowie deren sozialversicherungspflichtigem Erwerbseinkommen und der zu finanzierenden Ausgaben für Krankheitsleistungen im Gesamtsystem der gesetzlichen

---

2 Bis 2017 erfolgten die Sozialwahlen in den Jahren 1958, 1962, 1968, 1974, 1980, 1986, 1993, 1999, 2005 und 2011.

3 Die Krankenkassen schließen dazu Verträge mit Leistungserbringern, wie Ärzten und Krankenhäusern, und ziehen zur Vergütung der Leistungen die Krankenversicherungsbeiträge von ihren Mitgliedern ein.

4 Beschlossen mit dem GKV-Wettbewerbsstärkungsgesetz (GKV-WSG) im Jahr 2007.

5 Der Verwaltungsrat hat gemäß § 197 SGB V die Satzung zu beschließen, den Vorstand zu überwachen, den Haushaltsplan festzustellen, über die Entlastung des Vorstands zu beschließen, die Krankenkasse gegenüber dem Vorstand und dessen Mitgliedern zu vertreten, über Grundstücksgeschäfte zu entscheiden und über die Auflösung der Krankenkasse oder die freiwillige Vereinigung mit anderen Krankenkassen zu beschließen. Der Verwaltungsrat kann dazu sämtliche Geschäfts- und Verwaltungsunterlagen einsehen und prüfen.

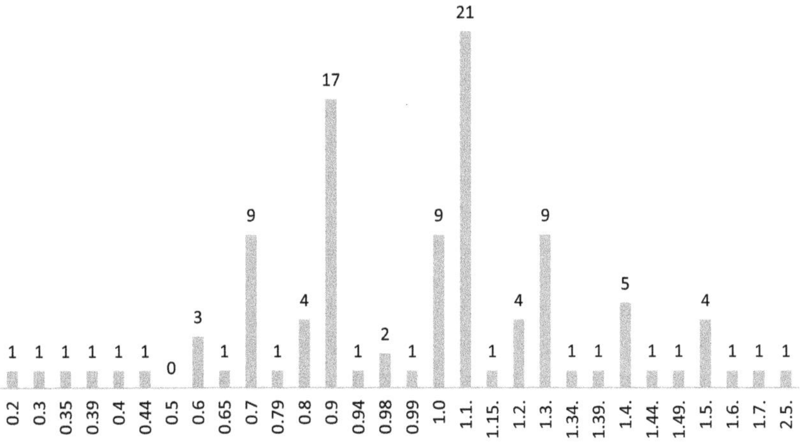

Abbildung 1: Höhe der Zusatzbeiträge der Krankenkassen im Jahr 2019
Quelle: eigene Berechnungen, eigene Darstellung nach GKV-Spitzenverband (2019).

Krankenversicherung. Der Wettbewerb zwischen den Krankenkassen, der sich in verschieden hohen, krankenkassenindividuell bestimmten Beitragssätzen bei nahezu identischem Leistungsversprechen aller Krankenkassen widerspiegelte, ist somit erheblich eingeschränkt. Dem für den Beitragszahler erkennbar werdenden Quasi-Preis, dem krankenkassenindividuellen Zusatzbeitrag[6], kann diese Signalwirkung auf Grund dessen geringer Höhe nicht mehr zugeschrieben werden. Um dies zu verdeutlichen, sind in Abbildung 1 die Zusatzbeiträge aller Krankenkassen im Jahr 2019 aufgeführt.

Aus Abbildung 1 wird deutlich, dass nur zehn Krankenkassen einen Zusatzbeitrag von weniger als 0,7 Prozent erheben, 16 Krankenkassen einen Zusatzbeitrag von mehr als 1,3 Prozent. 44 Krankenkassen weisen einen Zusatzbeitrag zwischen 0,7 und 1,0 Prozent aus. 35 Krankenkassen erheben einen Zusatzbeitrag zwischen 1,1 Prozent und 1,3 Prozent. Im Vergleich zum allgemeinen Beitragssatz von 14,6 Prozent, der GKV-einheitlich von allen Krankenkassen erhoben wird, verlangen nur acht Krankenkassen einen Zusatzbeitrag von mehr als 1,46 Prozent, der damit mehr als 10 Prozent des Allgemeinen Beitragssatzes entspricht. Dies ist vor dem Hintergrund der Preisreagibilität der Versicherten von

6 Der Zusatzbeitrag wird als Prozentsatz vom beitragspflichtigen Einkommen berechnet und paritätisch von Arbeitgeber und Arbeitnehmer finanziert.

Interesse hinsichtlich der Steuerungswirkung des Zusatzbeitrags. So ist davon auszugehen, dass sich aufgrund des geringen Gewichts des Zusatzbeitrags an der Gesamtbeitragslast und bei paritätischer Finanzierung für den Beitragszahler die Höhe des Zusatzbeitrags nur wenig auf die Entscheidung für einen Krankenkassenwechsel auswirken wird. Somit erscheint die stark eingeschränkte Beitragssatzautonomie der Krankenkassen, worin sich die eigentliche Entscheidungskraft der Selbstverwaltung zeigte, erheblich verwässert.

In der Krankenversicherung sind die Ausgaben für Gesundheitsleistungen vom Umfang des definierten Leistungskatalogs, dessen qualitativer und quantitativer Ausgestaltung durch die Selbstverwaltung sowie der Leistungsinanspruchnahme von Versicherten bzw. Patienten bestimmt. Der Umfang der Leistungen ist im Grundsatz vom Gesetzgeber in § 11 SGB V festgelegt. Krankenkassenindividuelle zusätzliche Leistungen, sogenannte Satzungsleistungen, sind in § 11 Abs. 6 SGB V formuliert, wonach

> „die Krankenkasse [...] in ihrer Satzung zusätzliche vom Gemeinsamen Bundesausschuss nicht ausgeschlossene Leistungen in der fachlich gebotenen Qualität im Bereich der medizinischen Vorsorge und Rehabilitation (§§ 23, 40), der Leistungen von Hebammen bei Schwangerschaft und Mutterschaft (§ 24d), der künstlichen Befruchtung (§ 27a), der zahnärztlichen Behandlung ohne die Versorgung mit Zahnersatz (§ 28 Absatz 2), bei der Versorgung mit nicht verschreibungspflichtigen apothekenpflichtigen Arzneimitteln (§ 34 Absatz 1 Satz 1), mit Heilmitteln (§ 32) und Hilfsmitteln (§ 33), im Bereich der häuslichen Krankenpflege (§ 37) und der Haushaltshilfe (§ 38) sowie Leistungen von nicht zugelassenen Leistungserbringern vorsehen [kann]. Die Satzung muss insbesondere die Art, die Dauer und den Umfang der Leistung bestimmen; sie hat hinreichende Anforderungen an die Qualität der Leistungserbringung zu regeln. Die zusätzlichen Leistungen sind von den Krankenkassen in ihrer Rechnungslegung gesondert auszuweisen."

In Tabelle 1 sind die Ausgaben für Satzungsleistungen aller Krankenkassen absolut und bezogen auf die Leistungsausgaben der GKV insgesamt für die Jahre 2010 bis 2016 ausgewiesen.[7]

Der Anteil der Satzungsleistungen nach § 11 Abs. 6 SGB V betrug im Jahr 2016 mit 1,137 Milliarden Euro bezogen auf die Leistungsausgaben der GKV lediglich einen Anteil von 0,55 Prozent. Im Vergleich dazu beträgt der Anteil der Ausgaben für Vorsorge und Rehabilitation an den Gesamtausgaben der GKV rund 1,2 Prozent. Im Jahr 2016 betrugen die Ausgaben für Werbung der Krankenkassen mit 214.049.076 Euro rund ein Fünftel des Volumens der Satzungsleistungen. Demgegenüber beliefen sich im Jahr 2016 die Verwaltungskosten der

7 Satzungsleistungen umfassen hier auch Ermessensleistungen.

Tabelle 1: Ausgaben für Satzungsleistungen in der GKV 2010 bis 2016

	Leistungsausgaben in Mio. Euro	**Satzungsleistungen in Mio. Euro**	**Anteil in Prozent**
2010	161.236	836	0,52
2011	164.852	780	0,47
2012	169.304	720	0,43
2013	178.681	875	0,49
2014	189.364	991	0,52
2015	197.703	921	0,47
2016	205.867	1‘137	0,55

Quelle: eigene Darstellung, eigene Berechnung nach BVA (2018), S. 23.

Krankenkassen auf 10,98 Milliarden Euro und waren damit rund zehnmal so hoch wie die Ausgaben für Satzungsleistungen. Hieran wird deutlich, dass die Satzungsautonomie der Krankenkassen und damit der Selbstverwaltung auch auf der Leistungsseite deutlich beschränkt ist.

1. Gesetzliche Krankenkasse

Der Gesetzgeber schuf im Rahmen der Neuordnung der Selbstverwaltung mit dem Gesundheits-Strukturgesetz (GSG) im Jahr 1993 die Voraussetzungen für die Errichtung eines ehrenamtlichen Verwaltungsrats als höchstes Selbstverwaltungsorgan. Seit dem 1. Januar 1996 gliedert sich gemäß § 197 SGB V die Organisationsstruktur einer Krankenkasse[8] in den hauptamtlichen Vorstand und den Verwaltungsrat, welcher im Rahmen der Sozialwahlen alle sechs Jahre durch die Wahl ehrenamtlicher Vertreter aus der Gruppe der Versicherten und der Arbeitgeber bestimmt wird.[9] Der Verwaltungsrat beschließt die Satzung und bestellt und kontrolliert den hauptamtlichen Vorstand. Gleichwohl ist festzustellen, dass der Vorstand dem Verwaltungsrat nicht weisungsgebunden ist und die Kontrolle durch den Verwaltungsrat somit nur nachträglich stattfinden kann. Hieraus kann abgeleitet werden, dass „die Versicherten [...] in erster Linie Kunden

8 In der Privaten Krankenversicherung sind die Versicherungsträger private Versicherungsunternehmen, von denen lediglich aus historischen Gründen einige noch den Namen Krankenkasse im Namen tragen (z.B. Postbeamtenkrankenkasse, Deutsche Beamtenkrankenkasse – Debeka).

9 § 217c Abs. 2 und 3.

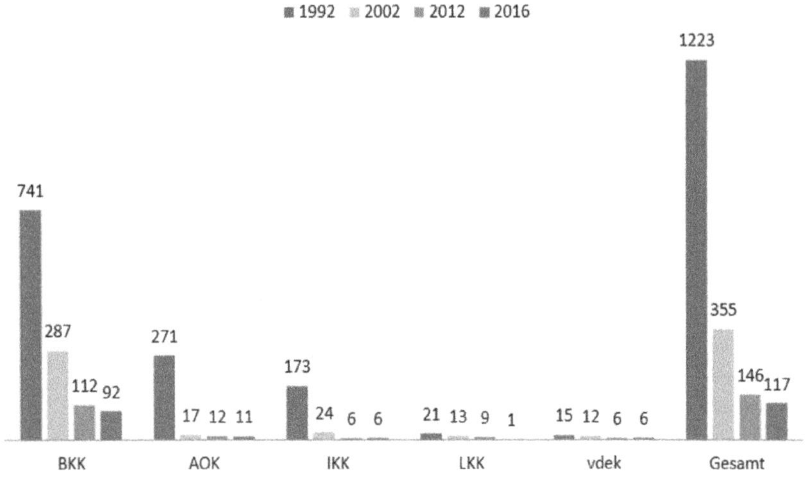

Abbildung 2: Entwicklung der Zahl der Krankenkassen von 1992 bis 2016
Quelle: Monopolkommission (2017), S. 21.

[sind], die ihre Interessen durch Beschwerdemanagement[10] oder „exit“ (Kassenwechsel) und „choice“ (Leistungen) zum Ausdruck bringen können, nicht aber durch „voice“.“[11] Die Veränderung der Zahl der Krankenkassen zwischen 1992 und 2016 ist in Abbildung 2 ausgewiesen.

Wie aus Abbildung 2 deutlich wird, verringerte sich die Zahl der Krankenkassen im Zeitraum von 1992 bis zum Jahr 2016 von 1223 auf 117 Krankenkassen. Betrug im Jahr 1992 der relative Anteil der Betriebskrankenkassen 60,5 Prozent, so stieg dieser bis zum Jahr 2016 auf 78,6 Prozent, wenn auch nur noch 12,4 Prozent der Betriebskrankenkassen im Jahr 2016 im Vergleich zum Jahr

10 Hierzu zählt auch insbesondere die Organisation und inhaltliche Ausgestaltung des Widerspruchsverfahrens, welches das Abhilfeverfahren bei der Krankenkasse und der Widerspruchsentscheidung durch die Widerspruchsstelle beinhaltet. Der Widerspruchsausschuss ist ein besonderer Ausschuss, der vom Verwaltungsrat gebildet und durch ehrenamtliche Mitglieder oder auch durch Mitarbeiter der Krankenkasse besetzt wird, um die Interessen der Versicherten zu vertreten und organisatorische Mängel in der Krankenkasse zu erkennen. Die Einzelfallentscheidungen über Widersprüche der Versicherten sind verbindlich. Bei Zurückweisung des Widerspruchs ist dem Versicherten das Sozialgerichtsverfahren eröffnet. Vgl. Fischer/Welti (2019) sowie Sander et al. (2017).

11 Klenk et al. (2009), S. 86.

1992 *existierten*. Den geringsten Rückgang verzeichnen die Ersatzkassen (vdek), von denen im Jahr 2016 noch 40 Prozent geschäftstätig waren. Im System der Allgemeinen Ortskrankenkassen (AOK) waren es noch 4,1 Prozent, bei den Innungskrankenkassen (IKK) noch 3,5 Prozent, bei den Landwirtschaftlichen Krankenkassen noch 4,7 Prozent und bezogen auf alle gesetzlichen Krankenkassen 9,5 Prozent. Diese Verringerung der Zahl der Krankenkassen bedeutet auch, dass die Zahl der Verwaltungsräte deutlich zurückging. Allerdings wird die Zahl der zu vergebenden Mandate bei einer Sozialwahl erst ab dem Schlussbericht zu den Sozialwahlen 2011 erfasst, weshalb die Veränderungen der Mandatszahlen über die Jahre möglich ist. Für die Sozialversicherungswahl im Jahr 2017 ist festzustellen, dass noch 1.867 Verwaltungsratsmandate vergeben wurden.

2. Spitzenverband Bund der Krankenkassen (GKV-Spitzenverband)

Auf Bundesebene sind die Krankenkassen im „Spitzenverband Bund der Krankenkassen" (GKV-Spitzenverband) zusammengeschlossen. Dessen Verwaltungsrat setzt sich aus 52 Mitgliedern entsprechend der Versichertenanteile der verschiedenen Krankenkassenarten zusammen.[12] So stellen die Allgemeinen Ortskrankenkassen (AOK) jeweils neun Arbeitgeber- und Arbeitnehmervertreter (34,61 Prozent), der Verband der Ersatzkassen (vdek) 16 Arbeitnehmer- und vier Arbeitgebervertreter (38,46 Prozent), die Betriebskrankenkassen (BKK) jeweils vier Arbeitgeber- und Arbeitnehmervertreter (15,38 Prozent), die Innungskrankenkassen (IKK) jeweils zwei Arbeitgeber- und Arbeitnehmervertreter (7,67 Prozent) sowie die Deutsche Rentenversicherung – Krankenkasse Bahn-See (DRV-KBS) und die Landwirtschaftliche Krankenkasse (LKK) jeweils einen Arbeitgeber- und Arbeitnehmervertreter (3,8 Prozent).

3. Kassenärztliche und Kassenzahnärztliche Vereinigungen

Auf der Seite der Leistungserbringer sind Vertragsärzte und Vertragszahnärzte gemäß § 77 SGB V in den auf Länderebene organisierten Kassenärztlichen Vereinigungen (KV) bzw. Kassenzahnärztlichen Vereinigungen (KZV)

12 Der Verwaltungsrat des GKV-Spitzenverbands wird von der Mitgliederversammlung bestimmt, die sich daraus zusammensetzt, dass jede Mitgliedskasse jeweils einen Arbeitgeber- und einen Versichertenvertreter aus deren Verwaltungsrat (bzw. ehrenamtlichen Vorstand oder Vertreterversammlung) entsendet. Eine Ersatzkasse, deren Verwaltungsrat nicht zur Hälfte mit Vertretern der Arbeitgeber besetzt ist, entsendet jeweils zwei Vertreter der Versicherten aus ihrem Verwaltungsrat (§ 271b Abs. 3 SGB V).

selbstverwaltet und unter staatlicher Aufsicht organisiert. Die Selbstverwaltung der Leistungserbringer gliedert sich in die jeweiligen von Mitgliedern gewählten Vertreterversammlungen und Vorstände. Auf Bundesebene sind diese Interessengruppen im Rahmen der Selbstverwaltung als Kassenärztliche bzw. Kassenzahnärztliche Bundesvereinigung (KBV bzw. KZBV) gefasst.

4. Gemeinsamer Bundesausschuss (G-BA)

Das Dach der gemeinsamen Selbstverwaltung der Gesetzlichen Krankenversicherung ist auf Bundesebene der Gemeinsame Bundesausschuss (G-BA), welcher von Vertretern der Kassenärztlichen Bundesvereinigungen (KBV und KZBV), der Deutschen Krankenhausgesellschaft (DKG) und des GKV-Spitzenverbandes gebildet wird.[13] Dessen 13 stimmberechtigte Mitglieder umfassen einen unparteiischen Vorsitzenden und zwei weitere unparteiische Mitglieder sowie fünf Vertreter, die vom GKV-Spitzenverband benannt werden, und einem von der KZBV, zwei von der KBV und zwei von der DKG benannten Vertretern. Die unparteiischen Mitglieder werden von den Spitzenorganisationen der Krankenkassen und der Leistungserbringer vorgeschlagen und nur im Falle einer zweimaligen Ablehnung durch den Ausschuss für Gesundheit des Deutschen Bundestages vom Bundesminister für Gesundheit berufen.[14] Der Gemeinsame Bundesausschuss verhandelt die Grundsätze der inhaltlichen Ausgestaltung der Krankenversorgung und legt die Leistungen für die Versorgung der Versicherten im Sinne der Ausgestaltung der gesetzlichen Vorgaben nach dem SGB V fest.

5. Medizinischer Dienst des Spitzenverbandes Bund der Krankenkassen (MDS)[15]

Beim MDS, der medizinischen und pflegefachlichen Expertenorganisation, die den GKV-Spitzenverband berät und die Arbeit der Medizinischen Dienste der

---

13 Gemäß §§ 91 Abs. 3, 139a, 137a SGB V i.V.m. § 139c SGB V erfolgt die Finanzierung durch sogenannte Systemzuschläge, die sich jeweils zur Hälfte durch die Erhebung eines Zuschlags für jeden abzurechnenden Krankenhausfall (2,24 Euro) und durch die zusätzliche Anhebung der Vergütungen für die ambulante vertragsärztliche und vertragszahnärztliche Versorgung (jeweils 6,5954479 Cent) bestimmen.

14 Vgl. § 91 SGB V.

15 Mit dem zum 01. Januar 2020 in Kraft getretenen MDK-Reformgesetz werden die medizinischen Dienste auf Landesebene zu Körperschaften des öffentlichen Rechts umgewandelt und als Medizinischer Dienst (MD) des jeweiligen Landes geführt. Der MDS wird ebenfalls Körperschaft des öffentlichen Rechts und als MD Bund firmieren. Träger des MD Bund werden dann die Medizinischen Dienste der Länder. Der

Krankenversicherung (MDK) auf Länderebene koordiniert, ist als Selbstverwaltungsorgan ebenso ein Verwaltungsrat gebildet. Die 16 stimmberechtigten Mitglieder des MDS-Verwaltungsrats setzen sich zusammen aus jeweils sieben Arbeitgeber- und Arbeitnehmervertretern, die aus den Reihen und von den Verwaltungsratsmitgliedern des GKV-Spitzenverbandes gewählt werden, und aus zwei der drei Vorstandsmitglieder des GKV-Spitzenverbands. Darüber hinaus wählt der Verwaltungsrat des GKV-Spitzenverbands aus den sechs Krankenkassenarten jeweils einen Vorstand bzw. einen Geschäftsführer in den Verwaltungsrat des MDS. Zudem sind zwei Geschäftsführer der Medizinischen Dienste der Krankenkassen auf Länderebene (MDK) und jeweils ein Arbeitgeber- und Arbeitnehmervertreter aus den Verwaltungsräten der MDKs in dem Verwaltungsrat des MDS vertreten.

6. Medizinischer Dienst der Krankenversicherung (MDK)

In jedem Bundesland ist ein MDK errichtet, der von der Arbeitsgemeinschaft der Landesverbände der Orts-, Betriebs- und Innungskrankenkassen, der landwirtschaftlichen Krankenkasse, der Ersatzkassen und der BAHN-BKK gebildet wird. Der Verwaltungsrat des jeweiligen MDK, dem höchstens 16 Vertreter angehören können[16], wird von den Verwaltungsräten der Mitglieder der Arbeitsgemeinschaft gewählt. Dabei gilt, dass höchstens einem Viertel der Mitglieder im Verwaltungsrat durch Beschäftigte der Krankenkassen oder Beschäftigte von Verbänden oder Arbeitsgemeinschaften der Krankenkassen sein dürfen.

7. Gesellschaft für Telematik (gematik GmbH)

Damit die elektronische Gesundheitskarte zu Verbesserungen der Wirtschaftlichkeit, Qualität und Transparenz beitragen kann, wurden im Sinne der

---

Verwaltungsrat besteht dann aus 16 stimmberechtigten Vertretern der Kranken- und Pflegekassen, die von den Verwaltungsräten der Landesverbände der Krankenkassen und der Ersatzkassen gewählt werden. Zudem werden fünf stimmberechtigte Vertreter und zwei nicht stimmberechtigte Berufsvertreter durch Benennung der für die Sozialversicherung zuständigen Verwaltungsbehörde des Landes im Verwaltungsrat vertreten sein. Verbände und Organisationen der Patienten/Pflegebedürftigen/Behinderten und des Verbraucherschutzes werden die weiteren Vertreter benennen. Der Verwaltungsrat des MD Bund setzt sich entsprechend der Besetzung der MD zusammen und durch die Verwaltungsräte der MD gewählt.

16 Die Zahl kann in besonderen Ausnahmen „angemessen“ erhöht werden. Kommt keine Einigung der Mitglieder zustande, entscheidet die für die Sozialversicherung zuständige oberste Verwaltungsbehörde des Landes.

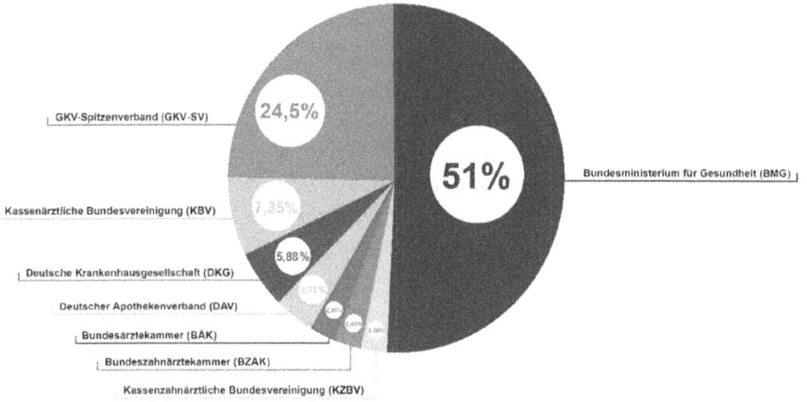

Abbildung 3: Verteilung der Gesellschafteranteile der gematik GmbH
Quelle: Gematik (2019), o.S.

Selbstverwaltung in der GKV die Spitzenorganisationen des deutschen Gesundheitswesens beauftragt, eine interoperable und sektorübergreifende Informations-, Kommunikations- und Sicherheitsinfrastruktur (Telematikinfrastruktur) als Grundlage für eine digitale und sichere Vernetzung im Gesundheitswesen zu gestalten. Die funktionalen und technischen Vorgaben einschließlich eines Sicherheitskonzepts sind zu erstellen, Inhalt und Struktur der Datensätze für deren Bereitstellung und Nutzung festzulegen, Vorgaben für den sicheren Betrieb der Telematikinfrastruktur festzulegen und deren Umsetzung zu überwachen sowie die notwendigen Test- und Zertifizierungsmaßnahmen sicherzustellen und Verfahren einschließlich der dafür erforderlichen Authentisierungsverfahren zu bestimmen.

Die Gesellschafteranteile der gematik GmbH entfallen zu 51 Prozent auf die Bundesrepublik Deutschland, vertreten durch das Bundesministerium für Gesundheit, zu 24,5 Prozent auf den GKV-Spitzenverband und zu 24,5 Prozent auf die Organisationen der Leistungserbringer wie in Abbildung 3 ausgewiesen.

8. Institut für das Entgeltsystem im Krankenhaus (InEK GmbH)

Im Jahr 2001 wurde von den **Spitzenverbänden** der Krankenkassen, dem Verband der Privaten Krankenversicherung und der Deutschen Krankenhausgesellschaft das Institut für das Entgeltsystem im Krankenhaus (InEK GmbH) gegründet. Die Gesellschafter sind auch hier im Sinne der Selbstverwaltung in der GKV die Deutsche Krankenhausgesellschaft (DKG), der GKV-Spitzenverband und der Verband der Privaten Krankenversicherungen. Die Aufgabe der InEK GmbH besteht darin, das Vergütungssystem für die allgemeinen vollstationären und teilstationären Krankenhausleistungen auf der Grundlage von Diagnosis Related Groups (DRG) nach Maßgabe des Krankenhausfinanzierungsgesetzes (KHG) zu gestalten und weiterzuentwickeln (§ 17b KHG). Zur Finanzierung der Aufgaben der InEK GmbH wird entsprechend **§ 17b Abs. 5 KHG ein** DRG-Systemzuschlag[17] von den Krankenhäusern je voll- und teilstationärem Krankenhausfall dem selbst-zahlenden Patienten oder dem jeweiligen Kostenträger in Rechnung gestellt.

9. Zulassungsausschüsse

Für die Sicherstellung der ambulanten ärztlichen, zahnärztlichen und psychotherapeutischen Versorgung in Deutschland[18] wird von den Kassenärztlichen Vereinigungen und den Landesverbänden der Krankenkassen sowie der Ersatzkassen für den Bezirk jeder Kassenärztlichen Vereinigung oder für Teile dieses Bezirks (Zulassungsbezirk) ein Zulassungsausschuss errichtet. Jeder Zulassungsausschuss ist ein selbstständiges und nicht weisungsgebundenes Gremium der gemeinsamen Selbstverwaltung. Die Zulassungsausschüsse bestehen in gleicher Zahl aus Vertretern der Ärzte, die von den Kassenärztlichen Vereinigungen (KV), und Vertretern der Krankenkassen, die von den Landesverbänden der Krankenkassen und den Ersatzkassen bestellt werden. Zulassungsausschüsse beschließen mit einfacher Stimmenmehrheit. Die obersten Landesbehörden, die für die Sozialversicherungen jeweils zuständig sind, haben in besonderen Fällen ein Mitberatungsrecht.

17 Der DRG-Systemzuschlag betrug 1,30 € im Jahr 2017 (1,66 € – in 2020) , wovon auf die Finanzierung der pauschalierten Zahlungen für die an der Kalkulation teilnehmenden Krankenhäuser (Zuschlagsanteil ‚Kalkulation') 1,04 € (1,40 €) und auf die Finanzierung der InEK GmbH (Zuschlagsanteil ‚InEK') 0,26 € (0,26 €) entfallen.

18 Zu den Aufgaben gehören überwiegend die Zulassung von Vertragsärzten, Vertragszahnärzten, Psychologischen Psychotherapeuten und Medizinischen Versorgungszentren, Ermächtigungen von (Krankenhaus-)Ärzten, Praxiskooperationen, Anstellung von Ärzten, Zahnärzten, Psychotherapeuten, Verlegung des Praxissitzes, Wechsel/Erweiterung des Fachgebiets.

Tabelle 2: Wahlen mit aktiven Wahlhandlungen nach Sozialversicherungszweigen 1953 bis 2017

	1953	1958	1962	1968	1974	1980	1986	1993	1999	2005	2011	2017	Träger 2017
AOK	3	2	6	11	12	10	6	3	1				**11**
IKK								3					**6**
Ersatzk.		4	5	5	5	7	8	7	6	4	5	5	**6**
BKK	2	3	14	16	19	24	14	10	6	2	2	2	**88**
Berufsgen.			2	6	1	7	5	3	1	1	2	1	**9**
Unfallk.		1		1									**24**
LVA/DRV	1	1	3	5			1					1	**15**
BfA/DRV Bund	1	1	1	1	1	1	1	1	1	1	1	1	**1**
Knappschaft	2	7	7	7									**1**
Gesamt	**9**	**19**	**38**	**52**	**38**	**49**	**35**	**27**	**15**	**8**	**10**	**10**	**161**

Quelle: eigene Darstellung nach BWB (2018), S. 15.

III. Sozialversicherungswahlen in der Gesetzlichen Krankenversicherung

Gemäß § 29 SGB IV sind die Träger der Sozialversicherung (Versicherungsträger) rechtsfähige Körperschaften des öffentlichen Rechts mit Selbstverwaltung. Die Selbstverwaltung wird durch die Versicherten und die Arbeitgeber ausgeübt und erfüllt ihre Aufgaben in eigener Verantwortung. Die Legitimation der Selbstverwaltung ergibt sich durch die Sozialversicherungswahlen, die alle sechs Jahre stattfinden und erstmals im Jahr 1953 in der Bundesrepublik Deutschland erfolgten.

1. Urwahlen und Friedenswahlen

In Tabelle 2 ist für die Sozialwahlen seit 1953 ausgewiesen, wie viele Wahlen in den verschiedenen Sozialversicherungszweigen mit aktiven Wahlhandlungen (Urwahl) stattfanden. Zum Vergleich ist für das Jahr 2017 die Zahl der Sozialversicherungsträger aufgeführt.

Aus Tabelle 2 wird deutlich, dass im Jahr 2017 lediglich bei 10 von 161 Sozialversicherungsträgern aktive Wahlhandlungen stattfanden und in Bezug auf die Krankenkassen der Gesetzlichen Krankenversicherung waren dies nur bei sieben der 112 Krankenkassen[19] der Fall. Bei den Allgemeinen Ortskrankenkassen (AOK) und Innungskrankenkassen (IKK) fanden in den Sozialversicherungswahlen bereits seit 1999 keine Wahlhandlungen mehr statt. In fünf der sechs Ersatzkassen findet eine aktive Wahl des Verwaltungsrats statt.[20] Auffallend ist auch, dass lediglich in zwei der 88 Betriebskrankenkassen im Jahr 2017 gewählt wurde.

In allen anderen Krankenkassen fanden Friedenswahlen, Wahlen ohne Wahlhandlung, statt. Friedenswahlen ergeben sich dann, wenn nur eine Vorschlagsliste eingereicht oder zugelassen ist oder die Anzahl der Bewerber auf verschiedenen Vorschlagslisten die Zahl der zu vergebenden Mandate nicht übersteigt.

Aus wettbewerbspolitischer Sicht sind die Größenverhältnisse der Krankenkassen von besonderem Interesse auch in Bezug auf die Vertretung in GKV-weiten Selbstverwaltungsorganen. In Abbildung 4 ist deshalb die Größenverteilung nach Mitgliederzahl für die zehn größten Krankenkassen dargestellt.
Aus Abbildung 4 ist abzulesen, dass die drei nach Mitgliederzahlen größten Krankenkassen (Techniker, Barmer, DAK) Ersatzkassen und bundesunmittelbar geschäftstätig sind. Mit 18,8 Millionen Mitgliedern versichern diese drei Krankenkassen 33,6 Prozent aller Mitglieder in der GKV. Die viert- und fünftgrößten Krankenkassen sind die AOK Bayern mit 3,46 Millionen Mitgliedern und AOK Baden-Württemberg mit 3,18 Millionen Mitgliedern, wobei deren Geschäftstätigkeit lediglich auf das jeweilige Bundesland beschränkt ist. Jedoch wird deutlich, dass diese Krankenkassen jeweils mit rund drei Millionen Mitgliedern annähernd halb so groß sind wie die Techniker Krankenkasse oder die Barmer und dies, obgleich sie nicht bundesweit tätig sind. Mit Ausnahme der IKK Classic, die ebenso bundesweit geschäftstätig ist, sind die nächsten Krankenkassen ebenso Allgemeine Ortskrankenkassen für die Bundesländer Sachsen und Thüringen (AOK Plus), Rheinland und Hamburg sowie Westfalen, Lippe und Schleswig-Holstein (AOK Nordwest) als auch Niedersachsen mit jeweils etwas unter bzw. über zwei Millionen Mitgliedern.

19 Inkl. Knappschaft-Bahn-See.
20 Die Hanseatische Krankenkasse (HEK) bestimmte ihre Verwaltungsratsmitglieder in einer Friedenswahl.

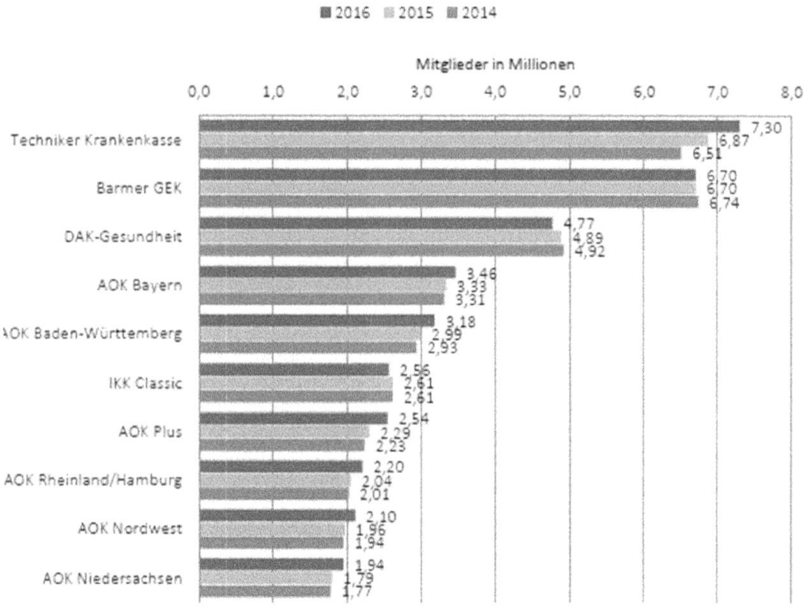

Abbildung 4: Zehn größte Krankenkassen nach Mitgliederzahl 2014 bis 2016
Quelle: Monopolkommission (2017), S. 23.

2. Mandatsverteilung in den Verwaltungsräten der Gesetzlichen Krankenversicherung

Diese zehn größten Krankenkassen werden durch jeweils 30 und damit insgesamt 300 Verwaltungsräte, davon 125 Mandate auf Arbeitgeberseite und 175 Mandate auf Versichertenseite, kontrolliert. Dies bedeutet, dass 16 Prozent der 1.867 Verwaltungsratsmandate in der Gesetzlichen Krankenversicherung auf die zehn größten Krankenkassen entfallen, jedoch mit 36,75 Millionen Mitgliedern diese zehn Krankenkassen 66,1 Prozent der insgesamt 55,6 Mitglieder[21] in der Gesetzlichen Krankenversicherung in Deutschland im Jahr 2016 betreuten.[22]

21 55.608.149 Mitglieder und 71.864.858 Versicherte.

22 Kinder, Ehepartner und Ehepartnerinnen sowie eingetragene Lebenspartner und Lebenspartnerinnen von Mitgliedern sind beitragsfrei familienversichert und zählen nicht zu der Statusgruppe der Mitglieder. Im Jahr 2016 waren dies 16.256.709 Personen.

Tabelle 3: Anzahl der durch Wahlen mit Wahlhandlungen vergebenen Mandate 2017

Versicherungsträger	**Zahl der Mandate**
Deutsche Rentenversicherung Bund	15
Deutsche Rentenversicherung Saarland	15
Rentenversicherungsträger	*30*
Barmer	27
Techniker Krankenkasse	15
DAK-Gesundheit	28
KKH	20
Hkk	9
BKK RWE	10
BKK VerbundPlus	10
Krankenkassen	***119***
Sozialversicherung für Landwirtschaft, Forsten und Gartenbau[a]	20

[a] Die Selbstverwaltung der Sozialversicherung für Landwirtschaft, Forsten und Gartenbau wird im Rahmen der Sozialwahlen bestimmt, jedoch kein Verwaltungsrat gewählt, da die Selbstverwaltung neben Unfall- und Rentenversicherung auch die Krankenkasse und Pflegekasse verwaltet.
Quelle: eigene Darstellung nach BWB (2018), S. 22.

Bezogen auf die Sozialversicherung wurden in der Sozialversicherungswahl 2017 insgesamt 3.423 Mandate in der Selbstverwaltung besetzt, davon jedoch nur 169 Mandate durch Wahlhandlung. Dies bedeutet, dass lediglich 4,94 Prozent aller Mandate aktiv von den Versicherten und Arbeitgebern bestimmt sind. 95,06 Prozent der Selbstverwaltungsmandate wurden durch Friedenswahlen ermittelt.[23] In den Krankenkassen der Gesetzlichen Krankenversicherung wurden insgesamt 1.867 Verwaltungsratsmandate bestimmt, was einem Anteil von 54,4% an den insgesamt 3.423 vergeben Mandaten entspricht.[24] In Tabelle 3 ist für die verschiedenen Versicherungsträger, bei denen aktive Wahlhandlungen stattfanden, die Zahl der Mandate ausgewiesen, die durch aktive Wahlhandlung vergeben wurden.

23 Vgl. BWB (2018), S. 22.
24 Die Anzahl der zu vergebenden Mandate bei einer Sozialwahl wurde erst ab dem Schlussbericht zu den Sozialwahlen 2011 erfasst.

Tabelle 4: Verteilung der Verwaltungsratsmandate nach Kassenarten[a]

Kassenart	Zahl der Krankenkassen	Mandate absolut	Mandate prozentual
AOK	11	318	17,25
BKK	88	1218	66,09
IKK	6	154	8,36
vdek	6	153	8,30

[a] Die Vertreterversammlung der Knappschaft-Bahn-See (KBS) weist 30 Sitze auf und verteilt sich auf jeweils 15 Vertreter der Arbeitgeber und der Versicherten.
Quelle: eigene Darstellung, eigene Berechnungen nach BWB (2018).

Aus Tabelle 3 geht hervor, dass 119 der 169 durch Wahlhandlung vergebenen Verwaltungsratsmandate im Bereich der gesetzlichen Krankenversicherung angesiedelt sind. Dies bedeutet, dass 70,4 Prozent der in einer Urwahl aktiv ermittelten Verwaltungsratsmandate aller Sozialversicherungsbereiche in den Krankenkassen der Gesetzlichen Krankenversicherung vergeben wurden. Dabei sind mit diesen 119 Mandaten lediglich 6,37 Prozent der insgesamt 1.867 Verwaltungsratsmandate von Arbeitgebern bzw. Versicherten durch aktive Wahlhandlungen bestimmt worden. Besonders hervorzuheben ist, dass mit Ausnahme der BKK VerbundPlus die Mandate für die Verwaltungsräte der Krankenkassen ausschließlich auf Versichertenseite gewählt wurden. Die aktive Wahlhandlung der BKK VerbundPlus bezieht sich auf die Vergabe von zehn Verwaltungsratsmandaten auf der Arbeitgeberseite.[25] Wie sich die Verwaltungsratsmandate auf die verschiedenen Kassenarten verteilen, ist in Tabelle 4 ausgewiesen.
Aus Tabelle 4 wird deutlich, dass mit 66,09 Prozent die meisten Verwaltungsratsmandate in der gesetzlichen Krankenversicherung in den 88 Betriebskrankenkassen (BKK) gewählt werden. Bei den elf Allgemeinen Ortskrankenkassen (AOK) sind 17,25 Prozent, bei den sechs Innungskrankenkassen (IKK) 8,36 Prozent und bei den sechs Ersatzkassen (vdek) 8,3 Prozent aller Mandate für die Verwaltungsräte zu verzeichnen.

Für die Verwaltungsräte der Krankenkassen gilt im Grundsatz, dass diese mindestens zur Hälfte aus Vertretern der Versicherten bestehen müssen. Die Krankenkassen können jedoch entsprechend § 44 Abs. 4 SGB IV die

25 Auf Arbeitnehmerseite erfolgte in der BKK VerbundPlus eine Friedenswahl.

Zusammensetzung des Verwaltungsrates, insbesondere die Zahl der dem Verwaltungsrat angehörenden Arbeitgeber- und Versichertenvertreter in ihrer Satzung regeln. Der Verwaltungsrat der Krankenkassen hat höchstens dreißig Mitglieder (§ 43 Abs. 1 SGB IV).

a) AOK Verwaltungsräte

Die 318 Verwaltungsratsmandate bei den Allgemeinen Ortskrankenkassen verteilen sich gleichmäßig. So werden 159 Mandate von Arbeitgebervertretern über Vorschlagslisten von Unternehmerverbänden ermittelt. Auf Versichertenseite werden 159 Mandate für die Verwaltungsräte durch verschieden zusammengesetzte Gemeinschaftslisten bzw. Einheitslisten der Gewerkschaften (DGB, ACA, dbb, CGB, GdS)[26] bestimmt. In den Verwaltungsräten der AOK Baden-Württemberg, AOK Bayern, AOK Hessen, AOK Niedersachsen, AOK NordWest, AOK Plus (Sachsen und Thüringen), AOK Rheinland/Hamburg, AOK Rheinland-Pfalz/Saarland, AOK Nordost sind jeweils 15 Mandate auf der Seite der Arbeitgeber und auf der Versichertenseite zu verzeichnen. In der AOK Sachsen-Anhalt sind jeweils 14 Mandate und in der AOK Bremen/Bremerhaven jeweils zehn auf Arbeitgeber- und Versichertenseite vergeben.

b) IKK Verwaltungsräte

Für die Innungskrankenkassen gilt ebenso eine Gleichverteilung der 154 Verwaltungsratsmandate. So entfallen 77 Mandate auf die Arbeitgebervertreter (Innungen, Handwerker-AG-Verbände),[27] 77 Mandate auf Seite der Arbeitnehmervertreter werden aufgrund der je nach Innungskrankenkasse verschieden zusammengesetzten Gewerkschaftslisten (DGB, ACA, dbb, CGB, ver.di, NGG, IG-Metall, IG-Bau, GdS)[28] bestimmt. Im Verwaltungsrat der IKK Classic sind jeweils 15 Arbeitgeber- und Versichertenmandate vergeben. Jeweils 14 Mandate auf Arbeitgeberseite und Versichertenseite weisen die Verwaltungsräte der IKK

---

26 DGB – Deutscher Gewerkschaftsbund, ACA – Arbeitsgemeinschaften Christlicher Arbeitnehmer-Organisationen, dbb – beamtenbund und tarifunion, CGB – Christlicher Gewerkschaftsbund Deutschlands, GdS – Gewerkschaft der Sozialversicherung.

27 Zum Beispiel: Schornsteinfeger-Innung in Berlin, Kreishandwerkerschaft Potsdam, KH ABI – Kreishandwerkerschaft Anhalt-Bitterfeld, AGVH – Arbeitgeberverband des Saarländischen Handwerks.

28 Ver.di – Vereinte Dienstleistungsgewerkschaft, NGG – Gewerkschaft Nahrung-Genuss-Gaststätten, IG-Metall – Industriegewerkschaft Metall, IG-Bau – Industriegewerkschaft Bauen-Agrar-Umwelt.

Brandenburg und Berlin, IKK Nord, IKK Südwest auf. Jeweils 13 Mandate auf Arbeitgeber- und Versichertenseite sind es in der IKK gesund plus und jeweils sieben Mandate in der BIG – direkt gesund.

c) *BKK Verwaltungsräte*

Die 1.218Verwaltungsratsmandate der Betriebskrankenkassen werden von 477 Arbeitgebervertretern und 741 Arbeitnehmervertretern wahrgenommen. Aus den Einzelnachweisen der Wahlergebnisse lassen sich folgende wesentlichen Ergebnisse feststellen. Mehr als insgesamt 20 Verwaltungsratsmitglieder sind in nur 21 der 88 Betriebskrankenkassen zu verzeichnen. In den 27 geschlossenen Betriebskrankenkassen benennen die Trägerunternehmen unmittelbar den bzw. die Arbeitgebervertreter für den Verwaltungsrat.[29] Bei 24 Betriebskrankenkassen ist die Arbeitgeberseite lediglich mit einem Mandat im Verwaltungsrat vertreten.[30] In 43 Betriebskrankenkassen sind die Verwaltungsratsmandate zwischen Arbeitgeber- und Arbeitnehmerseite zahlenmäßig gleichverteilt. In 40 Betriebskrankenkassen wurden die Arbeitgebervertreter in den Verwaltungsräten über freie Listen ermittelt. In 22 Verwaltungsräten entfallen die Mandate auf der Versichertenseite auf Listen, die nicht explizit in Bezug zu einer Gewerkschaft stehen. In 59 Verwaltungsräten sind auf Versichertenseite Mandatsträger in einer Friedenswahl gewählt aufgrund nur einer Gewerkschaftsliste (47), einer Gemeinschaftsliste von Gewerkschaften (7) oder mehrerer (konkurrierender) Gewerkschaftslisten (3)[31] oder konkurrierender Gewerkschafts- und freien Listen (2)[32] und in einer Krankenkasse erfolgte dies in einer Urwahl (1)[33]. In 15 Betriebskrankenkassen entfallen die Mandate auf Versichertenseite

29 Geschlossene Betriebskrankenkassen versichern ausschließlich Betriebsangehörige der Trägerunternehmen sowie deren Familienmitglieder.

30 Dieser hat gemäß §44 Abs. 2 SGB IV dieselbe Zahl der Stimmen wie die Vertreter der Versicherten.

31 BAHN BKK – „Gewerkschaft Deutscher Lokomotivführer-GDL“ (1 Mandat) und „Eisenbahn- und Verkehrsgewerkschaft – EVG – Frankfurt am Main“ (14 Mandate), BKK Rieker.RICOSTA.Weisser – IG-Metall (2 Mandate) und IG Bergbau, Chemie, Energie (4 Mandate), Novitas BKK – IG Metall (14 Mandate) und Christliche Gewerkschaft Metall (1 Mandat).

32 WMF Betriebskrankenkasse – IG-Metall (3 Mandate) und „Freie Liste Gabriele Luprich“ (1 Mandat), Daimler BKK – IG-Metall (12 Mandate), AUB – die Unabhängigen e.V. (1 Mandat), Christliche Gewerkschaft Metall (1 Mandat), Freie Liste „Neue Perspektive e.V.“ (1 Mandat).

33 BKK RWE – ver.di (7 Mandate) und „Freie Liste Casser, Triller“ (3 Mandate).

ausschließlich auf freie Listen oder auf Listen von Arbeitnehmervertretern bzw. Mitarbeiterverbänden oder Betriebsräten.[34]

d) *Verwaltungsräte Ersatzkassen*

In den sechs Ersatzkassen verteilen sich die 153 Verwaltungsratsmandate auf 39 Sitze der Arbeitgebervertreter und 114 der Arbeitnehmervertreter. Einzig die Hanseatische Krankenkasse (HEK) zählt in ihrem Verwaltungsrat ausschließlich Vertreter der Arbeitnehmerseite, wobei diese lediglich neun Mandate umfasst. Bei der DAK-Gesundheit verteilen sich die 30 Mandate im Verwaltungsrat auf zwei Mandate der Arbeitgeberseite und 28 Mandate auf der Versichertenseite. Bei der Kaufmännischen Krankenkasse Halle (KKH) setzt sich der Verwaltungsrat aus zehn Mandaten der Arbeitgeberseite und 20 Mandaten der Arbeitnehmerseite zusammen. In der hkk (ehem. Handelskrankenkasse) umfasst der Verwaltungsrat 18 Mandate, die sich in gleicher Zahl auf Arbeitgeberseite und Versichertenseite verteilen. In der Techniker Krankenkasse bildet sich die Selbstverwaltung mit 15 Mandaten auf Arbeitgeberseite und 15 Mandaten auf Versichertenseite. Bei der Barmer sind im Verwaltungsrat die Arbeitgeberseite mit drei Mandaten und die Versichertenseite mit 27 Mandaten vertreten.

In Bezug auf die Listenvielfalt weisen die Ersatzkassen gegenüber den Allgemeinen Ortskrankenkassen und Innungskrankenkassen eine Besonderheit auf. Diese besteht darin, dass die überwiegende Zahl der Mandate auf Versichertenseite aus Listen krankenkassenspezifischer Versichertengemeinschaften, die gewerkschaftsunabhängig sind[35], hervorgehen. So erreichte die Barmer Versichertengemeinschaft 18 der 27 Mandate und die Freie und unabhängige Interessengemeinschaft der Versicherten und Rentner in der Deutschen Rentenversicherung, Krankenversicherungen, Pflegeversicherung und Unfallversicherung e.V. (BfA DRV-Gemeinschaft) drei Mandate. Die verbleibenden sechs Mandate entfielen auf ver.di, IG-Metall sowie die Liste der Katholischen Arbeitnehmer-Bewegung Deutschland e.V., Kolpingwerk Deutschland, Bundesverband evangelischer Arbeitnehmerorganisationen e.V. Bei der Techniker Krankenkasse vereinigte die TK-Gemeinschaft, unabhängige Versichertengemeinschaft der Techniker

34 Zum Beispiel „Krones AG – Arbeitnehmer“, Verband der Akademischen Angestellten – VAA, „Vers 1“ (Versichertenliste von Betriebsräten der Trägerunternehmen der BKK Vital – ab 01.01.2018 fusioniert mit BKK Pfalz), „Vertrauensrat der Fa. Würth“.

35 Diese Listen wurden oftmals jedoch von Personen begründet worden, die Gewerkschaftsmitglieder sind und / oder zuvor auf Wahllisten der Gewerkschaften vertreten waren.

Krankenkasse e.V. zehn der 15 Mandate auf sich und die BfA DRV-Gemeinschaft weitere zwei. Die Gewerkschaftslisten von ver.di und IG-Metall erreichten die übrigen drei Mandate. Die DAK Mitgliedergemeinschaft e.V. erreichte 13 der 28 Mandate auf Versichertenseite im Verwaltungsrat. Ferner zogen die DAK-Versicherten- und Rentnervereinigung (DAK-VRV e.V.) ebenso wie die BfA DRV-Gemeinschaft mit jeweils drei Mandaten in den Verwaltungsrat ein. Über Gewerkschaftslisten wurden sechs Mandate vergeben. Im Falle der KKH erreichte die KKH-Versichertengemeinschaft e.V. 17 der 20 Mandate im Verwaltungsrat auf Versichertenseite. Der Deutsche Gewerkschaftsbund (ein Mandat) und ver.di (zwei Mandate) vervollständigen den Verwaltungsrat. Im Verwaltungsrat der hkk entfallen sechs der neun Mandate auf die hkk-Gemeinschaft e.V., zwei Mandate auf die BfA DRV-Gemeinschaft und lediglich ein Mandat auf ver.di. In der hanseatischen Krankenkasse (HEK) stellen die HEK-Interessengemeinschaft e.V. elf der 15 Mandate, der Deutsche Gewerkschaftsbund ein Mandat und ver.di drei Mandate. In der Zusammenschau ist festzustellen, dass in den Ersatzkassen 91 der 114 Verwaltungsratsmandate auf Versichertenseite und damit 79,8 Prozent von nicht gewerkschaftsgebundenen Listen gestellt werden.

e) Bedeutung der Gewerkschaften

Wenngleich die Bedeutung der Gewerkschaften bei den Ersatzkassen eher als untergeordnet bezeichnet werden kann, so spielen Gewerkschaften in den Allgemeinen Ortskrankenkassen, den Innungskrankenkassen und den Betriebskrankenkassen eine deutlich größere Rolle. So werden 785 Mandate auf Versichertenseite (AOK 159, IKK 77, Ersatzkassen 20, BKK 529[36]) von Gewerkschaftsvertretern gestellt. Dies bedeutet, dass 71,95 Prozent der 1.091 Verwaltungsratsmandate auf Versichertenseite[37] von Gewerkschaftsvertretern wahrgenommen werden. Bei AOK und IKK beträgt der Anteil Gewerkschaftsvertreter auf Versichertenseite 100 Prozent, bei den Ersatzkassen 17,5 Prozent und bei den Betriebskrankenkassen 71,39 Prozent.

Im Vergleich zur Bedeutung der Gewerkschaften in den Verwaltungsräten der Krankenkassen sind in Tabelle 5 die Mitgliederzahlen in den verschiedenen Gewerkschaften in Deutschland ausgewiesen.

---

36 In der Schwenninger Betriebskrankenkasse und der Merck BKK bestehen Listenverbindungen aus Gewerkschaften und einer Freien Liste bzw. dem Verband der Akademischen Angestellten (VAA), weshalb keine eindeutige Zuordnung von Gewerkschaftsmandaten im Verwaltungsrat möglich ist.

37 Auf Arbeitgeberseite wurden 776 Verwaltungsratsmandate besetzt.

Tabelle 5: Mitglieder in den DGB-Gewerkschaften[a] im Jahr 2017

Gewerkschaft	Insgesamt		Männlich		Weiblich	
		in v. H.	Gesamt	in v. H.	Gesamt	in v. H.
IG BAU	254.525	4,2	187.456	73,6	67.069	26,4
IG BCE	637.623	10,6	500.611	78,5	137.012	21,5
GEW	278.243	4,6	78.714	28,3	199.529	71,7
IG Metall	2.262.661	37,7	1.855.768	82,0	406.893	18,0
NGG	199.921	3,3	116.180	58,1	83.741	41,9
GdP	185.153	3,1	139.121	75,1	46.032	24,9
EVG	189.975	3,2	148.771	78,3	41.204	21,7
ver.di	1.987.336	33,1	949.115	47,8	1.038.221	52,2
DGB-gesamt	5.995.437	100,0	3.975.736	66,3	2.019.701	33,7

[a] IG BAU – IG Bauen-Agrar-Umwelt; IG BCE – IG Bergbau, Chemie, Energie; GEW – Gewerkschaft Erziehung und Wissenschaft; NGG – Gewerkschaft Nahrung-Genuss-Gaststätten; GdP – Gewerkschaft der Polizei; EVG – Eisenbahn- und Verkehrsgewerkschaft.
Quelle: DGB (2020).

Aus Tabelle 5 geht hervor, dass im Jahr 2017 alle DGB-Gewerkschaften 5,99 Millionen Mitglieder zählten. Dies bedeutet einen Anteil von 15,02 Prozent an allen 39,867 Millionen Erwerbstätigen[38] in Deutschland. Der Anteil der 420.063 gewerkschaftlich organisierten Beamten beträgt 7,0 Prozent bezogen auf die Gesamtmitgliederzahl der DGB-Gewerkschaften. Der gewerkschaftliche Organisationsgrad von 15,02 Prozent in Bezug auf die Zahl aller Erwerbstätigen entspricht somit im Wesentlichen dem Anteil an Verwaltungsratsmandaten, den Gewerkschaftsvertreter im Bereich der Ersatzkassen (17,5 Prozent) repräsentieren. In den Allgemeinen Ortskrankenkassen und Innungskrankenkassen sind Gewerkschaftsvertreter aufgrund der 100-prozentigen Vertretungsmacht in den Verwaltungsräten ebenso deutlich überrepräsentiert wie im Vergleich zu dem 71,3-prozentigen Anteil der Gewerkschaftsvertreter in den Verwaltungsräten der Betriebskrankenkassen.

f) Wahlbeteiligung an der Sozialwahl in den Krankenkassen

Um die Bedeutung der Sozialwahlen für die Legitimation der Selbstverwaltung der Gesetzlichen Krankenversicherung weiter einordnen zu können, bedarf es auch des Blicks auf die Wahlbeteiligung an der Sozialwahl in den Krankenkassen,

38 Erwerbstätige Arbeitnehmer (Inländer), Destatis (2018)

Tabelle 6: Wahlberechtigte, eingegangene Stimmen und Wahlbeteiligung bei Urwahlen in der Gesetzlichen Krankenversicherung 2017

Sozialver sicherungsträger	Wahlberechtigte	Eingegangene Stimmen	Wahlbeteiligung in Prozent
Barmer	7.369.632	2.232.898	30,30
TK	7.408.270	2.400.155	32,40
DAK	4.748.657	1.349.659	28,42
KKH	1.375.747	392.452	28,53
Hkk	399.519	115.993	29,03
BKK RWE	43.952	20.703	47,10
Krankenkassen	21.345.777	6.511.860	30,51

Quelle: BWB (2018), S. 19.

die eine aktive Wahl, eine Wahl mit Wahlhandlung verzeichneten. Die Ergebnisse aus der Sozialwahl 2017 für diese Sozialversicherungsträger sind in Tabelle 6 dargestellt.

Aus Tabelle 6 lässt sich ablesen, dass die Wahlbeteiligung mit Ausnahme der BKK RWE bei den Krankenkassen mit Urwahlen in der Gesetzlichen Krankenversicherung lediglich rund 30 Prozent beträgt. Die höchste Wahlbeteiligung mit 32,40 Prozent weist die Techniker Krankenkasse (TK) auf, die geringste mit 28,42 Prozent die Deutsche Angestellten Krankenkasse (DAK). Bei der Urwahl auf der Arbeitgeberseite der BKK VerbundPlus ergab sich eine Wahlbeteiligung von nur 11,76 Prozent. Die Wahlbeteiligungen bei Bundestagswahlen lagen mit 76,2 Prozent im Jahr 2017, mit 71,5 Prozent im Jahr 2013 und mit 70,8 Prozent im Jahr 2009 doch deutlich höher im Vergleich zu der Wahlbeteiligung bei Sozialwahlen.[39] Die höchste Wahlbeteiligung bei der Sozialwahl 2017 ist mit 67,6 Prozent bei der Sozialversicherung für Landwirtschaft, Forsten und Gartenbau zu verzeichnen. Die Wahlbeteiligung über alle Sozialversicherungsträger mit Wahlhandlung beträgt 30,42 Prozent im Jahr 2017. In Abbildung 5 sind die Wahlbeteiligungen über alle Sozialversicherungsträger seit der ersten Sozialwahl in der Bundesrepublik Deutschland im Jahr 1953 dargestellt.

Aus Abbildung 5 wird deutlich, dass die Wahlbeteiligung im Jahr 2017 geringfügig angestiegen sein mag, jedoch im Vergleich deutlich unter den Wahlbeteiligungen in den 1970er und 1980er Jahren mit über 43 Prozent zurückbleibt.

39 Die höchste Wahlbeteiligung bei einer Bundestagswahl war im Jahr 1972 mit 91,1 Prozent zu verzeichnen.

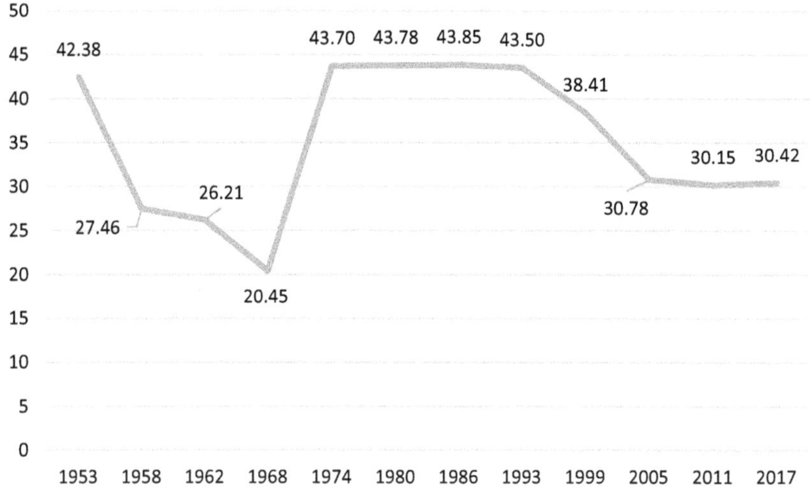

Abbildung 5: Höhe der Wahlbeteiligung an Sozialwahlen 1953 bis 2017, Angaben in Prozent

Quelle: eigene Darstellung nach BWB (2018), S. 18.

g) Kosten der Sozialwahlen

Die Kosten für die Vorbereitung und Durchführung der Sozialwahlen im Jahr 2017 betrugen insgesamt 59,35 Mio. Euro. Davon entfielen auf die Sozialversicherungsträger, welche sogenannte Friedenswahlen durchführten, Ausgaben in Höhe von 996.080 Euro, was einem Anteil von 16,7 Prozent entspricht. In Abbildung 6 sind die Kosten der Sozialwahl im Jahr 2017 dargestellt.

Abbildung 6 veranschaulicht, dass die Kosten, die den Trägern der gesetzlichen Krankenkassen, der gesetzlichen Rentenversicherung und den gesetzlichen Trägern der Unfallversicherung entstanden, die keine Wahlhandlung (Friedenswahl) durchführten, lediglich rund 996.000 € und damit zwei Prozent der Gesamtausgaben für die Sozialwahlen im Jahr 2017 betragen. Somit sind den Trägern mit Wahlhandlung Kosten in Höhe von 58.274.804 € zuzurechnen, was 98,2 Prozent der Gesamtausgaben entspricht.

Den größten Ausgabenanteil mit 41,4 Prozent nehmen die Herstellung und das Porto für die Wahlunterlagen sowie die Stimmauszählung (24.101.525 Euro) ein. 38,7 Prozent beträgt der Anteil der Kosten für die Aufklärungsmaßnahmen der Versicherten (22.586.580 Euro) über den Ablauf der Wahl und die Vorstellung der zur Wahl stehenden Vorschlagslisten. Alleine das Rückporto für den

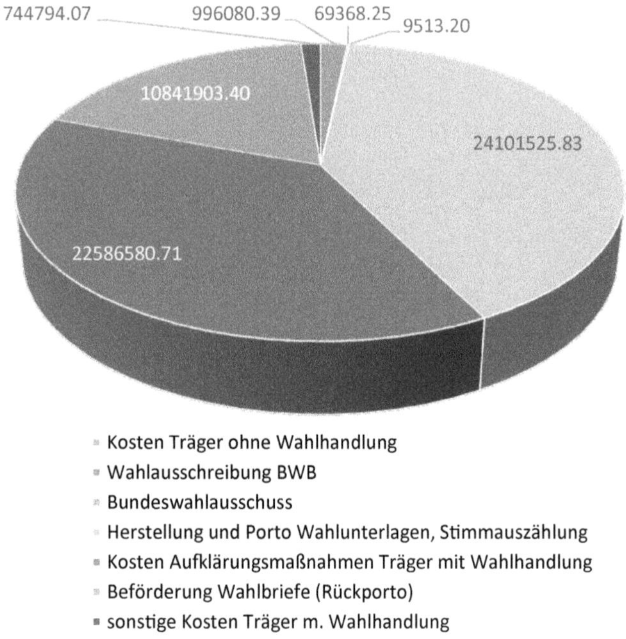

Abbildung 6: Kosten der Sozialwahl im Jahr 2017 in Euro
Quelle: eigene Darstellung nach BWB (2018), S. 46.

Transport der Wahlbriefe (10.841.903 Euro) beläuft sich auf 19,6 Prozent der Gesamtausgaben für die Realisierung der Wahlen mit Wahlhandlung.

Die Kosten in Höhe von 996.080 Euro, die für die Durchführung der Friedenswahlen entstanden sind, verteilen sich auf die Versicherungsträger wie in Abbildung 7 ausgewiesen.

Wie Abbildung 7 zeigt, entsteht der größte Teil der Ausgaben für die Durchführung von Friedenswahlen mit 66 Prozent bei den neun Berufsgenossenschaften (660.000 Euro). Der zweithöchste Anteil mit 11 Prozent an den Gesamtausgaben entfällt auf die 24 Unfallkassen (112.000 Euro), gefolgt von der Hanseatischen Krankenkasse (HEK) mit 47.000 Euro bzw. einem Anteil von 5,4 Prozent sowie den Allgemeinen Ortskrankenkassen mit 45.000 Euro bzw. 4,5 Prozent. Werden die Kosten für die Durchführung der Friedenswahlen von Innungskrankenkassen (5.450 Euro) und Betriebskrankenkassen (47.000 Euro) eingerechnet, so entstanden bei den Krankenkassen für Friedenswahlen Kosten

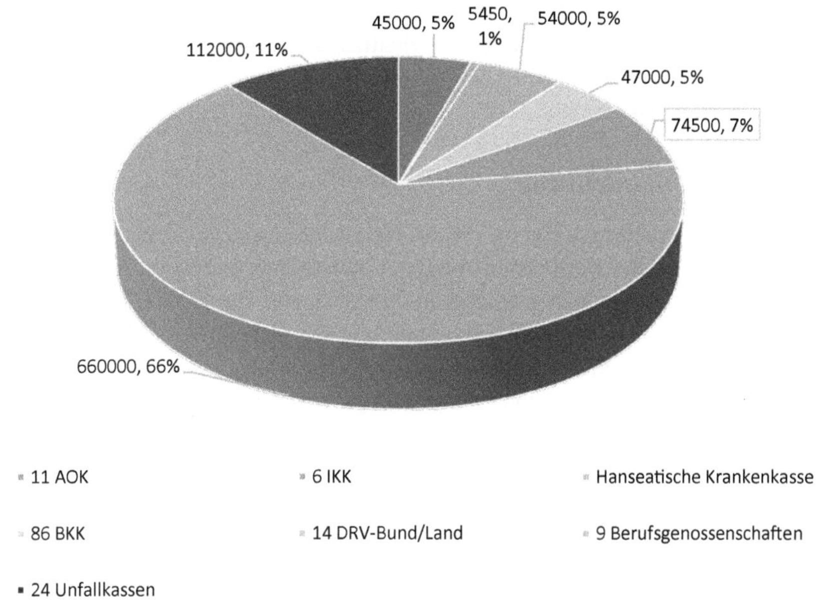

Abbildung 7: Kosten für Friedenswahlen nach Sozialversicherungsträger
Quelle: eigene Darstellung nach BWB (2018), S. 46.

in Höhe von lediglich 151.450 Euro, was einem Anteil von 15,2 Prozent an den gesamten Ausgaben für Friedenswahlen im Jahr 2017 entspricht.

Für die Gesamtschau und zur Einordnung der Kosten für die Durchführung der Sozialversicherungswahl bei Krankenkassen ist festzustellen, dass im Jahr 2017 die Netto-Verwaltungskosten in der Gesetzlichen Krankenversicherung, welche ausschließlich die Verwaltungskosten der Krankenkassen und nicht auch die Kosten der Leistungserbringer zur Sicherstellung des Sachleistungsprinzips berücksichtigen, 10.859.259.616 Euro betrugen. Dies entspricht einem Anteil von 5,01 Prozent an den gesamten Ausgaben der Gesetzlichen Krankenversicherung in Deutschland.[40] Bezogen auf die Netto-Verwaltungskosten beläuft sich

40 Werden die Managementkosten der Leistungserbringer betrachtet, die zur Sicherstellung des Sachleistungsprinzips in der GKV erforderlich sind, beläuft sich der Anteil der Verwaltungskosten bei den Krankenkassen und den Selbstverwaltungsorganen bezogen auf die Gesamtausgaben der GKV auf 10 – 13 Prozent. Vgl. Kern und Beske (2000).

der Anteil der Kosten für die Sozialversicherungswahl auf 0,54 Prozent. Dies entspricht demselben prozentualen Verhältnis der Ausgaben für Satzungsleistungen an den Gesamtausgaben der Gesetzlichen Krankenversicherung, welches 0,55 Prozent betrug im Jahr 2016.

IV. Schlussbetrachtung

Wird Selbstverwaltung stärker als Wahrung der Interessen der Versicherten verstanden, so wird der Intrakassen-Ausgleich zwischen berechtigten Ansprüchen an die Leistungsgewährung im Behandlungsfall und die Erhebung erforderlicher Beitragsmittel deutlich kassenindividueller betrachtet werden müssen. Diese kann sich nur in der vollständigen Beitragssatzautonomie und größtmöglichen Freiheit der vertraglichen Ausgestaltung von Versorgungsleistungen ausdrücken. Dies bedeutet im Kern eine Abkehr vom Gleichbehandlungsgrundsatz und von einem einheitlichen Leistungskatalog, da nur dann ein echter Leistungswettbewerb zwischen Krankenkassen möglich wird. Als Gestaltungsparameter bleiben die Organisation der Versicherungsleistung und Servicequalität, die sich durch Servicestellen, den Internetauftritt, Beratungs-Hotlines, kurze Bearbeitungszeiten und selektivvertragliche Versorgungssteuerung ausdrücken können. Hierauf allerdings können die Verwaltungsräte nur strategisch Einfluss nehmen. Dabei wird die große Bedeutung der Gewerkschaften, die in den Verwaltungsräten der Allgemeinen Ortskrankenkassen und Innungskrankenkassen zu 100 Prozent und in Betriebskrankenkassen zu 71 Prozent die Mandate der Versichertenvertreter besetzen, in der Selbstverwaltung das Spannungsfeld zwischen umfangreicher und qualitativ hochwertiger Leistungsbereitstellung sowie lohnkostenrelevanten Beitragssätzen schwerlich moderieren können. Hinzu kommt die asymmetrische Verteilung von Fachkompetenz zwischen ehrenamtlichen Verwaltungsräten, die in aller Regel beruflich selbst nicht aus dem Bereich der Gesundheitsversorgung stammen, und dem hauptamtlichen Vorstand. So bleiben den Verwaltungsräten lediglich als direkte Handlungsoptionen, Selbstbehalt-, Beitragserstattungs- und Kostenerstattungstarife (§ 53 SGB V) zu gestalten und individuelle Satzungsleistungen (§ 11 Abs. 6 SGB V) zu formulieren.

Eine Konzentration der Zahl der Krankenkassen, wie dies seit Einführung des Risikostrukturausgleichs im Jahr 1992 mit 1223 Krankenkassen auf 113 Krankenkassen im Jahr 2017[41] deutlich erkennbar ist, erfordert eine stärkere regionale

41 Gab es im Jahr 2019 noch 109 Krankenkassen, so waren es zum 01. Januar 2020 lediglich 105 Krankenkassen.

Ausrichtung in Bezug auf das Leistungsgeschehen. In Hinsicht auf die Verhandlungsmacht gegenüber den Leistungserbringern sollten größere Verhandlungsfreiheiten zwischen Krankenkassen und Leistungserbringern möglich sein.

Staatliche Zuschüsse werden die soziale Selbstverwaltung in ihrer Autonomie schrittweise, wenn auch zunächst kaum spürbar, einschränken, da eine Abhängigkeit von der Makroebene geschaffen wird. Die Gestaltungsmöglichkeiten der Verwaltungsräte werden zunehmend verringert, da die Zusage des Staates, für seine Verbindlichkeiten einzustehen, angesichts des demographischen Wandels und dem daraus resultierenden Rückgang der Erwerbsbevölkerung bereits heute kaum mehr haltbar erscheint. Während dem Staat gestattet ist, Unterschiede in den Einnahmen und Ausgaben der öffentlichen Haushalte durch Schuldenaufnahme zu korrigieren, ist dies der sozialen Selbstverwaltung verwehrt. Selbstverwaltung durch die Sozialpartner schafft den herausragenden Vorteil, unabhängig von kurzfristigen politischen oder parteitaktischen Überlegungen eine legislaturperiodenübergreifende Gesundheitsversorgung zu gestalten. Finanzielle Verschiebebahnhöfe werden im Sinne der Finanzautonomie der sozialen Selbstverwaltung vermieden. Der Bundeszuschuss zur Finanzierung versicherungsfremder Leistungen ist vor diesem Hintergrund zu überprüfen.

Die Zusammensetzung der Verwaltungsräte in Bezug auf die verschiedenen Versichertengruppen ist weiter zu beachten. Hier ist neben der Dominanz der Gewerkschaften auch die Wahlbeteiligung wesentlich. Zum Zeitpunkt der Sozialwahlen im Jahr 2017 wurden nur 6,37 Prozent der Verwaltungsratsmandate in der gesetzlichen Krankenversicherung durch aktive Wahlhandlungen bestimmt. Urwahlen erfolgten lediglich bei sieben Krankenkassen mit einer Wahlbeteiligung von durchschnittlich rund 30 Prozent. In allen übrigen Krankenkassen fanden Friedenswahlen statt. Über die Repräsentanz der Verwaltungsräte der Krankenkassen in den übergeordneten Selbstverwaltungsinstitutionen wird deren Gewicht weiter betont.

Im Ergebnis ist festzustellen, dass soziale Selbstverwaltung dem Subsidiaritätsprinzip und somit dem Ziel der gebotenen Staatsferne entspringt. Zugleich bedarf soziale Selbstverwaltung größerer Handlungsautonomie, um gesamtgesellschaftlich verantwortlich den Versicherteninteressen entsprechen zu können.

Literaturverzeichnis

BVA – Bundesversicherungsamt (2018): Sonderbericht zum Wettbewerb in der Gesetzlichen Krankenversicherung, Berlin.

BWB – Die Bundeswahlbeauftragte für die Sozialversicherungswahlen (2018): Schlussbericht über die Sozialwahlen 2017, Berlin.

Destatis (2018): Erwerbspersonen 2017, unter: https://www.destatis.de/DE/Presse/Pressemitteilungen/2018/01/PD18_001_13321.html.

DGB (2020): DGB-Mitgliederzahlen 2017, unter: https://www.dgb.de/uber-uns/dgb-heute/mitgliederzahlen/2010?tab=tab_0_2#tabnav.

Fischer, M/Welti, F (2019): Das Widerspruchsverfahren und die Widerspruchsausschüsse in der Sozialversicherung, in: Höland, A/Welti, F (Hrsg): Recht und Praxis der Widerspruchsausschüsse in der Sozialversicherung, Reihe study Bd. 411, Hans-Böckler-Stiftung.

Gematik (2019): Unternehmensstruktur, unter: https://www.gematik.de/ueber-uns/unternehmensstruktur/.

GKV-Spitzenverband (2019): Krankenkassenliste, unter: https://www.gkv-spitzenverband.de/service/versicherten_service/krankenkassenliste/krankenkassen.jsp.

Kern, AO/Beske, F (2000): Verwaltungskosten in der Gesetzlichen Krankenversicherung, in: Manuelle Medizin, 98/2000, S. 299-305.

Klenk, T/Nullmeier, F/Weyrauch, Ph/Haarmann, A (2009): Das Ende der Bismarck-Tradition? in: Sozialer Fortschritt, 5/2009, S. 85-92.

Monopolkommission (2017): Stand und Perspektiven des Wettbewerbs im deutschen Krankenversicherungssystem, Berlin.

Sander, M/Albrecht, M/Stengel, V/Möllenkamp, M/Loos, S/Igl, G (2017): Leistungsbewilligungen und -ablehnungen durch Krankenkassen, IGES, Berlin.

Franz Knieps

Selbstverwaltung 4.0 im Spannungsfeld von staatlichen Übergriffen und wettbewerblichen Zwangslagen – Anmerkungen zu Problemfeldern und Lösungsperspektiven

I. Einleitung

Die traditionelle Steuerung der Kranken- und Pflegeversicherung sowie der gesundheitlichen Versorgung durch Selbstverwaltung ist in den kritischen Blick von Politik und Öffentlichkeit geraten. Die Gesetzgebung in den letzten zwanzig Jahren hat die Selbstverwaltung von zwei Seiten unter Druck gesetzt. Zum einen mehren sich – gerade in jüngster Zeit – staatliche Ein- und Übergriffe durch Einschränkung von Kompetenzen und Handlungsspielräumen der Selbstverwaltungsorgane. Zum anderen überlagern wettbewerbliche Handlungszwänge und unerwünschte Nebenwirkungen des zunehmenden Konkurrenzdrucks die gesundheits- und sozialpolitische Ausrichtung der Selbstverwaltung. Von der Ausgestaltung weiterer gesetzlicher Veränderungen, aber auch von der konkreten Praxis der Aufsichtsbehörden, die häufig zur Beschneidung von Kompetenzen bis hin zu vorauseilendem (Unterlassungs-) Gehorsam führen, hängt es ab, ob Selbstverwaltung an die konkreten Herausforderungen des Gesundheitswesens angepasst und revitalisiert werden kann oder zum Auslaufmodell degradiert wird. Die Belebung und Stärkung der Selbstverwaltung, die so gern in Sonntagsreden postuliert und in Gesetzesüberschriften verkündet werden, wird nur gelingen, wenn zudem ein innerer Erneuerungswillen entfacht, die Attraktivität von Ehrenämtern erhöht und das Engagement der Trägerorganisationen der Selbstverwaltung gesteigert werden kann.

II. Ordnungspolitische Grundausrichtung im Gesundheitswesen

1. Die Einordnung in historischer Perspektive und im internationalen Vergleich

Das deutsche Gesundheitswesen im Allgemeinen und die soziale Krankenversicherung im Besonderen unterscheiden sich in ihren Grundstrukturen beträchtlich von den Systemen in anderen entwickelten Industriestaaten. Das gilt nicht nur für die historische Entwicklung und die Typologie der Wohlfahrtsstaaten (Kaufmann 2003), sondern auch für die ordnungspolitische Grundausrichtung und die Zuweisung von Funktionen, Aufgaben und Verantwortlichkeiten an die einzelnen Akteure des Systems (Reiners 1987). Charakteristisch für die von Deutschland ausgehende mitteleuropäische Ausgestaltung des Wohlfahrtsregimes ist die Absicherung elementarer Lebensrisiken wie Krankheit, Arbeitsunfall, Arbeitslosigkeit, Pflegebedürftigkeit, Invalidität und Tod durch eine öffentlich-rechtliche Sozialversicherung mit vom Staatshaushalt unabhängiger Beitragsfinanzierung (ausführlich Axer in diesem Buch) und Selbstverwaltung – gemeinhin als Bismarck-Modell bezeichnet. Dabei haben sich die Grundstrukturen der Selbstverwaltung lange vor Bismarck entwickelt (kursorisch Knieps 2017; ausführlich der Beitrag von Collin in diesem Band). Der eiserne Kanzler verfolgte mit den von ihm ungeliebten Sozialversicherungen keinesfalls nur sozialpolitische Zwecke, sondern ihm war vor allem an der Eindämmung der Arbeiterbewegung gelegen. Außerdem sollte der Staat entlastet und die Unternehmer vor Haftung geschützt werden. Schließlich ist auf weitere Wurzeln in der Genossenschaftsbewegung und in der katholischen Soziallehre mit dem Vorrang kleiner Kreise vor der allumfassenden Lösung (Subsidiaritätsprinzip) zu verweisen. Die Erweiterung der sozialen Selbstverwaltung in den Krankenkassen und der traditionellen ärztlichen Selbstverwaltung in Ärztekammern und -verbänden zur Gemeinsamen Selbstverwaltung in den zwanziger Jahren des letzten Jahrhunderts wurde einerseits von dem politischen Willen bestimmt, die permanenten Interessenkonflikte zwischen beiden Seiten ohne Streiks und Boykottaufrufe zu lösen, andererseits mit dem besonderen Sachwissen und der überlegenen Sachnähe begründet (ausführlich zum Mehrwert durch Kommunikation und Wissensmanagement der Beitrag von Braun in diesem Buch). Auch sollte ein verhandelter Interessenausgleich die Partizipation der Betroffenen (ausführlich der Beitrag von Schroeder in diesem Buch) die Akzeptanz von Kompromissen fördern.

Gegenüber der Sozialversicherungslösung in Mittel- und Westeuropa ist das sog. Beveridge-Modell, das nach dem Krieg in Großbritannien entwickelt wurde und in modifizierter Form in Nord- und Südeuropa sowie in vielen Commonwealth-Staaten Verbreitung fand, durch eine dominierende Rolle des Staates auf nationaler, regionaler und/oder kommunaler Ebene gekennzeichnet. Allenfalls in der Idealvorstellung steht als dritte ordnungspolitische Alternative das Markt- oder Wettbewerbsmodell zur Verfügung, das in Reinkultur in keinem Land der entwickelten Welt zu finden ist, aber in den letzten Jahren zumindest partiell die Diskussion um die Steuerung des Gesundheitswesens, konkreter die

Verbesserung von Effektivität und Effizienz, Qualität und Wirtschaftlichkeit, bestimmt hat. Etwaige Hinweise auf die Schweiz oder die USA gehen jedoch insoweit fehl, als dort zwar starke wettbewerbliche Elemente die Steuerung bestimmen, gleichwohl aber erhebliche öffentliche Zielsetzungen und Bindungen, Organisations- und Finanzbeziehungen bestehen. Aus der ordnungspolitischen Grundausrichtung darf man jedoch nicht den Schluss ziehen, man finde diese Modelle in Reinkultur in einem Land vor. Vielmehr lassen sich in jedem Gesundheitswesen Kombinationen oder Spuren aus allen Grundausrichtungen nachweisen (Schöllkopf/Pressel 2017).

Da sich die generellen Herausforderungen an die Gesundheitssysteme ähneln, beispielsweise die sozio-demografischen Veränderungen, die digitale Transformation oder der medizinische Fortschritt, lassen sich viele Hinweise und Belege für Anleihen aus anderen Gesundheitssystemen herausarbeiten. Beispielhaft seien die Chronikerprogramme in Anlehnung an amerikanische Disease Management-Programme (DMP) oder Hausarztmodelle, die von den Primärarztsystemen Skandinaviens oder der Niederlande inspiriert sind. Allerdings sollte man sich hüten, simple Übertragungen zu propagieren. Dazu sind kulturelle Verankerungen, (rechts)historische Traditionen oder ökonomische Rahmenbedingungen zu unterschiedlich. Schließlich darf nicht unterschätzt werden, dass das deutsche Gesundheitswesen Referenz- und sogar Vorbildfunktionen für andere Länder und Systeme ausüben kann. Dies gilt exemplarisch für die Länder Ostmitteleuropas und Südosteuropas, die nach dem Fall des Eisernen Vorhangs an Vorkriegstraditionen angeknüpft haben, oder für Japan, aber auch Korea oder China, die sich bei der Ausgestaltung ihrer Systeme deutsche Erfahrungen zunutze machen.

2. Institutionelle Ausformung der Selbstverwaltung

Wenn in Deutschland oder Mitteleuropa von Selbstverwaltung die Rede ist, sind darunter verschiedene Erscheinungsformen der direkten oder indirekten Partizipation der Betroffenen zu verstehen (Dünn 2018; zur Abgrenzung gegenüber Selbstregulierung siehe den Beitrag von Franz und Sonja Reimer in diesem Band):

- Ist die Selbstverwaltung von Arbeitgeber und Versicherten in der sozialen Krankenversicherung gemeint, spricht man von **sozialer Selbstverwaltung**. Krankenkassen, deren Landesverbände und der GKV-Spitzenverband sind Körperschaften des öffentlichen Rechts, die Bundesorganisationen von Orts-, Betriebs-, Innungs- und Ersatzkassen Gesellschaften bzw. Vereine bürgerlichen Rechts mit freiwilliger Mitgliedschaft.

- Die **ärztliche bzw. zahnärztliche Selbstverwaltung** umfasst die heilberufliche Selbstverwaltung von Ärzten, Zahnärzten und Psychotherapeuten. Während nur die Niedergelassenen in der Kassen(zahn)ärztlichen Vereinigung (KV) zusammengeschlossen sind, werden alle Angehörigen dieser Berufszweige mit Approbation in den entsprechenden Kammern auf Landesebene organisiert. Für beide Institutionen gilt ein Mitgliedszwang. (Zahn)Ärztekammern sowie Kassen(zahn)ärztliche Vereinigungen und Bundesvereinigungen sind Körperschaften des öffentlichen Rechts; die Bundes(zahn)ärztekammer ist keine Körperschaft, sondern ein eingetragener Verein.
- Unter **Gemeinsamer Selbstverwaltung** versteht man die Institutionen, die gemeinsame Belange von Krankenkassen und ggf. anderen Kostenträgern auf der einen Seite sowie niedergelassenen Ärzten, Zahnärzten, Psychotherapeuten und/oder Krankenhäusern auf der anderen Seite regeln. Dazu zählt als wichtigste Einrichtung der Gemeinsame Bundesausschuss mit eigener Rechtspersönlichkeit, der über Richtlinien unter anderem die Inhalte des GKV-Leistungskatalogs und die Rahmenvorgaben für die Ausgestaltung der Versorgung von der Kapazitätsplanung bis zur Qualitätssicherung steuert. Diese Richtlinien sind – wie die Satzungen von Krankenkassen oder Kassenärztlichen Vereinigungen – eigene Rechtsquellen mit verbindlicher Normwirkung für die jeweiligen Mitglieder. Sonstige Beteiligte, also die anderen Gesundheitsberufe oder die Industrie, haben kein Stimmrecht, sind aber in die komplexen Meinungsbildungsprozesse eingebunden. Konflikte zwischen den sog. Bänken, zu denen als dritte Bank die nicht stimmberechtigten Patientenvertreter zählen, werden gegebenenfalls mit der Stimme der unparteiischen Vorsitzenden gelöst. Die fachliche Zuarbeit leisten nicht nur die hauptamtliche Geschäftsstelle, sondern vor allem unabhängige wissenschaftliche Beratungsinstitutionen, wie das Institut für Qualität und Wirtschaftlichkeit im Gesundheitswesen (IQWiG) und das Institut für Qualität und Transparenz im Gesundheitswesen (IQTiG). Für spezielle Aufgaben, wie beispielsweise die Ausgestaltung der ärztlichen oder zahnärztlichen Honorierung oder die Kalkulation der Fallpauschalen in der stationären Versorgung, existieren eigene Institutionen in der Trägerschaft der Selbstverwaltung wie der Bewertungsausschuss (mit eigenem wissenschaftlichen Institut – InBA) oder das Institut für das Entgeltsystem im Krankenhaus (InEK).

Generell wird das Gesamtgeflecht dieser Institutionen in Abgrenzung zur staatlichen Administration als Selbstverwaltung in mittelbarer Staatsverwaltung bezeichnet und von der kommunalen Selbstverwaltung abgegrenzt (Hase 2008). Nicht nur die demokratisch gewählten Entscheidungsträger fühlen sich dem

Selbstverwaltungssystem zugehörig, sondern auch die bei selbstverwalteten Institutionen Verantwortlichen und Beschäftigten.

Die Regulierungsinhalte der eigenständigen Rechtsetzung durch Selbstverwaltung müssen, ebenso wie alle anderen Tätigkeiten von Selbstverwaltungskörperschaften, eine spezifische gesetzliche Grundlage haben (§ 30 SGB IV). Die Träger der mittelbaren Staatsverwaltung unterstehen der Aufsicht der unmittelbaren Staatsverwaltung – entweder den zuständigen Ministerien in Bund und Ländern oder eigens geschaffenen Aufsichtsbehörden. Die Aufsicht ist in der Regel auf die Rechtsaufsicht beschränkt. Das bedeutet, dass der Selbstverwaltung eigene Ermessens- und Beurteilungsspielräume bleiben, auch wenn selbstverständlich eine strenge Bindung an die einschlägigen Gesetze sowie die Verfassung besteht. Aufsichtsbehörden dürfen in der Regel keine eigenen Zweckmäßigkeitserwägungen anstellen und diese an die Stelle der Selbstverwaltungsentscheidungen setzen. Darüber hinaus hat die Rechtsprechung den Grundsatz der maßvollen Aufsichtsführung entwickelt, der zum Schutz des Selbstverwaltungsprinzips dient, auch wenn weder die Selbstverwaltung im Gesundheitswesen und in der Sozialversicherung Verfassungsrang genießt noch sich deren Institutionen, soweit sie als Körperschaften des öffentlichen Rechts organisiert sind, auf den Grundrechtsschutz berufen können.

III. Die Selbstverwaltung unter Veränderungsdruck

1. Zunehmende Zweifel der Politik an der Selbstverwaltung

Nach Auffassung vieler Akteure und Beobachter geht die größte Gefahr für die Selbstverwaltung von der Politik selbst aus (Klenk 2006). Die ausufernde Komplexität des Gesundheitswesens hat eine zunehmende Regulierungsdichte und Regulierungstiefe zur Folge. Detaillierte gesetzliche Vorgaben schmälern zwangsläufig den Handlungsspielraum der Selbstverwaltung. Aber es ist auch nicht zu übersehen, dass die Politik neue Handlungsfelder für die Ausgestaltung durch Selbstverwaltung geschaffen hat, wie zum Beispiel Selektivverträge oder Satzungsleistungen. Manche gesetzlichen Bestimmungen sind direkte oder indirekte Folgen enttäuschter Erwartungen der Politik. Dies lässt sich exemplarisch für die politisch gewünschte, aber immer wieder stockende Stärkung der hausärztlichen Versorgung aufzeigen. Der Gesetzgeber hat die Vorgaben von „kann" über „soll" zum „muss" verschärft, weil weder die soziale Selbstverwaltung noch die ärztliche oder die gemeinsame Selbstverwaltung die flächendeckende Grundversorgung gewährleisten wollte oder konnte. Manche Schwächung der

Selbstverwaltung entspringt der Gewohnheit der Politik, Probleme erst dann anzupacken, wenn deren Lösung absolut dringlich ist. Nicht selten zögert die Politik, unbequeme Wahrheiten auszusprechen und nachhaltig wirksame Entscheidungen, gegebenenfalls auch gegen den Widerstand der Betroffenen, zu treffen. Speziell organisationspolitische Entscheidungen sind den Betroffenen nur schwer zu vermitteln. Man denke nur an den Widerstand gegen die Errichtung eines GKV-Spitzenverbands (GKV-SV) oder die Zusammenlegung von Kassenärztlichen Vereinigungen im Südwesten Deutschlands. All dies hat Folgen für das Verhältnis von Selbstverwaltung und Politik (Axer 2019; Schnapp 2006), zumal heute nur noch wenige Politiker eigene Erfahrungen in Selbstverwaltungsgremien mitbringen. Schließlich neigt die Politik zu Überreaktion, wenn sie auf Fehlentwicklungen und Versäumnisse in der Selbstverwaltung reagiert. Das gilt erst recht, wenn diese unter den Augen von Politik und Aufsicht geschehen. Aktuelle Beispiele sind das Selbstverwaltungsstärkungsgesetz, das dieser Bezeichnung Hohn spricht, und aktuelle Folgegesetze. Obwohl es offenbar nur in einer ärztlichen Körperschaft skandalöse Zustände gegeben hat, wird mit der Schrotflinte auf alle selbstverwalteten Institutionen auf Bundesebene geschossen. Schließlich enthält auch das sog. Faire-Kassenwettbewerbsgesetz (FKG) zumindest Ansätze, die Kompetenzen der Selbstverwaltung zu begrenzen.

2. Faktische Aushöhlung durch Wettbewerb

Auch wenn es schon vor der parteiübergreifenden Reform von Lahnstein im Jahr 1992 Kassenwahlentscheidungen zumindest für alle Angestellten und einen kleinen Teil der Arbeiter gab, machte erst das Gesundheitsstrukturgesetz (GSG) Wettbewerb zum konstitutiven Merkmal der sozialen Krankenversicherung (Knieps/Reiners 2015) und in den vielen Folgesetzen zu einem dominierenden Steuerungsinstrument im Gesundheitswesen (Schmehl/Wallrabenstein 2005-2007). Zwar wurden mit dem gleichen Gesetzesvorhaben, das über mehrere Jahre gestaffelt in Kraft getreten ist, die Aufgaben und Verantwortlichkeiten zwischen Ehren- und Hauptamt in den Krankenkassen und ihren Verbänden sowie in den Kassen(zahn)ärztlichen Vereinigungen auf Bundes- und Landesebene neu abgegrenzt und die Leitungsorgane gestrafft, am Prinzip der grundsätzlichen politisch-strategischen Verantwortung der Ehrenamtler wurde jedoch nicht gerüttelt. Aber gerade die wettbewerbliche Ausrichtung von Versicherung und Versorgung geriet schnell in eine Konkurrenz- und Konfliktsituation zur korporatistischen Verantwortung. Obwohl der Gesetzgeber mit Schaffung des SGB V im ersten Paragrafen die GKV als eine Solidargemeinschaft bezeichnete, setzte er später die Anreize für eine wettbewerbliche Differenzierung, die direkte oder indirekte Auswirkungen auf das Solidarprinzip hatte und hat. Preiswettbewerb, Selektivverträge, Wahl- und Ermessensleistungen, Bonusprogramme und anderes mehr setzen Anreize zu betriebswirtschaftlich gebotenen, volkswirtschaftlich fragwürdigen und gesundheitspolitisch unerwünschten bis schädlichen Verhaltensweisen wie vor allem Risikoselektion und Diskriminierung. Der vor der allgemeinen Kassenwahlfreiheit eingeführte kassenartenübergreifende Risikostrukturausgleich war von Anfang an politisch umstritten und wurde zu einem permanenten Zankapfel zwischen Kassen und Kassenarten. Die soziale Selbstverwaltung geriet in Loyalitätskonflikte zwischen der sozialstaatlichen Verantwortung, den Interessen der entsendenden Organisationen und den Institutionen, in denen sie Leitungsfunktionen innehat. Diese werden verschärft durch zunehmende Unklarheit über die ordnungspolitischen Intentionen der Politik. Weder lässt sich in Sachen Selbstverwaltung eine klare Linie in den unterschiedlichen Gesundheitsreformen erkennen noch sind die Regulierungsvorgaben in sich schlüssig (Ebsen 2014).

Die ärztliche Selbstverwaltung stand und steht dem Wettbewerb als Steuerungsinstrument in der gesundheitlichen Versorgung skeptisch bis ablehnend gegenüber, begrüßt aber durchaus den Wettbewerb – beispielsweise zwischen gesetzlicher und privater Krankenversicherung –, wenn dieser ihren Einkommens- und Machtinteressen zu nutzen scheint. Das darf aber nicht darüber hinwegtäuschen, dass der Einsatz marktwirtschaftlicher und wettbewerblicher Steuerungsinstrumente je nach Kontext und Ausgestaltung sozialpolitische Ziele und professionelle Ethiken gefährden sowie Ziel- und Verteilungskonflikte auslösen können, der die herkömmlichen Steuerungssysteme und Konfliktlösungsmechanismen nicht gewachsen sind. Ob allerdings der Begriff der „Ökonomisierung" diese Erscheinungen hinreichend umschreibt und die Fixierung auf Priorisierung und Rationierung die Konflikte lösen wird, darf mehr als bezweifelt werden.

Mit einer Intensivierung des Wettbewerbs im Gesundheitswesen wächst notwendigerweise der Regulierungsbedarf. Davon profitieren nicht nur die Ministerialbürokratie und die Aufsichtsbehörden, sondern ganz speziell die Institutionen der gemeinsamen Selbstverwaltung, deren präkompetitiver Bereich rasant angewachsen ist (Knieps 2013).

Trotzdem dürfen Selbstverwaltung und Wettbewerb nicht zu einem grundsätzlichen, ideologischen Wertungswiderspruch erhoben werden, sondern müssen im Detail präzise und flexibel aufeinander abgestimmt sein. Der Teufel steckt durchaus im Detail, so dass dem Gesetzgeber jenseits der großen politischen Fragen (Konvergenz der Versicherungssysteme, Überwindung der Sektorengrenzen zwischen ambulanter und stationärer, kurativer, rehabilitativer und pflegerischer Versorgung, Sicherung einer nachhaltigen Finanzierung…) viel Detailarbeit bleibt, wenn er am gegenwärtigen ordnungspolitischen Steuerungsmix festhalten will (Braun et al 2007; Klenk 2006; Ebsen 2014).

3. Die zunehmende Spannung zwischen Selbstverwaltung und Aufsicht

In den letzten Jahren ist das Verhältnis der selbstverwalteten Körperschaften zu ihren staatlichen Aufsichtsbehörden zunehmend schwieriger geworden aus unterschiedlicher Perspektive (Axer, Düring, Krasney 2019). Diese für beide Seiten wenig erfreuliche Entwicklung hat sehr unterschiedliche Ursachen. Zum einen tun sich Aufsichtsbehörden schwer, neue Wege zur wettbewerblichen Differenzierung der Krankenkassen zu akzeptieren. Traditionelle Vorstellungen von der Außendarstellung und dem Innenleben eines Sozialversicherungsträgers geraten schnell in Konflikt mit den Ansprüchen an moderne, kundenorientierte Dienstleistungsunternehmen. Auch der Datenschutz wird nicht gerade selten herangezogen, um Beratungs- und Betreuungsansätze zu reglementieren. Obwohl der Gesetzgeber sich 1992 bewusst dafür entschieden hat, die Rechtsstellung von hauptamtlichen Vorständen den Führungskräften in der Wirtschaft anzupassen, beispielsweise die Amtsdauer auf sechs Jahre zu befristen und die Vergütung von der Anbindung an das Besoldungssystem für Beamte zu lösen, versuchen die Aufsichtsbehörden – teilweise mit politischer Rückendeckung – noch immer, schematische Maßstäbe in Abhängigkeit von der Kassengröße durchzusetzen. Manchmal drängt sich der Eindruck auf, dass die Debatte nicht frei von Neidkomplexen geführt wird. Zum anderen bewirkt die unterschiedliche Aufsichtspraxis des Bundesversicherungsamts und der Länderaufsichten erhebliche Wettbewerbsverzerrungen, die sich in der Regel zu Lasten bundesweit tätiger Krankenkassen auswirken. Speziell für mittlere und kleine Krankenkassen entwickeln sich Prüffrequenz, Prüfdichte und Prüfumfang zu einer großen wirtschaftlichen Belastung. Diese Entwicklung wird verschärft durch die zunehmende Konkurrenz der Versicherungsaufsicht mit der Kontrolle durch den Bundesrechnungshof. Da dieser auch die Aufsichtsbehörden prüft, entwickelt sich ein Überbietungswettbewerb, der vor Ort groteske Züge annimmt. Speziell die Themen Vergütung, Reisekosten und Bewirtung scheinen sich zu Prüfungsschwerpunkten zu entwickeln. Die Berichterstattung darüber liest sich bisweilen so, als seien sie Bestandteile einer Realsatire. Dabei gerät leicht aus dem Blick, dass es im Kern um die Frage geht, wie werden die aus Zwangsbeiträgen der Versicherten und ihrer Arbeitgeber finanzierten Geldmittel effektiv und effizient eingesetzt. Hier haben die Repräsentanten der Beitragszahler Expertise und Verantwortungsbewusstsein, die eine weite Einschätzungsprärogative der Selbstverwaltung rechtfertigen. Daher ist die Aufsicht grundsätzlich auch auf eine Rechtsaufsicht begrenzt. Die Grenze zur Fachaufsicht, die das Bundessozialgericht näher konkretisiert hat (Düring 2019), wird immer wieder in Frage gestellt und überschritten. Wenn die Politik diese Grenze überschreiten will, sollte sie keine begrifflichen Nebelkerzen zünden, sondern die Fachaufsicht einführen und hierfür auch die juristischen Konsequenzen einschließlich der Haftung ziehen.

4. Hausgemachte Probleme der Selbstverwaltung und ihrer Trägerorganisationen

Nicht nur von außen wird Druck auf die Selbstverwaltung, auch nach innen hat sie mit Problemen zu kämpfen (Knieps 2013). Die soziale Selbstverwaltung ist ein klassisches Produkt des Industriezeitalters. Sie repräsentiert den Gegensatz von Arbeit und Kapital und ist zugleich das beste Beispiel für die Überwindung dieses Gegensatzes in der Sozialpartnerschaft. Von der Kooperation zwischen Gewerkschaften und Arbeitgeberorganisationen gehen erhebliche Impulse zur Bewahrung des sozialen Friedens und zur Bewältigung politischer und ökonomischer Krisen aus. Beispielhaft seien die rasche Übertragung westdeutscher Strukturen und Niveaus der sozialen Sicherung in die neuen Länder oder die Bewältigung der Wirtschafts- und Finanzkrise seit 2008 genannt, auch wenn nicht zu verkennen ist, dass der frühere Schwung erlahmt ist und sozialstaatliche Errungenschaften gegen den Zeitgeist verteidigt werden müssen.

Der sozio-ökonomische Wandel einschließlich der Demografie und der Globalisierung und vor allem die digitale Transformation verändern die Arbeitswelt und die Lebensverhältnisse vieler Menschen radikal und disruptiv. Besonders gut sichtbar ist die Transformation in eine Dienstleistungs- und Wissensgesellschaft im Bereich von Kommunikation und Medien, aber selbst industrielle Kernprozesse werden durch technische Neuerungen wie etwa der Einsatz von künstlicher Intelligenz und 3 D-Druckern revolutioniert. Gleichzeitig lockern sich Bindungen an traditionelle gesellschaftliche Milieus. Familien, Nachbarschaften, Kirchen, Gewerkschaften, Vereine und Belegschaften verlieren ihre identitätsstiftenden Funktionen. Es entwickelt sich eine Gesellschaft der Singularitäten (Reckwitz 2019) Dies macht es den Sozialpartnern als wesentliche Träger der sozialen Selbstverwaltung immer schwerer, jüngere Menschen und vor allem Frauen für eine ehrenamtliche Mitarbeit in den Gremien von Krankenkassen und anderen Sozialversicherungsträgern zu gewinnen.

Auch wenn der Abwärtstrend bei der Beteiligungsquote an den Sozialwahlen, die die demokratische Legitimation der sozialen Selbstverwaltung bildet, gestoppt zu sein scheint, ist es kaum zu verstehen, dass der Wahlmodus nicht an die kommunikativen Möglichkeiten des 21. Jahrhunderts angepasst wird. Zumindest erklärungsbedürftig ist das Festhalten an der Möglichkeit der sog. Friedenswahlen. Eine Abstimmung kann auf Versicherten- wie Arbeitgeberseite unterbleiben, wenn sich die Listenträger auf die Besetzung der Selbstverwaltungsorgane verständigen und keine konkurrierenden Listen zur Wahl stehen. Dies passiert mit guten Gründen vor allem bei unternehmensnahen Krankenkassen, während bei großen, bundesweit tätigen Kassen in aller Regel mehrere Wahllisten aufgestellt werden. Dabei ist nicht immer klar, wer sich hinter den Listen verbirgt, die häufig mit irreführenden Bezeichnungen für sich werben. Hier wäre mehr Transparenz zielführend. Auch wären strengere Regeln für die Inkompatibilität mit anderweitigen Interessen im Gesundheitswesen angebracht.

Schließlich ist die Integration der Interessenvertreter von Patientinnen und Patienten in die Entscheidungsprozesse des Gesundheitswesens ein Dauerthema. Zwar wurden Repräsentanten von Selbsthilfegruppen, Sozialverbänden und Verbraucherschützern in die Gremienarbeit der gemeinsamen Selbstverwaltung einbezogen, doch wurde ihnen aus nachvollziehbaren Gründen bisher kein Stimmrecht in den materiellen Fragen eingeräumt, da ansonsten die gesamte Statik dieser Selbstverwaltungsform auf den Prüfstand müsste. Selbstverständlich vertreten Versichertenvertreter nicht nur die Interessen ihrer gesunden Kolleginnen und Kollegen. Aber ihnen ist mit dem Bedeutungszuwachs des gesundheitlichen Verbraucherschutzes und dem Anwachsen von Selbsthilfebewegungen eine ernsthafte Konkurrenz entstanden. Das Verhältnis von klassischen Selbstverwaltern zu dieser Konkurrenz ist ungeklärt bis spannungsgeladen.

Vollkommen anders gelagert sind die inneren Probleme in der Selbstverwaltung bei Ärzten, Zahnärzten und Psychotherapeuten. Hier mangelt es bisher nicht an Personen, die sich in der Berufspolitik und in Kammern und Vereinigungen engagieren. Doch sie repräsentieren nicht immer alle Interessen des jeweiligen Berufsstands. Vielmehr überwiegen oft diejenigen, die Erfolge in ihrer beruflichen Praxis vorweisen können und deshalb das Bestehende unbedingt bewahren wollen. Gerade die junge Generation hat aber andere Vorstellungen von ihrer Arbeit, beispielsweise über die Vereinbarkeit von Familie und Beruf oder über die Kooperation auf Augenhöhe mit anderen Gesundheitsberufen.

Besondere Strukturprobleme sind bei den Kassenärztlichen Vereinigungen mit der Zuweisung von antagonistischen Aufgaben und Funktionen verbunden, so dass man häufig von der Janusköpfigkeit der KVen spricht. Sie sind einerseits quasi gewerkschaftliche Interessenvertreter der niedergelassenen Vertragsärzte gegenüber Politik, Öffentlichkeit, Kostenträgern und anderen Leistungserbringern. Andererseits haben sie – wie die Kammern auch – Ordnungsfunktionen mit Disziplinargewalt gegenüber ihren Mitgliedern. Speziell die Honorarverteilung unter den Arztgruppen und zwischen verschiedenen Praxistypen (Einzelpraxis, Gruppenpraxis, Medizinisches Versorgungszentrum, Ärztenetz) droht das traditionelle KV-System zu sprengen. Verschärft werden innere Verwerfungen nicht nur zwischen Hausärzten und Fachärzten, wenn sich KVen im Selektivvertragsgeschäft engagieren.

Der Gesetzgeber hat in der Vergangenheit angesichts der Blockadehaltung mancher führender Repräsentanten der Ärzteschaft die Mitwirkungs- und Gestaltungsmöglichkeiten ihrer Körperschaften eingeschränkt oder sogar aufgehoben. Interessenkonflikte, Führungsstreitigkeiten und Verschwendung öffentlicher Gelder bei der Kassenärztlichen Bundesvereinigung haben 2016 zu einem substanziellen Vertrauensverlust der kassenärztlichen Selbstverwaltung nicht nur bei vielen Ärzten, sondern in Politik und Öffentlichkeit geführt. Ob allerdings die gesetzliche Reaktion darauf zielführend ist, darf aus gutem Grund bezweifelt werden. Zum einen ist nicht nachvollziehbar, warum die Verschärfung der Aufsichtsmittel alle Selbstverwaltungsorganisationen auf Bundesebene trifft. Zum anderen ist – wie der Verfasser aus eigener Tätigkeit leidvoll erfahren musste – die personelle und materielle Ausstattung des aufsichtsführenden Ministeriums nicht ausreichend, um eine wirkungsvolle Aufsicht über den GKV-Spitzenverband, die Kassenärztlichen Bundesvereinigungen und den Gemeinsamen Bundesausschuss (GBA) zu führen. Auf die Probleme bei der Überschreitung der Grenze zwischen Rechts- und Fachaufsicht wurde bereits hingewiesen (siehe oben unter 2.3.).

Gänzlich andere Fragen beschäftigen den Gemeinsamen Bundesausschuss, der sich in den letzten zehn Jahren zum eigentlichen Machtzentrum der deutschen Gesundheitspolitik entwickelt. Dies hat Begehrlichkeiten der Politik in Bund und Ländern geweckt, bei der Besetzung der unparteiischen Vorsitzenden, bei der Aufstellung und der Prioritätensetzung auf der Liste der zu bearbeitenden Themen und bei der Entscheidung von Streitfragen mitzubestimmen. Noch grundsätzlicher wird politisch und verfassungsrechtlich die Frage aufgeworfen, ob die demokratische Legitimation des GBA ausreichend und die Beschränkung der Entscheidungsträger auf die Repräsentanten von Krankenkassen und von Ärzten, Zahnärzten und Krankenhäusern vertretbar seien. Zwar haben das Bundesverfassungsgericht und die Sozialgerichtsbarkeit bisher diese Fragen bejaht, aber es mehren sich Stimmen, auch aus dem obersten Gericht selbst, die Zweifel an der Besetzung und an der Beteiligung der von Entscheidungen Betroffenen im Verfahren artikulieren (Kingreen 2019). Auf der anderen Seite wird aber immer wieder deutlich, dass weder die Übertragung komplexer und detaillierter Aufgaben und Funktionen an die Legislative oder die Exekutive praktikabel und akzeptanzfördernd wären, noch viele dieser Entscheidungen dem Markt überlassen werden können (Ebsen/Wallrabenstein 2018).

IV. Lösungsperspektiven

1. Die Illusion von der großen Reform aus einem Guss

Die hier nur skizzierten Grundfragen und Problemstellungen lassen sich nicht eindeutig und konfliktfrei beantworten. Die Forderungen nach einem Reformkonzept aus einem Guss oder der umfassenden Gesundheitsreform haben sich als Illusion von ideologisch voreingenommenen Politikern, praxisfernen Wissenschaftlern oder ahnungslosen Akteuren und Beobachtern erwiesen. Deshalb wird die Steuerungsphilosophie immer von einem Mix zwischen staatlicher Regulierung, korporatistischer Selbstverwaltung und wettbewerblicher Differenzierung bestimmt sein. Das heißt aber nicht, dass die jetzige Ausgestaltung in Stein gemeißelt wäre. Die aufgezeigten Defizite müssen zu einer Veränderung der Aufbau- und Ablauforganisation des deutschen Gesundheitssystems führen. Bestehende Zuweisungen von Aufgaben und Funktionen sind ebenso zu hinterfragen wie Abläufe, Prozesse, Anreize und Instrumente. Vor allem sollten Wirkungen und Nebenwirkungen von Reformschritten ebenso evaluiert werden wie vermeintlich Bewährtes und Bestehendes. Dabei bietet es sich an, immer mal wieder einen Blick über den Tellerrand zu riskieren und Entwicklungen in anderen Ländern zur Kenntnis zu nehmen. Auch sollten Anregungen und Empfehlungen beispielsweise des Sachverständigenrats für die Entwicklung des Gesundheitswesens, des Deutschen Ethikrats oder der Leopoldina kritisch reflektiert und auf ihre Praxistauglichkeit getestet werden. Vor allem aber sollten die Institutionen und Organisationen von innen heraus Veränderungsprozesse anstoßen und beispielgebend vorangehen, auch wenn sie sich im Status quo bequem eingerichtet haben.

2. Anstöße und Anregungen zur konkreten Veränderung

Auch wenn es nicht zu der großen Reform im Gesundheitswesen kommen wird und kann, bleibt es dem Gesetzgeber nicht erspart, das Verhältnis zwischen Regulierung, Selbstverwaltung und Wettbewerb neu zu ordnen. Wer Engagement und Verantwortung durch ehrenamtliche Selbstverwaltung will, darf diese nicht als Feigenblatt missbrauchen (Demmler/Unterhuber 2013), sondern muss ihr substantielle Entscheidungsspielräume lassen bzw. wieder einräumen. Dazu zählen als Kernbereiche die Organisations-, Finanz- und Personalhoheit. Dazu müssen vor allem direkte Eingriffe des Staates und seiner (Aufsichts-) Behörden zurückgestutzt werden. Dazu zählen selbstverständlich die Auswahl geeigneten Leitungspersonals und die Gestaltung von dessen Arbeitsbedingungen. Die Grenzen der Rechtsaufsicht müssen strikter markiert und gegebenenfalls gesetzlich entsprechend der sozialgerichtlichen Rechtsprechung gezogen werden. Bund und Länder müssen ihre Aufsichten so ausstatten, dass sie ihre Aufgaben wirksam erfüllen können.

Wer Selbstverwaltung mit wettbewerblichen Steuerungselementen koppelt, muss wettbewerbliche Rahmenbedingungen schaffen, die sich auf mehr als den Zusatzbeitragssatz und das Image fokussieren. Die wettbewerbliche Orientierung, die Spielräume bei der Ausgestaltung des Leistungsangebots, bei der Auswahl und Honorierung der Vertragspartner oder bei der Förderung von Innovationen erfordert, muss eingebettet werden in eine solidarische Wettbewerbsordnung. Entsprechende Vorschläge liegen auf dem Tisch (siehe Ebsen 2014; Schmehl/Wallrabenstein 2005-2007). Dazu zählt auch eine wettbewerbsförderliche Ausgestaltung der Aufsichtsführung (Knieps 2013). Das Grundgesetz steht einer funktionalen Trennung der Kompetenzen des Bundesversicherungsamts (BVA) und der Landesaufsichtsbehörden nicht entgegen. So könnten bereits bestehende Überwachungsmöglichkeiten des BVA bei der Administrierung des Gesundheitsfonds und der Durchführung des Risikostrukturausgleichs zu einer weitergehenden Finanzaufsicht ausgeweitet und die Einbindung der Bundesländer in die Versorgungspolitik der Selbstverwaltung zu einer entsprechenden Aufsichtskompetenz ausgebaut werden. Schritte in diese Richtung sind im FKG enthalten. Sollten dagegen ernst zu nehmende verfassungsrechtliche Einwände durchschlagen, kann man auch an eine Änderung der einschlägigen Artikel des Grundgesetzes denken, wie man es schon einmal zugunsten länderübergreifender Regionalkassen getan hat.

Der Bundesgesetzgeber muss den Erfordernissen der Digitalisierung bei der Ausgestaltung der Sozialversicherungswahlen gerecht werden. Er sollte in einen konstruktiven Dialog treten, wie die Bedeutung der mittelbaren Staatsverwaltung durch und für die Betroffenen sichtbarer herausgestellt werden kann (Braun et al. 2008). Im Rahmen dieses Dialogs sind keine Themen tabu, weder digitale Wahlmöglichkeiten und Friedenswahlen noch Quotierungen oder die Einbeziehung aller gesellschaftlichen Gruppen. Allerdings müssen neue Lösungsansätze in der Praxis ohne übergroßen Aufwand funktionieren und die Akzeptanz der sozialen Selbstverwaltung bei den Betroffenen erhöhen. Aber auch die Trägerorganisationen der Selbstverwaltung – speziell die Sozialpartner – müssen ihr Engagement für und in den Gremien erhöhen. Dies reicht von der Gewinnung und Schulung geeigneter Kandidatinnen und Kandidaten über die entsprechende Freistellung von den regulären Aufgaben bis hin zur selbstbewussten Darstellung des Beitrags zum sozialen Frieden. Die Gewährleistung von sozialer Sicherheit ist eine wichtige Voraussetzung für die Bereitschaft der Bevölkerung zur aktiven Gestaltung der Veränderungsprozesse in Wirtschaft und Gesellschaft und kein Klotz am Bein des Fortschritts, wie es manche Apologeten des Neoliberalismus verkünden. Dies gilt speziell in der Krankenversicherung, wo Gesundheit sich längst aus dem individuellen Verhaltenskontext gelöst hat und vom Kostenfaktor zur wichtigen Voraussetzung von individueller Produktivität und kollektiver Wettbewerbsfähigkeit entwickelt hat. Schließlich müssen sich die Ehrenamtler selbst dafür engagieren, dass ihre politischen Zielsetzungen des Engagements ernst genommen und ihre Handlungsspielräume erweitert werden. Zudem ist die Kommunikation mit denen, die sie repräsentieren, ausbaufähig. Denkbar wären zum Beispiel regelmäßige Internetsprechstunden für Versicherte. Zielführend wäre auch ein regelmäßiger Dialog mit Personen und Institutionen, die sich der Selbsthilfe und dem gesundheitlichen Verbraucherschutz widmen.

Ein eigenes Kapitel ist die Reform der ärztlichen Selbstverwaltung (Entsprechender Reformbedarf scheint in der zahnärztlichen Versorgung nicht gegeben.). Hier ist nicht der geeignete Ort, ins Detail zu gehen. Vielmehr empfiehlt sich ein umfassender Dialog über Strukturen und Prozesse sowie über die Zuweisung von Aufgaben, Funktionen und Verantwortlichkeiten an die Organisationen. Auch hier sollte es keine Tabus geben und über Themen wie Sektionierung der KVen nach Arztgruppen oder die Einbeziehung der ärztlichen Versorgung in stationären Einrichtungen, die Neuordnung des Verhältnisses von Kollektivverträgen zu Selektivverträgen und über die weitere Professionalisierung der Leitungsstrukturen debattiert werden. Die Frage nach der Zukunft der ärztlichen Selbstverwaltung ist kaum von anderen Versorgungsthemen zu trennen. Ohne Anspruch auf Vollständigkeit seien die gemeinsame Planung von ambulanten und stationären Versorgungskapazitäten, die Überwindung nicht zu rechtfertigender Unterschiede in der Honorierung zwischen gesetzlicher und privater Versicherung und erneut zwischen ambulanter und stationärer Versorgung, die Gewährleistung der flächendeckenden Versorgung unter Vermeidung von Rationierung und Wartezeiten, die Ausmerzung von Fehlanreizen zur Über- und Fehlversorgung oder die bedarfsgerechte Steuerung von Patienten entsprechend Bedarf und (sekundär) Bedürfnissen genannt. Die Anpassung der Versorgungssteuerung an veränderte sozio-ökonomische Verhältnisse bleibt eine Daueraufgabe für alle Formen der Selbstverwaltung im Gesundheitswesen.

Dagegen rüttelt kaum jemand an den Grundfesten der gemeinsamen Selbstverwaltung. Zwar wollen sonstige Leistungserbringer, Pharma- wie Geräteindustrie und weitere Akteure gleichberechtigt an der Entscheidungsfindung beteiligt werden, ohne direkte Verantwortung für die Systemsteuerung zu übernehmen. Dies dürfte ebenso kontraproduktiv sein wie die direkte Einmischung von Politik und Verwaltung in die Entscheidungsprozesse. Aus gutem Grund ist die Aufsicht auf eine Rechtsaufsicht beschränkt. Eine andere Frage ist die konkrete Ausgestaltung der Verfahrensbedingungen, wo sich Transparenz und Mitwirkung der Betroffenen immer noch verbessern lassen. Entsprechende Hinweise des Bundesverfassungsgerichts, die das System nicht aus den Angeln heben, sollten nicht überhört werden. Interessengeleiteter Fundamentalkritik am Gemeinsamen Bundesausschuss scheint aber in Karlsruhe und erst recht in Berlin (noch) keinen Resonanzboden zu finden.

3. Selbstverwaltung 4.0

Insgesamt wäre mit einem überschaubaren Bündel von Einzelmaßnahmen eine spürbare Verbesserung der Steuerungsfähigkeit des deutschen Gesundheitswesens zu erreichen. Dabei sollten die politischen Ziele schärfer formuliert und nicht hinter Euphemismen wie Selbstverwaltungsstärkungsgesetz oder Fairer-Kassenwettbewerbsgesetz versteckt werden. Vor allem sollten die (wettbewerblichen) Handlungsspielräume der Selbstverwaltung erweitert und bürokratisches Eingreifen der Aufsicht vermindert werden. Die Veränderung ist aber nicht beschränkt auf gesetzgeberische Klarstellungen, sondern verlangt einen Mentalitätswandel bei allen Akteuren. Selbstverwaltung 4.0 ist vorstellbar und machbar.

Literaturverzeichnis

Axer, P (2019): Die Aufsicht über die Selbstverwaltung im Wandel, Vierteljahresschrift für Sozial- und Arbeitsrecht, 2019, 129-154.

Braun, B et al. (2008): Modernisierung der Sozialversicherungswahlen, Nomos Verlagsgesellschaft, Baden-Baden.

Braun, B et al. (2007): Funktionsfähigkeit und Perspektiven der Selbstverwaltung in der GKV, Soziale Sicherheit 56 (11), 365-373.

Demmler, G/Unterhuber, H (2013): Feigenblatt Selbstverwaltung, Welt der Krankenversicherung (2), 302-304.

Dünn, S (2018): Organisation und Selbstverwaltung. In: von Becker, U/Ruland, F/Axer, P (Hrsg.), Sozialrechtshandbuch, 6. Auflage, Nomos Verlagsgesellschaft, Baden-Baden, 719-744.

Düring, R (2019): Krankenversicherungsaufsicht aus Sicht der Rechtsprechung, Vierteljahresschrift für Sozial- und Arbeitsrecht, 2019, 187-194.

Ebsen, I (2014): Staat und Selbstverwaltung als Regulierungsakteure. In: Cassel, D et al. (Hrsg.), Solidarische Wettbewerbsordnung – Genese, Umsetzung und Perspektiven einer Konzeption zur wettbewerblichen Gestaltung der Gesetzlichen Krankenversicherung, medhochzwei Verlag, Heidelberg, 283-337.

Ebsen, I/Wallrabenstein, A (2018): Krankenversicherungsrecht. In: Becker, U/Ruland, F/Axer, P (Hrsg.) Sozialrechtshandbuch, 6. Auflage, Nomos Verlagsgesellschaft, Baden-Baden, 777-840, insbes.784 f und 830 f.

Gerlinger, T (2009): Ökonomisierung und korporatistische Regulierung in der gesetzlichen Krankenversicherung, Gesundheits- und Sozialpolitik 62 (3-4), 12-17.

Grühn, C/Mühlhausen, K-H (2007): Die Rechte der sozialen Selbstverwaltung – Wann darf die Staatsaufsicht eingreifen? Soziale Sicherheit, 56 (11), 373-378.

Hase, F (2008): Soziale Selbstverwaltung. In: Isensee, J/Kirchhof, P (Hrsg.), Handbuch des Staatsrechts, Band VI – Bundessstaat, 3. Auflage, C. F. Müller Verlag, Heidelberg, 1175 ff.

Kaufmann, F-X (2003): Varianten des Wohlfahrtsstaats: Der deutsche Sozialstaat im internationalen Vergleich, Suhrkamp Verlag, Frankfurt/Main.

Kingreen, T (2019): Mehr Staat wagen! Die Aufsicht über den Gemeinsamen Bundesausschuss, Vierteljahresschrift für Sozial- und Arbeitsrecht, 2019, 155-172.

Klenk, T (2006): Selbstverwaltung – ein Kernelement demokratischer Sozialstaatlichkeit? – Szenarien zur Zukunft der sozialen Selbstverwaltung, Zeitschrift für Sozialreform (52), 273-291.

Knieps, F (2017): Die Geschichte der sozialen Absicherung von Gesundheitsrisiken. In: Knieps, F (Hrsg.): Gesundheitspolitik – Akteure, Aufgaben, Lösungen, Medizinisch Wissenschaftliche Verlagsgesellschaft; Berlin, 7-14.

Knieps, F (2013): Zur Rolle von Staat und Selbstverwaltung – Staatliche Institutionen zwischen Daseinsvorsorge, Systemsteuerung; Verbraucherschutz und Aufsicht. In: Jacobs, K/Schulze, S (Hrsg.), Die Krankenversicherung der Zukunft – Anforderungen an ein leistungsfähiges System, KomPart Verlag, Berlin, 225-239.

Knieps, F/Reiners, H (2015): Gesundheitsreformen in Deutschland – Geschichte, Intentionen, Kontroversen, Verlag Hans Huber, Bern.

Krasney, M (2019): Aufsicht und Selbstverwaltung in der Gesetzlichen Krankenversicherung, Vierteljahresschrift für Sozial- und Arbeitsrecht 2019, 173-180.

Reckwitz, A (2019): Das Ende der Illusionen – Politik, Ökonomie, Kultur in der Spätmoderne, Suhrkamp Verlag, Berlin 2019.

Reiners, H (1987): Ordnungspolitik im Gesundheitswesen, Eigenverlag des WIdO, Bonn-Bad Godesberg.

Schnapp, F (2006): Gibt es noch eine Selbstverwaltung in der Sozialversicherung?, Vierteljahresschrift für Sozialrecht 3/2006, 191-203.

Schmehl, A/Wallrabenstein, A (Hrsg.): Steuerungsinstrumente im Recht des Gesundheitswesens, Band 1 (2005) Wettbewerb, Band 2 (2006) Kooperation, Band 3 (Kontrolle), Verlag Mohr Siebeck, Tübingen.

Schölkopf, M/Pressel, H (2017): Gesundheitssysteme im internationalen Vergleich: Gesundheitssystemvergleich und europäische Gesundheitspolitik, 3. Auflage, Medizinisch Wissenschaftliche Verlagsgesellschaft, Berlin.

Autorenverzeichnis

Prof. Dr. Peter Axer ist Inhaber des Lehrstuhls für Sozialrecht in Verbindung mit dem Öffentlichen Recht an der Universität Heidelberg, Friedrich-Ebert-Anlage 6-10, 69117 Heidelberg, E-Mail: axer@jurs.uni-heidelberg.de

Dr. Bernard Braun ist Sozial- und Gesundheitswissenschaftler und assoziiertes Mitglied des SOCIUM Forschungszentrum Ungleichheit und Sozialpolitik, Universität Bremen, Mary-Somerville-Straße 5, 28359 Bremen, E-Mail: bernard.braun@uni-bremen.de

PD Dr. Peter Collin, ist Rechtshistoriker und als wissenschaftlicher Mitarbeiter am Max-Planck-Institut für Europäische Rechtsgeschichte tätig, Hansaallee 41, 60323 Frankfurt am Main, E-Mail: collin@rg.mpg.de

Markus Grunenberg arbeitet im Stabsbereich Politik des GKV-Spitzenverbandes, Reinhardtstraße 28, 10117 Berlin, E-Mail: markus.grunenberg@gkv-spitzenverband.de

PD Dr. Claudia Maria Hofmann ist derzeit als Lehrstuhlvertreterin an der Goethe-Universität Frankfurt am Main tätig und assoziiertes Mitglied des Instituts für Europäische Gesundheitspolitik und Sozialrecht (ineges), Theodor-W.-Adorno-Platz 4, 60629 Frankfurt am Main, E-Mail: cl.hofmann@jur.uni-frankfurt.de

Prof. Dr. Axel Olaf Kern ist Inhaber einer Professur für Gesundheitsökonomie an der RWU Hochschule Ravensburg-Weingarten, University of Applied Sciences, Leibnizstr. 15, 88250 Weingarten, E-Mail: axel.kern@rwu.de

Franz Knieps ist Vorstand des BKK Dachverband e. V., Mauerstraße 85, 10117 Berlin, E-Mail: franz.knieps@bkk-dv.de

Dr. Doris Pfeiffer ist Vorstandsvorsitzende des GKV-Spitzenverbandes und Lehrbeauftragte für den Weiterbildungsstudiengang Public Health (M.Sc.) an der Jade Hochschule Oldenburg; GKV-Spitzenverband, Reinhardtstraße 28, 10117 Berlin, E-Mail: doris.pfeiffer@gkv-spitzenverband.de

Prof. Dr. Wolfgang Schroeder ist Inhaber einer Professur an der Universität Kassel im Fachgebiet Politisches System der BRD – Staatlichkeit im Wandel, Universität Kassel, Fachbereich Gesellschaftswissenschaften, Nora-Platiel-Str. 1, 34109 Kassel, E-Mail: wolfgang.schroeder@uni-kassel.de

Prof. Dr. Indra Spiecker gen. Döhmann, LL.M. (Georgetown Univ.), ist Inhaberin der Professur für Öffentliches Recht, Informationsrecht, Umweltrecht und Verwaltungswissenschaft an der Goethe-Universität Frankfurt a.M., Direktorin der Forschungsstelle Datenschutz und Direktorin des Instituts für Europäische Gesundheitspolitik und Sozialrecht (ineges), Theodor-W.-Adorno-Platz 4, 60629 Frankfurt am Main, E-Mail: spiecker@jur.uni-frankfurt.de

Prof. Dr. Franz Reimer ist Inhaber des Lehrstuhls für Öffentliches Recht und Rechtstheorie an der Justus-Liebig-Universität Gießen, Hein-Heckroth-Straße 5, 35390 Gießen, E-Mail: franz.reimer@recht.uni-giessen.de

Dr. Sonja Reimer ist Rechtsanwältin in Gießen und Lehrbeauftragte für Gesundheitsrecht an der Technischen Hochschule Mittelhessen, Am Kirschenberg 4, 35394 Gießen, E-Mail: info@kanzlei-sonja-reimer.de

Prof. Dr. Astrid Wallrabenstein ist Inhaberin der Professur für Öffentliches Recht mit Schwerpunkt im Sozialrecht an der Goethe Universität Frankfurt a.M., Richterin am Hessischen Landessozialgericht und Geschäftsführende Direktorin des Instituts für Europäische Gesundheitspolitik und Sozialrecht (ineges), Theodor-W.-Adorno-Platz 4, 60629 Frankfurt am Main, E-Mail: professur-wallrabenstein@jura.uni-frankfurt.de

www.ingramcontent.com/pod-product-compliance
Ingram Content Group UK Ltd.
Pitfield, Milton Keynes, MK11 3LW, UK
UKHW021851290926
8980IPUK00005B/774

9 783631 811245